Graded Italian Reader SECOND EDITION

Prima Tappa

Vincenzo Cioffari
BOSTON UNIVERSITY

John Van Horne

With New Exercises by
Angelina Grimaldi Cioffari
MASSACHUSETTS BAY COMMUNITY COLLEGE

D. C. HEATH AND COMPANY
Lexington, Massachusetts   Toronto

Preface

Graded Italian Reader, Second Edition, follows the prin-
ciple of vocabulary building used in the first edition. It
systematically introduces new words beginning with those of
highest frequency, supplemented by conversational words
based on daily activities. The first selection, *Amici di
scuola,* starts off with a total of about 470 words, to which
Raccontini adds about 250, *Giulietta e Romeo* another 290, *I
miei ricordi* 250 more, and *Il ventaglio* an additional 240.
The total number of words introduced in the five selections
is thus only 1500, and yet there is a great variety of subject
matter.

Amici di scuola takes into account the expanding circle of
awareness from the individual to the society in which he or
she functions. Starting with the immediate family, the
vocabulary expands to cover home, school, neighbors, daily
activities, and finally the larger world beyond. The
constructions begin with the present tense and increase
gradually to the past and the future. Every word introduced
is repeated in the pages that follow, but the language is
always natural and conversational.

Raccontini continues these principles by the use of
anecdotes taken from all walks of life. These anecdotes are
based on the classroom, folk philosophy, peculiar situations,

and on interesting historical characters.   Many of these *raccontini* serve as a first introduction to important figures in Italian literature, music, and art.

Giulietta e Romeo e altre novelle introduces the student to Italian literature in a pleasant and easy way. (The *novella* or short story was really the beginning of the modern novel.) Franco Sacchetti is perhaps the best short story writer after Boccaccio, but his language is closer to present-day Italian. Once the student has learned to enjoy three of his best *novelle*, he will be tempted to try more.   Luigi da Porto wrote the celebrated story *Giulietta e Romeo* about seventy years before Shakespeare staged his famous tragedy *Romeo and Juliet*.   Yet the language of Luigi da Porto is very close to modern conversational Italian.

I miei ricordi presents daily life in an important period of Italian history, as related by one of its major figures. Massimo d'Azeglio's simple and straightforward style expands the student's vocabulary without straining the student's imagination.

Il ventaglio introduces the student to the great Italian playwright, Carlo Goldoni.   The constant repetition of common expressions makes this play invaluable for vocabulary building.   Even though some of the expressions may seem too antiquated for modern conversation, they are important for literature.   By reading *Il ventaglio* the student ends the year with a feeling of satisfaction and accomplishment.

In this Second Edition several changes have been made. Anecdotes that seemed out of date have been replaced by new ones.   Geographical matters, travel and trains, prices, customs, etc., have all been brought up to date.   However, the bulk of common words and expressions for daily activities does not change in any language, and the careful building of vocabulary remains fundamental to learning Italian.

Since teaching methods have greatly improved in recent years, all of the exercises have been rewritten.   The new exercises concentrate more than ever on making a lasting impression on the mind of the student by reworking vocabulary and constructions in all kinds of ways. These new exercises not only relieve the teacher of the task of preparing drills, but they make sure that everything is reviewed, so that the student can establish a general working vocabulary and a solid foundation for further study.

V.C. and A.G.C.

Contents

Graded Italian Reader

1 Amici di Scuola

VINCENZO CIOFFARI

AMICI[1] DI[2] SCUOLA*

1. LA FAMIGLIA*

La famiglia è[3] italiana.* Alberto* Casali è il padre.[4] Maria*
Casali è la madre.[5] Il padre è buono.[6] La madre è buona.
La famiglia è buona. Roberto* è il figlio.[7] Luisa* è la figlia.[8]
Roberto è buono. Anche[9] Luisa è buona.
5 Alberto è grande.[10] Anche Maria è grande. Roberto è
piccolo.[11] Anche Luisa è piccola. La famiglia è piccola.
Alberto è il padre di Luisa. Maria è la madre di Roberto.
Il padre di Roberto è buono. Anche la madre è buona. Il
padre di Roberto è grande. Anche la madre è grande. La
10 figlia di Maria è piccola. Anche il figlio è piccolo.

2. MARITO[12] — MOGLIE[13]

Alberto è il marito. Maria è la moglie. Alberto è alto.[14] Il
marito è alto. Maria non* è alta. La moglie non è alta.
Roberto è alto. Luisa non è alta. Il figlio è alto. La figlia
non è alta. Alberto è alto e[15] buono. Il marito è alto e
15 buono. Maria è buona ma[16] non è alta. La moglie è buona
ma non è alta. Il figlio è alto e buono. La figlia è buona ma
non è alta.
Il marito è il padre di Roberto. La moglie è la madre di
Roberto. Il marito è il padre di Luisa. La moglie è la madre
20 di Luisa. Il marito e la moglie sono[17] il padre e la madre di
Luisa e di Roberto. Roberto è il figlio di Alberto e di Maria.
Luisa è la figlia di Alberto e di Maria. Roberto e Luisa sono
il figlio e la figlia di Alberto e di Maria Casali.

---

* The asterisk indicates words that are nearly or entirely alike in English
and Italian.

[1] **amico** *or* **amica** friend.   [2] **di** of; **amici di scuola** school friends.   [3] **è** is.
[4] **padre** father.   [5] **madre** mother.   [6] **buono, –a** good.   [7] **figlio** son.   [8] **figlia**
daughter.   [9] **anche** also.   [10] **grande** large, big.   [11] **piccolo, –a** small.
[12] **marito** husband.   [13] **moglie** wife.   [14] **alto, –a** tall, high.   [15] **e** *or* **ed** and.
[16] **ma** but.   [17] **sono** (they) are.

3.   FRATELLO[18] — SORELLA[19]

Roberto è il fratello.   Luisa è la sorella.   Roberto è alto.
Luisa non è alta; Luisa è bassa.[20]   La sorella è bassa.
Roberto è un buon fratello.   Luisa è una buona sorella.
Alberto è un buon padre.   Maria è una buona madre.
5   Il fratello è il figlio di Alberto.   La sorella è la figlia di
Alberto.   Il fratello è il figlio di Maria.   La sorella è la figlia
di Maria.   Il fratello e la sorella sono il figlio e la figlia di
Alberto e di Maria.   Nella[21] famiglia Casali ci sono[22]: il
marito, la moglie, il fratello, e la sorella.

4.   LA CASA[23]

10   La famiglia Casali ha[24] una casa.   La casa è bella.[25]   La casa è
piccola.   La casa non è grande.   La casa è piccola e bella.   La
casa ha una porta.[26]   La porta è bella.   La casa ha una porta
bella.   La porta è piccola.   La porta non è grande.   La porta è
piccola e bella.   La casa è bianca.[27]   La porta è bianca.   La
15   casa bianca ha una porta bianca.
   La casa è di Alberto.   La casa è anche di Maria.   La casa è
di Alberto e di Maria.   La casa è piccola, bianca, e bella.   La
porta è piccola, bianca, e bella.   Il fratello e la sorella sono in
casa.[28]   Il figlio e la figlia sono in casa oggi.[29]   La madre e il
20   padre non sono in casa oggi.   La casa è comoda[30] per[31] la
famiglia.

5.   L'AMICO

La famiglia Casali ha un amico.   Giovanni[32] Spina è l'amico
di Alberto.   Anche Giovanni ha una famiglia.   Egli[33] ha
moglie ed un figlio.   Anna* Spina è la moglie di Giovanni.
25   Giovanni è un buon marito.   Anna è una buona moglie.   Gio-

---

[18] **fratello** brother.   [19] **sorella** sister.   [20] **basso, –a** short, low.   [21] **nella** (= **in** +
la) in the.   [22] **ci sono** there are.   [23] **casa** house.   [24] **ha** has.   [25] **bello, –a**
beautiful.   [26] **porta** door.   [27] **bianco, –a** white.   [28] **in casa** at home.   [29] **oggi**
today.   [30] **comodo, –a** comfortable.   [31] **per** for.   [32] **Giovanni** John.   [33] **egli**
he.

vanni e Anna hanno[34] un figlio. Alfredo* è il figlio di
Giovanni e di Anna. Giovanni e Anna non hanno figlia.
Alfredo non ha sorella. Alfredo è un ragazzo.[35] Egli è un ragazzo piccolo.
5 Alfredo è un amico di Roberto. Egli non è alto. Luisa è una
ragazza.[36] Anche Luisa è un'amica di Alfredo. Essa[37] è una
buona ragazza. Anna è un'amica di Maria. Il fratello e la
sorella hanno un buon amico. Il padre e la madre hanno un
buon amico e una buon'amica.

6. LE DUE[38] FAMIGLIE

10 Alberto e Giovanni sono due padri. Maria e Anna sono due
madri. Roberto, Luisa, e Alfredo sono tre* ragazzi.[39] Le due
famiglie hanno due case. La casa di Giovanni ha due porte.
Le due porte sono grandi. La casa di Giovanni ha molte[40]
finestre.[41] Le finestre sono piccole. La casa di Alberto non
15 ha molte finestre.

La casa di Alberto ha un giardino.[42] Anche l'altra[43] casa ha
un giardino. Le due case hanno due giardini. I due giardini
sono belli. Una casa con[44] un giardino è bella. Il giardino
di Alberto è grande. Il giardino di Giovanni è piccolo.
20 Alberto ha una casa piccola con un giardino grande.
Giovanni, invece,[45] ha una casa grande con un giardino
piccolo.

7. PARLARE[46]

Alberto parla italiano. La moglie parla inglese.* I ragazzi
parlano inglese. Giovanni parla inglese. La moglie di
25 Giovanni parla italiano. Il ragazzo parla italiano e inglese.
Luisa parla inglese ad[47] Alfredo. Alfredo parla inglese a[47]

---

[34] **hanno** (they) have.   [35] **ragazzo** boy.   [36] **ragazza** girl.   [37] **essa** she.   [38] **due**
two.   [39] **ragazzi** children.   [40] **molti, –e** many.   [41] **finestra** window.
[42] **giardino** garden.   [43] **altro, –a** other.   [44] **con** with.   [45] **invece** on the other
hand, instead.   [46] **parlare** to speak.   [47] **a** or **ad** to.

Roberto.   Egli non parla italiano a Roberto perché[48]
Roberto non parla italiano.
Anna è una donna[49] italiana.   La donna italiana parla
italiano.   Luisa è una ragazza americana.*   La ragazza
5 americana parla inglese.   Giovanni parla molto.[50]   Alberto
non parla molto.   Luisa e Roberto parlano inglese in casa.
Alfredo parla italiano in casa perché Anna parla bene[51]
l'°italiano.

8.   IN UNA CASA

In una casa ci sono molte stanze.[52]   Una delle[53] stanze è la
10 sala da pranzo.[54]   Un'altra stanza è il salotto.[55]   Per un
ragazzo la stanza principale* è la sala da pranzo.   La sala
da pranzo ha una tavola[56] grande.   A tavola i ragazzi
mangiano.[57]   Il fratello e la sorella sono nella sala da pranzo.
Roberto mangia molto.   Luisa non mangia molto.   Maria,
15 la madre di Luisa, mangia poco[58]; anche Alberto, il marito,
mangia poco.   Quando[59] Alfredo mangia è molto contento.[60]
Quando i ragazzi mangiano sono contenti.
    Per la madre e per il padre la stanza principale è il salotto.
Nel[61] salotto la madre e il padre parlano con gli amici di
20 famiglia.   La sala da pranzo e il salotto sono le stanze
principali di una casa.

9.   LA SCUOLA

Luisa e Roberto vanno[62] a scuola.   Nella scuola c'è[63] il
professore.[64]   Il professore parla inglese.   Il professore parla
anche italiano.   Anche Alfredo va a scuola.   È piccolo, ma va a

---

° Do not translate words marked °.

[48] **perché** because.   [49] **donna** woman.   [50] **molto** a great deal; very.   [51] **bene**
well.   [52] **stanza** room.   [53] **delle** (= **di** + **le**) of the.   [54] **sala da pranzo** dining
room.   [55] **salotto** living room.   [56] **tavola** table.   [57] **mangiare** to eat.   [58] **poco**
little.   [59] **quando** when.   [60] **contento, –a** happy, glad.   [61] **nel** (= **in** + **il**) in
the.   [62] **andare** to go; **va** (he) goes; **vanno** (they) go.   [63] **c'è** there is.
[64] **professore** teacher.

scuola con Luisa e con Roberto. Il professore parla italiano
ad Alfredo. Quando il professore parla italiano, Alfredo
risponde[65] in italiano. Quando il professore parla inglese,
Luisa e Roberto rispondono in inglese.
5   La scuola è piccola ma è bella. La scuola ha molte porte e
molte finestre. Le porte e le finestre sono grandi. Nella
scuola ci sono molti ragazzi. I ragazzi vanno a scuola perché
sono buoni. Tutti[66] i ragazzi vanno a scuola.

10. L'AUTOMOBILE*

Alberto ha una bell'automobile nera.[67] L'automobile è
10 nuova.[68] L'automobile non è vecchia.[69] L'amico di Alberto
anche ha una nuova automobile. L'automobile di Giovanni
è piccola e bella. L'automobile di Alberto, invece, è grande
e comoda.
L'automobile è molto utile.[70] Con le automobili Alberto e
15 Giovanni vanno in campagna.[71] Vanno anche a visitare* gli
amici. Alberto guida[72] l'automobile quando vanno in
campagna. Anche Maria e Anna guidano bene l'automobile.
Maria porta[73] spesso[74] i ragazzi a scuola nella bell'automobile. Spesso Anna porta Alfredo a scuola nella piccola
20 automobile. Alberto e Giovanni hanno automobili nuove
perché le automobili vecchie non sono buone.

11. ROBERTO E ALFREDO

Roberto ha un abito[75] nuovo. L'abito è molto bello. Anche
Alfredo ha un abito nuovo. La giacca[76] di Roberto è grigia[77];
i pantaloni[78] sono grigi. La giacca di Alfredo è nera ed i
25 pantaloni sono neri. Roberto porta la[79] giacca grigia e i°
pantaloni grigi. Alfredo porta la giacca nera e i pantaloni
neri.

---

[65] **rispondere** to answer. [66] **tutti, –e** all. [67] **nero, –a** black. [68] **nuovo, –a**
new. [69] **vecchio, –a** old. [70] **utile** useful. [71] **in campagna** to (in) the country.
[72] **guidare** to drive. [73] **portare** to take; wear. [74] **spesso** often. [75] **abito** suit.
[76] **giacca** coat. [77] **grigio, –a** gray. [78] **pantaloni** trousers. [79] **la** *here* = a.

La camicia[80] di Roberto è bianca. Porta sempre[81] la
camicia bianca. Anche la camicia di Alfredo è bianca. Una
camicia bianca è sempre bella. La cravatta[82] di Roberto è
bella. La cravatta di Alfredo è molto bella. Essi[83] portano
5 sempre una camicia bianca e una bella cravatta.
Roberto porta spesso le° scarpe[84] bianche. Porta anche le
scarpe nere. Quando va a scuola porta le scarpe nere. Le
scarpe bianche sono nuove. Le scarpe nere sono vecchie.
Alfredo, invece, porta sempre le scarpe nere.
10 Roberto non porta cappello.[85] Alfredo non porta cappello.
I ragazzi non portano mai[86] cappello. Roberto e Alfredo
sono buoni amici. Vanno insieme[87] a scuola e studiano*
l'°italiano.

12. GLI AMICI DI SCUOLA

Roberto, Luisa, e Alfredo hanno molti amici nella scuola.
15 Gino† è uno degli[88] amici. È alto ed ha i° capelli[89] neri.
Gino ha quindici (15) anni.[90] Enzo† è un altro buon amico.
È piccolo e basso. Enzo ha dodici (12) anni. Tina† è una
buon'amica. È alta, bella, ed ha gli° occhi[91] neri. Tina ha
quattordici (14) anni. Anche Dorina† è una buon'amica. È
20 alta ma non è tanto[92] bella. Peccato![93] Dorina ha tredici (13)
anni. Roberto ha sedici (16) anni, Luisa ha dodici anni, e
Alfredo ha undici (11) anni.
Gli amici vanno tutti insieme a scuola. Non tutti hanno
un'automobile. Dorina, per esempio,[94] non ha automobile.
25 Maria porta anche Dorina in[95] automobile quando porta
Roberto e Luisa. I sette (7) amici parlano sempre mentre[96]
vanno a scuola. Quando vedono[97] il professore dicono[98]
tutti:

---

† Use the same name in English.

[80] camicia shirt. [81] sempre always. [82] cravatta necktie. [83] essi they.
[84] scarpa shoe. [85] cappello hat. [86] non ... mai never. [87] insieme together.
[88] degli (= di + gli) of the. [89] capelli hair. [90] ha ... anni is ... years old.
[91] occhio eye. [92] tanto so. [93] Peccato! It is a pity! Too bad! [94] esempio
example. [95] in here = in the. [96] mentre while. [97] vedere to see; vedono
they see. [98] dire to say, tell; dicono they say.

— Buon giorno,[99] professore.
Egli risponde:
— Buon giorno, Roberto, Luisa, Alfredo, Gino, Enzo, Tina,
e Dorina. Come[1] state[2] stamattina?[3]

13. IL CIRCOLO[4]

5   Roberto, Alfredo, Gino, ed Enzo sono buoni amici. I quattro
(4) ragazzi hanno un bel circolo. Nel circolo fanno[5] piccoli
aeroplani.* Ognuno[6] fa una parte* dell'[7]aeroplano e poi[8]
mettono[9] insieme le parti. Roberto fa sempre il motore*
perché il motore è difficile.* Alfredo non fa molto perché è
10   troppo[10] piccolo.
Qualche volta[11] Roberto, Enzo, e Gino fanno ognuno un
aeroplano completo.* Fanno aeroplani molto belli. Non
fanno sempre aeroplani nel circolo. Qualche volta fanno
altre cose.[12] Per esempio, Alfredo fa una piccola tavola,
15   Gino fa una piccola casa, Enzo fa una sedia,[13] e Roberto fa
un'automobile. Tutti fanno belle cose. Un circolo è molto
buono per i ragazzi.

14. NOME[14] E COGNOME[15]

Il professore chiama[16] Gino in classe.*
— Come si chiama Lei?[17] — domanda[18] il professore.
20   — Non capisco,[19] — risponde Gino.
— Va bene![20] — dice il professore. — Il Suo[21] nome, per
piacere.[22] Capisce ora?[23]

---

[99] **buon giorno** good morning. [1] **come?** how? [2] **stare** to be (in health); **come
state?** how are you? [3] **stamattina** this morning. [4] **circolo** club. [5] **fare** to do,
make; **fa** (he) makes; **fanno** they make. [6] **ognuno** each one. [7] **dell'** (= di
+l') of the. [8] **poi** then. [9] **mettere** to put. [10] **troppo** too. [11] **qualche volta**
sometimes. [12] **cosa** thing. [13] **sedia** chair. [14] **nome** (given) name.
[15] **cognome** family name. [16] **chiamare** to call (on). [17] **Come si chiama Lei?**
What is your name? [18] **domandare** to ask. [19] **capire** to understand; **capisco**
I understand. [20] **Va bene!** All right! [21] **il Suo** your. [22] **per piacere** please.
[23] **ora** now.

— Sì,[24] signore.[25] Il mio* nome è Luigino.†

— Il Suo cognome ora, per piacere.

— Non capisco, professore.

— Va bene! Il Suo nome di famiglia. Capisce ora?

5   — Sì, signore. Il mio cognome è Amalfi.

— Bene! Molto bene! Ora, come si chiama Lei?

— Mi chiamo[26] Luigino Ambrogio* Bartolomeo* Amalfi.

— E come si chiama Suo fratello?

— Mio fratello si chiama Pietro* Amalfi.

10   — È piccolo Suo fratello?

— Mio fratello ha sei (6) anni.

— Come si chiamano i Suoi genitori?[27]

— Mio padre si chiama Michele* Amalfi e mia madre si chiama Antonietta* Sereno† Amalfi.

15   — Come si chiamano i Suoi amici?

— I miei amici si chiamano Roberto, Alfredo, Enzo, Luisa, Tina, e Dorina.

— Va bene, Luigino Ambrogio Bartolomeo Amalfi. Lei risponde molto bene, — dice il professore.

15. PAROLE[28] PERDUTE[29]

20   La° signora[30] Roberts incontra[31] la signora Spinelli per la strada.[32]   La signora Roberts parla bene l'italiano.

— Buon giorno, signora Spinelli!

— Buon giorno, buon giorno, signora Roberts!

— Come sta stamattina?

25   — Sto bene, grazie[33]; e Lei?

— Molto bene, grazie. Come sta il° signor[34] Spinelli?

— Bene. Come sta il signor Roberts?

— Molto bene, grazie. Come stanno i ragazzi?

— Stanno bene, grazie. Come sta Edoardo?*

---

[24] sì, yes.   [25] signore sir.   [26] mi chiamo my name is.   [27] genitori parents. [28] parola word.   [29] perduto, –a lost, wasted.   [30] signora Mrs.   [31] incontrare to meet.   [32] per la strada on the street.   [33] grazie thank you.   [34] signor Mr.

— Non sta bene. È ammalato.[35] Devo[36] andare a casa[37] subito.[38] Arrivederla,[39] signora Spinelli!
— Arrivederla, signora Roberts!

16. AGGETTIVI*

(bianco — nero)

Il° latte[40] è bianco. Il latte non è nero. La casa del signor
5 Roberts è bianca. Una casa bianca è bella. Una casa non è
mai nera. Una casa bianca con le° finestre nere è molto
bella. La° carta[41] è bianca. La carta non è spesso nera. Una
bella ragazza italiana ha spesso gli° occhi neri.

(rosso[42] — verde[43])

Il° rosso è un bel colore.* Il verde è un altro bel colore. Il
10 labbro[44] è rosso. L'erba[45] è verde. Il libro[46] d'italiano di
Luisa è rosso. Il libro di Alfredo è verde. Gli occhi di
Alfredo sono quasi[47] verdi. Una ragazza della[48] classe
d'italiano ha i° capelli rossi. Si chiama Carmelina.† La
ragazza dai capelli rossi[49] porta gli° abiti[50] verdi. Un abito di
15 Maria è bianco e rosso. L'abito è molto bello. I colori
italiani sono: bianco, rosso, e verde.

(azzurro[51] — giallo[52])

Il mare[53] è azzurro. Il limone* è giallo. L'°azzurro è un bel
colore. Il giallo non è sempre un bel colore. Il cielo[54] è
azzurro di sera.[55] Roberto porta un abito bianco con una
20 camicia azzurra e una cravatta gialla. Bravo Roberto![56] Il

---

[35] ammalato, –a ill. [36] dovere to have to; devo I must; debbono they must.
[37] a casa home. [38] subito immediately. [39] Arrivederla! Good-by! [40] latte
milk. [41] carta paper. [42] rosso, –a red. [43] verde green. [44] labbro (pl. labbra
f.) lip. [45] erba grass. [46] libro book. [47] quasi almost. [48] della (= di + la) of
(in) the. [49] la ragazza dai capelli rossi the girl with (the) red hair. [50] abito
dress. [51] azzurro, –a blue. [52] giallo, –a yellow. [53] mare sea. [54] cielo sky.
[55] di sera at night. [56] Bravo Roberto! Good for Robert!

padre porta un abito bianco con una camicia azzurra e una
cravatta bianca.   Bravo anche il padre!   I colori americani
sono: rosso, bianco, e azzurro.

(chiaro[57] — scuro[58])

Il limone è giallo chiaro.   Il cielo di sera è azzurro scuro.   Il
5 cielo di giorno[59] è azzurro chiaro.   L'azzurro chiaro si chiama
anche celeste.[60]   Gli occhi di Luisa sono celesti.   Luisa ha i°
capelli chiari e gli occhi celesti.   È una bella ragazza.
L'abito chiaro è di Gino.   L'abito scuro è di Enzo.

(ricco[61] — povero[62])

L'uomo[63] ricco ha molto denaro.[64]   L'uomo povero ha poco
10 denaro.   L'uomo ricco ha molti amici.   Quando è povero
non ha molti amici.   Il padre di Gino ha quattro automobili
perché è ricco.   Il padre di Dorina non ha automobile perché
è povero.

(caldo[65] — freddo[66])

Il° fuoco[67] è caldo.   La° neve[68] è fredda.   Nell'[69]estate[70]
15 fa caldo.[71]   Nell'inverno[72] fa freddo.[73]   Quando fa caldo
portiamo abiti leggieri.[74]   Quando fa freddo portiamo abiti
pesanti.[75]   In casa di Tina fa sempre troppo caldo.   In casa di
Roberto fa sempre troppo freddo.

(lungo* — corto[76])

L'anno[77] è lungo.   Il minuto* è corto.   La strada è lunga.   La
20 tavola è corta.   Gino ha il[78] naso* lungo.   Tina ha il naso
corto.   Roberto ha il piede[79] lungo.   Dorina ha il piede corto.

---

[57] **chiaro, –a** light.   [58] **scuro, –a** dark.   [59] **di giorno** during the day.   [60] **celeste**
(light) blue.   [61] **ricco, –a** rich.   [62] **povero, –a** poor.   [63] **uomo** (*pl.* **uomini**)
man.   [64] **denaro** money.   [65] **caldo, –a** warm.   [66] **freddo, –a** cold.   [67] **fuoco**
fire.   [68] **neve** snow.   [69] **nell'** (= **in** + **l'**) in the.   [70] **estate** summer.   [71] **fa caldo**
it is warm.   [72] **inverno** winter.   [73] **fa freddo** it is cold.   [74] **leggiero, –a** light.
[75] **pesante** heavy.   [76] **corto, –a** short.   [77] **anno** year.   [78] **il** *here* = a.   [79] **piede**
foot.

Quando fa caldo i giorni sono lunghi. Quando fa freddo i giorni sono corti.

.

(alto — basso)

La porta è alta. La sedia è bassa. Alberto è un uomo alto. Giovanni è un uomo basso. La casa è alta. La finestra è
5 bassa. L'uomo alto porta i° pantaloni lunghi. L'uomo basso porta i pantaloni corti.

(facile[80] — difficile)

L'°italiano è facile. L'inglese è difficile. Una lezione[81] è facile. Un'altra lezione è difficile. L'alunno[82] buono trova[83] facili le lezioni. L'alunno stupido* trova difficili le lezioni.
10 Tutto[84] è facile per Roberto. Tutto è difficile per Enzo.

(buono — cattivo[85])

Il ragazzo buono ama[86] il[87] padre e la° madre. Il ragazzo cattivo non ama i genitori. Il marito buono ama la moglie. Il marito cattivo non ama la moglie. La madre buona ama la[88] famiglia. La madre cattiva non ama la famiglia. Il° signor
15 Casali è un buon marito. La signora Casali è una buona madre. Roberto non è un cattivo ragazzo. Luisa non è una cattiva ragazza.

(giovane[89] — vecchio)

Alfredo è giovane. Il nonno[90] di Alfredo è vecchio. La ragazza dai capelli rossi è giovane. La[91] donna non è mai
20 vecchia. L'uomo giovane lavora[92] molto. Poi quando è vecchio non lavora più.[93] La persona* giovane pensa[94] all'[95]oggi. La persona vecchia pensa al[96] domani.[97]

---

[80] **facile** easy.   [81] **lezione** lesson.   [82] **alunno** or **alunna** pupil.   [83] **trovare** to find.   [84] **tutto** everything.   [85] **cattivo, –a** bad.   [86] **amare** to love.   [87] *Here =* his.   [88] *Here =* her.   [89] **giovane** young.   [90] **nonno** grandfather.   [91] *Here =* a.   [92] **lavorare** to work.   [93] **non** ... **più**, not ... any more.   [94] **pensare (a)** to think (of).   [95] **all'** (= a + l') to the; *here =* of.   [96] **al** (= a + il) to the; *here =* of.   [97] **domani** tomorrow.

17. LA LEZIONE D'ITALIANO

Tina, Roberto, e Gino sono nello⁹⁸ studio* del signor
Roberts. Vogliono⁹⁹ insegnare¹ l'italiano a Edoardo Roberts.
Tina fa da² maestra³ perché parla meglio⁴ degli altri . . . e poi
c'è pure⁵ un'altra ragione.⁶ Essa dice ed Edoardo ripete* ad
5 alta voce⁷ tutto quel che⁸ fa.

Apre⁹ la porta e dice: — Apro la porta. Edoardo ripete: — Apro la porta.

Tina chiude¹⁰ la porta e dice: — Io chiudo la porta.
Edoardo ripete: — Io chiudo la porta.

10 Tina chiama Roberto. Insieme aprono la finestra e lei¹¹
dice: — Noi apriamo la finestra. Edoardo ripete: — Noi
apriamo la finestra.

Gino apre la porta. Tina dice: — Lei, Gino, apre la porta.
Edoardo ripete: — Lei, Gino, apre la porta.

15 Gino chiude la porta. Tina dice: — Lei chiude la porta,
Gino. L'alunno ripete: — Lei chiude la porta, Gino.

Roberto e Gino chiudono le finestre. Tina dice: — Essi
chiudono le finestre. Edoardo ripete: — Essi chiudono le
finestre.

20 Ogni¹² giorno i tre amici insegnano qualche¹³ parola al
ragazzo americano. Poi quando egli va a casa ripete tutto
alla¹⁴ mamma* perché essa capisce bene l'italiano.

18. L'ORA¹⁵

— Che ora è?¹⁶ — dice la° signora Casali quando Luisa
esce.¹⁷

25 — Sono le due,¹⁸ mamma, — risponde la ragazza.

---

⁹⁸ **nello** (= **in** + **lo**) in the.   ⁹⁹ **volere** to want; **vogliono** they want.
¹ **insegnare** to teach.   ² **fa da** acts as.   ³ **maestra** *or* **maestro** teacher.
⁴ **meglio (di)** better (than).   ⁵ **pure** also.   ⁶ **ragione** reason.   ⁷ **ad alta voce**
aloud.   ⁸ **quel che** that which, what, that.   ⁹ **aprire** to open.   ¹⁰ **chiudere** to
close.   ¹¹ **lei** she.   ¹² **ogni** every.   ¹³ **qualche** some.   ¹⁴ **alla** (= **a** + **la**) to the;
here = to his.   ¹⁵ **ora** hour, time.   ¹⁶ **Che ora è?** What time is it?   ¹⁷ **uscire**
to go out; **esce** (she) goes out; **escono** (they) go out.   ¹⁸ **Sono le due** It is
two o'clock.

— A che ora[19] torni,[20] Luisa?
— Torno alle[21] quattro, mamma. Arrivederci![22]
Luisa va da Tina.[23] Tina non è in casa.
— A che ora torna Tina? — domanda Luisa.
5 — Torna alle tre, — risponde la° signora Spinelli.
Luisa va dà Dorina. Sono già[24] le due e mezzo.[25] Dorina
è in casa. Le due ragazze parlano per mezz'ora.[26] Poi la
madre di Dorina fa il caffè.* Dopo[27] il caffè le due amiche
vanno insieme da Tina. Sono le tre e mezzo adesso.[28] Dopo
10 mezz'ora Luisa domanda alle[29] amiche: — Che ora è?
— Sono le quattro, — risponde Dorina.
— È tardi,[30] — dice Luisa. — Devo tornare a casa subito.
Arrivederci, Tina e Dorina.
— Vai via[31] adesso? — domanda la signora Spinelli.
15 — Sì, signora Spinelli. Vado via perché è tardi. Arrivederla!

19. IL NUOVO AMICO

Mentre i ragazzi vanno a scuola incontrano un nuovo ragazzo.
Anche il ragazzo va a scuola.
— Buon giorno, — dice Roberto. — Come si chiama Lei?
20 Il ragazzo è italiano. Subito risponde: — Mi chiamo
Giuseppe[32] Bellini. Piacere di conoscerla![33] Come si
chiama Lei?
— Mi chiamo Roberto Casali. Questa[34] è mia sorella
Luisa.
25 — Piacere di conoscerla! — ripete il ragazzo. Roberto
presenta* gli altri amici.
— Presento i miei compagni[35]: Tina Spinelli, Dorina Abati,

---

[19] **A che ora?** At what time? [20] **tornare** to return. [21] **alle** (= a + le) to the;
here = at. [22] **Arrivederci!** Good-by! [23] **da Tina** to (at) Tina's house. [24] **già**
already. [25] **le due e mezzo** half past two. [26] **mezz'ora** a half hour. [27] **dopo**
after. [28] **adesso** now. [29] *Here* = her. [30] **È tardi** It is late. [31] **via** away.
[32] **Giuseppe** Joseph. [33] **Piacere di conoscerla!** I am happy to meet you!
[34] **questo, –a** this. [35] **compagno** *or* **compagna** companion, friend.

Gino Amalfi, Enzo Torrelli, e Alfredo Spina. Siamo tutti
amici e andiamo tutti alla stessa[36] scuola.
  Giuseppe è molto contento. È nuovo in città[37]; perciò[38]
non ha ancora[39] molti amici.
5 — Quanti anni ha Lei?[40] — domanda Gino al nuovo amico.
  — Quindici anni, — risponde Giuseppe.
  — Bene! Siamo della stessa età,[41] — dice Gino.
  Il nuovo ragazzo è alto, ha i° capelli biondi[42] e gli occhi
celesti. Porta un bell'abito grigio scuro e una cravatta
10 azzurra. È un piacere[43] vedere un ragazzo ben vestito.[44]

20. UNA SERATA[45] IN CASA

Nel salotto della signora Abati ci sono tutti gli amici stasera[46]
perché Dorina canta.[47] Dorina canta bene e la madre è
molto contenta. Mentre Dorina canta, Enzo domanda a
Tina:
15 — Canta anche Lei, Tina?
  — No, io non canto, Enzo. La° mamma canta bene, ma io
non canto mai.
  — Mio padre ed io cantiamo spesso insieme, — dice Enzo.
  Dorina canta ancora. Il signor Spinelli dorme[48] in una
20 poltrona.[49] Un altro signore[50] dorme in un'altra poltrona.
Tutti e due[51] dormono mentre Dorina canta. C'è una
mosca[52] sul[53] naso del signor Spinelli, ma il signore
continua* a dormire. Dal[54] naso la mosca passa* sulla[55]
fronte.[56] Dalla[57] fronte la mosca passa sulla mano.[58] La
25 mano non sta ferma[59] e la mosca va sulle[60] labbra.

---

[36] **stesso, –a** same.   [37] **in città** in the city.   [38] **perciò** therefore.   [39] **ancora** yet,
still.   [40] **Quanti anni ha Lei?** How old are you?   [41] **età** age.   [42] **biondo, –a**
blond.   [43] **piacere** pleasure.   [44] **vestito, –a** dressed.   [45] **serata** evening.
[46] **stasera** this evening.   [47] **cantare** to sing.   [48] **dormire** to sleep.   [49] **poltrona**
easy chair.   [50] **signore** gentleman.   [51] **tutti e due** both.   [52] **mosca** fly.   [53] **sul**
(= **su + il**) on the.   [54] **dal** (= **da + il**) from the; *here* = from his.   [55] **sulla** (= **su**
+ **la**) on the; *here* = to his.   [56] **fronte** forehead.   [57] **dalla** (= **da + la**) from the;
here = from his.   [58] **mano** hand.   [59] **fermo, –a** still.   [60] **sulle** (= **su + le**) on
the; *here* = on his.

Dorina continua a cantare e i due signori continuano a dormire. Le labbra del signor Spinelli si aprono[61] e la mosca non c'è più. Povera mosca!

21. LA VITA[62] (VOLERE[63] E POTERE[64])

Alfredo è seduto[65] sulla poltrona e pensa così[66]:

5 « Io voglio[63] fare molte cose ma non posso[64] fare niente[67] perché sono piccolo. Voglio fare il medico[68] e non posso perché non ho denaro. Voglio essere ricco e non posso perché mio padre non ha denaro.

« Gino, invece, può[64] fare il medico e non vuole[63] perché 10 non vuole studiare.* Può fare tante cose perché è ricco e non vuole fare niente. Tutti vogliono[63] fare molto quando non possono[64] fare niente. Quando vogliamo studiare non possiamo studiare e quando possiamo studiare non vogliamo lavorare. La vita è curiosa.* Sono molto contento di 15 essere[69] ancora piccolo.»

22. I NUMERI* CARDINALI*

Tutti sanno[70] i numeri cardinali da uno a dieci (*10*) in italiano. Ogni ragazzo, quando entra nella classe d'italiano, già sa[70] dire: uno, due, tre, quattro, cinque (*5*), sei, sette, otto (*8*), nove (*9*), e dieci. Non sa scrivere[71] i numeri, ma sa 20 contare* ad alta voce. Per la strada molti uomini contano da uno a dieci ad alta voce. Dicono: sei, otto, quattro, nove, tre, e mostrano[72] le dita[73] allo[74] stesso tempo.[75] Così imparano[76] i numeri.

Alfredo conta le case quando torna dalla scuola. Enzo non

---

[61] **si aprono** open.   [62] **vita** life.   [63] **volere** to want; **voglio** (I) want; **vuole** (he) wants; **vogliamo** (we) want; **vogliono** (they) want.   [64] **potere** to be able; **posso** (I) can; **può** (he) can; **possiamo** (we) can; **possono** (they) can.   [65] **seduto, –a** seated.   [66] **così** thus, as follows, so.   [67] **non . . . niente** nothing.   [68] **fare il medico** to be a doctor.   [69] **di essere** that I am.   [70] **sapere** to know, know how to; **sa** (he) knows how to; **sanno** (they) know.   [71] **scrivere** to write.   [72] **mostrare** to show.   [73] **dito** (*pl.* **dita** *f.*) finger.   [74] **allo** (= a + lo) at (to) the.   [75] **tempo** time.   [76] **imparare** to learn.

può contare le case perché non abita⁷⁷ vicino⁷⁸ alla scuola.
Egli conta le strade.   Conta da uno a dieci e poi continua:
undici, dodici, tredici, quattordici, quindici, sedici, diciassette (*17*), diciotto (*18*), diciannove (*19*), e venti (*20*).
5 Luisa conta gli alberi⁷⁹ perché sa contare bene.   Tina conta i
minuti perché vuole parlare a Edoardo Roberts quando
escono dalla classe.   Così tutti contano e tutti imparano a
contare.

23. LE STAGIONI⁸⁰

Le stagioni dell'anno sono quattro: la° primavera,⁸¹ l'estate,
10 l'autunno,* e l'inverno.   La primavera comincia⁸² in marzo⁸³
e finisce⁸⁴ in giugno.⁸⁵   L'estate comincia in giugno e finisce
in settembre.*   L'autunno comincia in settembre e finisce in
dicembre.*   L'inverno comincia in dicembre e finisce in
marzo.
15   La primavera è una bella stagione.   Anche l'estate è una
bella stagione, ma nell'estate fa caldo.   Nella primavera e
nell'autunno qualche volta fa freddo e qualche volta fa caldo.
Nell'inverno fa freddo.
        Nell'estate i ragazzi non vanno a scuola.   Hanno due
20 mesi⁸⁶ di vacanza.⁸⁷   Perciò preferiscono* l'estate a tutte le
altre stagioni.   Nell'autunno, nell'inverno, e nella primavera
i ragazzi vanno a scuola e imparano l'italiano, l'inglese, e
tante altre cose.   Nell'estate molti ragazzi non studiano mai.
Vanno sempre al cinema.*   L'estate è una bella stagione e la
25 vita dei⁸⁸ ragazzi è una bella vita.

24. LA SETTIMANA⁸⁹

La settimana ha sette giorni.   I sette giorni della settimana
sono: lunedì,⁹⁰ martedì,⁹¹ mercoledì,⁹² giovedì,⁹³ venerdì,⁹⁴

---

⁷⁷ **abitare** to live.   ⁷⁸ **vicino (a)** near.   ⁷⁹ **albero** tree.   ⁸⁰ **stagione** season.
⁸¹ **primavera** spring.   ⁸² **cominciare** to begin.   ⁸³ **marzo** March.   ⁸⁴ **finire** to
finish, end.   ⁸⁵ **giugno** June.   ⁸⁶ **mese** month.   ⁸⁷ **vacanza** vacation.   ⁸⁸ **dei**
(= **di** + **i**) of the.   ⁸⁹ **settimana** week.   ⁹⁰ **lunedì** Monday.   ⁹¹ **martedì**
Tuesday.   ⁹² **mercoledì** Wednesday.   ⁹³ **giovedì** Thursday.   ⁹⁴ **venerdì**
Friday.

sabato,[95] e domenica.[96] Il primo[97] giorno della settimana è
la° domenica. L'ultimo[98] giorno è il° sabato. In Italia il
primo giorno della settimana è il lunedì. Il lunedì è il primo
giorno di scuola. In America il venerdì è l'ultimo giorno di
5 scuola. In Italia, però,[99] l'ultimo giorno di scuola è il sabato,
perché il giovedì è giorno di vacanza. In Italia i ragazzi
vogliono tre giovedì e quattro domeniche.
I sette ragazzi vanno a scuola il lunedì, martedì, mercoledì,
giovedì, e venerdì. Non vanno a scuola il sabato e la
10 domenica. La domenica vanno in chiesa.[1] Il sabato vanno
al cinema. La settimana è molto lunga quando andiamo a
scuola. La settimana è corta quando abbiamo[2] vacanza.

25. IL VIAGGIO[3]

Ogni domenica la famiglia Casali fa un viaggio.[4] Casali è il
cognome di Roberto e di Luisa. Hanno uno zio[5] in
15 campagna e ogni domenica vanno a passare[6] il giorno là.[7]
Partono[8] la mattina[9] alle sette e venti. La stazione* è vicina,
perciò partono da casa alle sette e dieci. In treno* Roberto e
Luisa dormono quando hanno sonno[10] o guardano[11] la
campagna quando non hanno sonno.
20   La campagna è così bella! Nell'estate gli alberi sono
verdi. Nell'autunno, invece, gli alberi sono di tanti[12] colori:
verdi, gialli, rossi, ecc.* I ragazzi guardano tutto: le belle
strade delle città, le piccole case bianche della campagna, gli
alberi, le automobili, e tutto quel che possono vedere dal
25 treno.
Arrivano* alla stazione alle nove. Lo zio viene[13] con una
bell'automobile, piccola ma comoda. Arrivano alla casa

---

[95] sabato Saturday. [96] domenica Sunday. [97] primo, –a first. [98] ultimo, –a
last. [99] però however. [1] andare in chiesa to go to church. [2] avere to have;
abbiamo we have. [3] viaggio trip. [4] fare un viaggio to take a trip. [5] zio
uncle. [6] passare to spend (time). [7] là there. [8] partire to leave. [9] la
mattina in the morning. [10] aver sonno to be sleepy. [11] guardare to look at.
[12] tanti, –e so many. [13] venire to come; viene (he) comes; vengono (they)
come.

dello[14] zio in cinque minuti perché egli abita vicino alla
stazione. I cugini[15] sono sempre in casa quando vengono[13] i
ragazzi dalla città. Roberto e Luisa giocano[16] tutto il giorno coi[17] cugini. I
5 genitori restano[18] in casa a conversare* o vanno in
automobile.[19] Alle otto debbono prendere[20] il treno e
ritornare* a casa. Roberto e Luisa vogliono sempre fare un
viaggio.

26. UN GIOCO[21]

Quasi ogni sera i sette amici fanno un bel gioco[22] nel salotto.
10 La° signora Amalfi ha comprato[23] una piccola lavagna[24] per
Pietro, ma Gino la prende sempre per fare il gioco. Ognuno
dei sette ragazzi scrive sulla lavagna una nuova parola
italiana. Dorina scrive tutte le parole in un quaderno[25]
perché non vogliono prendere parole già scritte.[26]
15 Oggi i ragazzi hanno imparato i mesi dell'anno, perciò li[27]
scrivono sulla lavagna. Ognuno deve scrivere una parola, e
se[28] fa uno sbaglio[29] deve pagare.[30]
Roberto è il primo. Egli va alla lavagna e scrive:
gennaio.[31] Tutti guardano e dicono: — Bene!
20 Luisa va e scrive: febbraio.[32] Luisa non ha mai pagato.
Senza guardare,[33] i compagni dicono: — Bene!
Ora[34] viene Enzo. Il povero Enzo ha già pagato molto
questa settimana. Tutti guardano. Egli pensa bene.
Comincia a scrivere: mar . . . ma non sa finire. Povero Enzo!
25 Paga di nuovo.[35]
Gino ha imparato bene i mesi dell'anno. Va alla lavagna e
scrive: marzo. Dorina allora continua con: aprile.* Tina va
alla lavagna, comincia a scrivere, ma non sa finire. Paga e

---

[14] dello (= di + lo) of the. [15] cugino cousin. [16] giocare to play. [17] coi (=
con + i) with the; here = with their. [18] restare to remain. [19] andare in
automobile to go for a drive. [20] prendere to take. [21] gioco game. [22] fare un
gioco to play a game. [23] comprare to buy. [24] lavagna blackboard.
[25] quaderno notebook. [26] scritto, –a written. [27] li them. [28] se if. [29] sbaglio
mistake. [30] pagare to pay. [31] gennaio January. [32] febbraio February.
[33] senza guardare without looking. [34] ora now. [35] di nuovo again.

ritorna a sedere.[36] Alfredo è piccolo, ma intelligente. Va
alla lavagna e subito scrive: *maggio*.[37] Ritorna Roberto e
scrive: *giugno*. Poi gli altri scrivono l'uno dopo l'altro[38]:
luglio,[39] *agosto,* settembre, ottobre,* novembre,** e di-
5 *cembre*. Tutti scrivono senza sbagli perché non vogliono
pagare più. Così finisce il gioco.
Durante[40] la settimana hanno pagato mille (*1000*) lire.[41]
Roberto ed Enzo vanno a comprare gelati[42] colle mille lire.
Tutti prendono un gelato. È un bel gioco per i ragazzi.

27. UNA VISITA*

10 Stamattina il° signor Casali ha incontrato il professore di
storia[43] per la strada. Lo conosce da parecchi anni;[44] si
chiama Armando Colè. La signora Casali lo conosce ancora
meglio di suo marito perché lei va spesso alla scuola. Il
signor Casali lo ha invitato* a pranzo.[45] Dal signor Casali
15 pranzano[46] alle sette. Il signor Colè non li ha fatti
aspettare.[47] È arrivato alle sette in punto.[48] Roberto e Luisa
sono rimasti[49] molto sorpresi* quando lo hanno visto.
Il signor Colè è molto intelligente. Conversa bene, non
parla di cose di scuola, ed è sempre interessante.* Sa non
20 soltanto[50] la° storia, ma anche l'italiano, il francese,* ecc.
Suona[51] bene il pianoforte.*
Dopo il° pranzo la signora Casali ha voluto sentire[52]
qualche pezzo[53] di musica.* Il signor Colè ha suonato così
bene che[54] i ragazzi sono rimasti a sentire. Poi hanno
25 chiesto[55] altri pezzi di musica. Ora Roberto e Luisa dicono
che il signor Colè è una persona molto interessante perché lo
conoscono bene.

---

[36] **sedere** to sit (down).   [37] **maggio** May.   [38] **l'uno dopo l'altro** one after the
other.   [39] **luglio** July.   [40] **durante** during.   [41] **lira** coin (about 1/10 of a cent).
[42] **gelato** Italian ice.   [43] **storia** history.   [44] **Lo conosce da parecchi anni** 'He
has known him for several years.   [45] **pranzo** dinner.   [46] **pranzare** to dine.
[47] **fare aspettare** to keep someone waiting.   [48] **in punto** exactly.   [49] **rimanere**
to remain; *here* = to be.   [50] **soltanto** only.   [51] **suonare** to play.   [52] **sentire** to
hear.   [53] **pezzo** piece.   [54] **che** that.   [55] **chiedere** to ask for.

28. I NONNI[56] DI TINA

Oggi alla casa di Tina sono arrivati il nonno e la nonna.[57] Abitano molto lontano[58] e sono venuti col[59] treno. Hanno viaggiato[60] sette ore. Sono partiti alle otto stamattina e sono arrivati alle tre del pomeriggio.[61] .Il signor Spinelli è andato
5 a prenderli[62] alla stazione con la sua automobile. Quando sono arrivati a casa si sono riposati[63] perché erano[64] stanchi.[65] Il nonno è vecchio; ha settantotto (78) anni. È alto, robusto,[66] ed ha i° capelli bianchi. La nonna non è tanto vecchia; ha soltanto sessantacinque (65) anni. Anche lei ha i
10 capelli tutti bianchi. Tutti e due vengono ogni sei mesi a visitare il signor Spinelli e la sua famiglia. Quando vengono restano per due o tre giorni.

Tina vuole bene[67] ai[68] suoi nonni. Durante la loro visita resta quasi sempre in casa. Spesso fanno una passeggiata[69]
15 insieme per le strade principali* della città. Il nonno e la nonna le vogliono molto bene e dopo la passeggiata vanno al cinema.

Tina non è l'unica[70] nipote.[71] I nonni hanno sei altri nipoti. Sono tutti cugini di Tina. Però abitano molto
20 lontano e lei non li conosce. Tutti vogliono bene ai nonni e i nonni vogliono bene a tutti. Quando fanno una visita[72] ai loro[73] figli portano sempre qualche regalo[74] per i nipoti.

29.   IL CANE[75] E IL GATTO[76]

Il cane e il gatto sono due animali* domestici.* Il cane è l'amico dell'uomo. Il gatto non è l'amico di nessuno.[77]
25 Quando diamo[78] qualche cosa da mangiare[79] al gatto, allora è

---

[56] nonni grandparents.   [57] nonna grandmother.   [58] lontano far (away).
[59] col (= con + il) with the; here = on the.   [60] viaggiare to travel.
[61] pomeriggio afternoon.   [62] prenderli here = call for them.   [63] riposarsi to rest.   [64] erano they were.   [65] stanco, –a tired.   [66] robusto, –a healthy.
[67] volere bene a to love.   [68] ai (= a + i) to the; do not translate here.   [69] fare una passeggiata to take a walk.   [70] unico, –a only.   [71] nipote grandchild.
[72] fare una visita to pay a visit.   [73] ai loro to their.   [74] regalo gift.   [75] cane dog.   [76] gatto cat.   [77] nessuno anyone, no one.   [78] dare to give; dà (he) gives; diamo we give.   [79] qualche cosa da mangiare something to eat.

nostro amico. Quando il gatto non riceve* niente da mangiare non è più amico.

Il cane va sempre col suo padrone[80] e non è mai stanco. Alfredo ha un piccolo cane. È molto intelligente. Il cane ha
5 imparato a fare molti giochi.[81] Quando Alfredo incontra i suoi amici il povero cane deve fare tutti i giochi.

Dorina ha un bel gatto. Dorme tutto il giorno. Dorme un poco sulla tavola. Quando è stanco di dormire sulla tavola va a dormire sulla sedia. Quando è stanco di dormire sulla
10 sedia va a dormire sulla poltrona. Dalla poltrona passa al pavimento[82] e dal pavimento passa al letto.[83] Quando è stanco di dormire sul letto comincia daccapo[84]: prima[85] sulla tavola, poi sulla sedia, poi sulla poltrona, poi sul pavimento, e poi sul letto. Qualche volta sente la musica alla radio.*
15 Così il povero gatto passa la sua lunga giornata.[86]

30. LE PARTI DEL CORPO[87]

Qualche volta d'inverno[88] Roberto, Gino, Enzo, e Alfredo fanno un uomo di neve nel giardino della casa del signor Spina. Quando è finito l'uomo di neve i ragazzi gli[89] tirano[90] palle di neve[91] e la signora Spina offre* qualche premio.[92]
20 Prima di[93] tirare una palla debbono dire a che parte del corpo vogliono tirare. Se ci° riescono[94] fanno un punto.*

Il gioco comincia. Roberto si prepara[95] e dice: — Io miro[96] all'occhio. Tira, ma la palla passa vicino all'orecchio[97] invece dell'occhio. Gino guarda bene, poi dice: — Miro al
25 naso . . . e addio[98] naso! Il pover'uomo è rimasto senza naso. Un punto per Gino. Enzo prende una palla, si prepara bene, e dice: — Miro al piede. Non ci° riesce. La palla passa poco lontano dal piede. Alfredo dice: — Miro allo stomaco.*

---

[80] **padrone** owner. [81] **gioco** trick. [82] **pavimento** floor. [83] **letto** bed.
[84] **daccapo** all over again. [85] **prima** first. [86] **giornata** day. [87] **corpo** body.
[88] **d'inverno** in (the) winter. [89] **gli** to, at (against) it. [90] **tirare** to throw.
[91] **palla di neve** snowball. [92] **premio** prize. [93] **prima di** before. [94] **riuscire**
to succeed. [95] **prepararsi** to get ready. [96] **mirare** to aim. [97] **orecchio** ear.
[98] **addio** good-by.

Neanche[99] lui[1] ci riesce. La sua palla colpisce[2] il piede
invece dello stomaco.

Il gioco continua per lungo tempo. Uno tira alla testa,[3] un
altro alla mano, un altro al piede. Roberto colpisce un
5 braccio,[4] Enzo colpisce un occhio, Alfredo la testa, e Gino
colpisce il naso, un orecchio, e un piede. Gino vince.[5]
Egli vince sempre quando non sono lezioni di scuola.

La signora Spina ha fatto una bella torta[6] e la presenta a
Gino. Invece di mangiarla tutta, però, egli ne[7] fa quattro
10 parti. I quattro amici mangiano la torta e vanno via contenti.

31. LA SIGNORA ROBERTS

La camera da letto[8] della signora Roberts ha uno specchio[9] — che dico, uno specchio! La camera da letto ha
sei specchi. Due sono grandi, due sono piccoli, e due sono
ancora più piccoli.[10] La mattina quando si alza,[11] la signora
15 Roberts si siede[12] vicino allo specchio — lo specchio grande,
si capisce.[13] Prima si guarda per lungo tempo. Poi si alza e
va davanti[14] all'altro specchio. Si guarda anche lì[15] per
lungo tempo ma ancora non è contenta. Non capisce che gli
specchi non possono fare niente; sono tutti gli stessi.

20 Ora comincia il lavoro.[16] Prima si pulisce[17] bene il viso[18]
cinque o sei volte.[19] Poi si mette un poco di questo, un poco
di quello,[20] e un poco di tutto. Poi si pettina[21] bene i capelli
e si guarda in un piccolo specchio davanti a un grande
specchio. Non va bene! Comincia daccapo. Si pettina di
25 nuovo e si guarda con l'altro piccolo specchio. Dopo quattro
o cinque o dieci o venti volte si guarda bene in tutti gli

---

[99] neanche not even, neither.   [1] lui he.   [2] colpire to hit.   [3] testa head.
[4] braccio arm.   [5] vincere to win.   [6] torta cake.   [7] ne of it.   [8] camera da letto
bedroom.   [9] specchio mirror.   [10] più piccolo smaller.   [11] alzarsi to get up.
[12] sedersi to sit down.   [13] si capisce of course.   [14] davanti a in front of.   [15] lì
there.   [16] lavoro work, task.   [17] pulirsi to clean.   [18] viso face.   [19] volta time
(repetition).   [20] quello that.   [21] pettinarsi to comb (one's hair).

specchi, si alza, ed esce dalla camera da letto. Sono passate
due ore e ancora non è contenta.
La signora Roberts è vecchia; è inutile[22] fare tanto lavoro.

32. IN CAMPAGNA

Roberto e Luisa hanno tre cugini in campagna. Il primo si
5 chiama Elio,† il secondo* si chiama Carlo,[23] e la piccola si
chiama Beatrice.* Elio ha sedici anni, Carlo ha quattordici
anni, e Beatrice ha dodici anni. Quando sono insieme, tutti
si divertono.[24] Camminano[25] per la campagna, guardano gli
alberi, fanno molti giochi, ecc. ecc. La sera si siedono sotto[26]
10 un albero davanti alla casa e parlano di varie[27] cose. Oggi,
per esempio, parlano dell'inverno in città e dell'inverno in
campagna. Luisa comincia:
— D'inverno ci alziamo dopo le otto in città. Mi vesto[28]
subito e corro[29] nella stanza da bagno[30] per arrivare prima di
15 Roberto. Mi lavo[31] in pochi[32] minuti, mi pettino, e vado a fare
colazione.[33] Anche Roberto si alza alle otto, ma arrivo
sempre prima io nella stanza da bagno. In cinque minuti
Roberto si lava, si pettina, e si presenta a fare colazione.
Dopo la° colazione andiamo a scuola e cominciamo a
20 studiare.
Elio racconta[34] quel che fanno in campagna.
— Noi ci alziamo alle sei anche d'inverno. Prima di andare
a scuola dobbiamo fare molte cose. La scuola è lontana e
dobbiamo camminare. Io mi alzo sempre alle sei. Mi lavo
25 in cucina[35] perché nella stanza da bagno fa troppo freddo. Ci
laviamo tutti con acqua[36] fredda, anche d'inverno. Beatrice
si alza alle sette perché è ancora piccola, ma Carlo si alza alle
sei perché deve lavorare anche lui prima di andare a scuola.

---

[22] **inutile** useless.   [23] **Carlo** Charles.   [24] **divertirsi** to enjoy oneself.
[25] **camminare** to walk.   [26] **sotto** under.   [27] **vari, varie** various.   [28] **vestirsi** to
get dressed.   [29] **correre** to run.   [30] **stanza da bagno** bathroom.   [31] **lavarsi** to
wash (oneself).   [32] **pochi, –e** a few.   [33] **fare colazione** to have breakfast.
[34] **raccontare** to tell.   [35] **cucina** kitchen.   [36] **acqua** water.

I nostri[37] genitori si alzano prima di noi. La vita in
campagna è dura[38] nell'inverno.

— Vi lavate tutti in cucina? — domanda Roberto a Carlo.

— No, io mi lavo nella stanza da bagno anche quando fa
5 molto freddo. Il freddo è buono.

— Come vi divertite durante l'inverno? — domanda Luisa.

— Ci divertiamo a giocare colla[39] neve, — risponde
Beatrice. — La neve è così bianca e così bella. La campagna
è sempre bella, anche d'inverno.

10   Così i cugini passano molte ore sotto l'albero e si divertono
a conversare.

33. L'AMORE[40]

La madre di Tina Spinelli è molto occupata[41] stasera. Sono
arrivati tre amici del signor Spinelli in città e li ha invitati a
pranzo. La signora Spinelli ha bisogno di[42] molte cose;
15 perciò manda[43] Tina a comprare quel che le occorre.[44] Tina
non ricorda[45] mai niente. La madre scrive tutto su un pezzo
di carta e le dà il denaro necessario.*

La ragazza esce e va verso[46] il negozio,[47] che non è molto
lontano dalla casa. Ma per la strada incontra Edoardo
20 Roberts. Addio compre![48] Comincia a parlare con Edoardo
e a passeggiare[49] con lui.[50] Passeggiano per lungo tempo.
Quando sono stanchi di passeggiare si siedono. Come passa
presto[51] il tempo!

La madre di Tina, però, non sa cosa fare.[52] Telefona* al
25 negozio e domanda se Tina è arrivata. Nessuno l'ha vista.
Telefona a casa di Dorina. Nessuno l'ha vista. Telefona a
Luisa. Neanche là l'hanno vista. Finalmente[53] dopo tre ore
Tina si presenta. Non si ricorda niente delle compre.
Bella cosa, l'amore!

---

[37] **il nostro** our. [38] **duro, –a** hard. [39] **colla** (= **con** + **la**) with the. [40] **amore**
love. [41] **occupato, –a** busy. [42] **avere bisogno di** to need. [43] **mandare** to
send. [44] **le occorre** she needs. [45] **ricordare** to remember. [46] **verso** toward.
[47] **negozio** store. [48] **compra** purchase. [49] **passeggiare** to walk. [50] **lui** him.
[51] **presto** fast. [52] **cosa fare** what to do. [53] **finalmente** finally.

34. LA PRIMA LETTERA* DI DORINA

— Dorina, perché[54] non scrivi una lettera alla zia?[55] Ora
hai imparato l'italiano e potrai scrivere una bella lettera.
Comincia a scrivere, e quando avrai bisogno di qualche
parola, vieni a domandarla a me. Tua[56] zia ha sempre
5 desiderato[57] una lettera da sua nipote.[58]
— Bene, mamma! — dice Dorina; e va a prendere penna[59]
e un foglio[60] di carta. Comincia a scrivere. Quando ha
bisogno di una parola va a domandarla alla madre. Dopo una
mezz'ora la prima lettera in italiano è finita. Eccola[61]:

10   New York, 23 settembre, 1980

Cara[62] zia,

Quest'anno ho cominciato a studiare l'italiano. Il mio primo
pensiero[63] è stato di scrivere a te[64] perché non sai l'inglese.
Ora che so scrivere un poco in questa bella lingua mi sento[65]
15 più vicina a te, allo zio, e a tutti i parenti[66] lontani. Voglio
impararla bene e sapere parlare e scrivere l'italiano come[67]
te.
Il nostro maestro è interessante. Ha passato due anni a
Firenze[68]; ora va in Italia ogni estate. Tutti dicono che egli
20 parla meglio di molti Italiani. Ho dimenticato[69] di dirti che
non è italiano. È un Americano che ama molto l'Italia e la
sua cultura.* Dice sempre in classe che l'italiano è la più
bella lingua[70] del mondo.[71] Tutti i miei amici studiano
l'italiano perché vogliono andare in Italia fra[72] pochi anni.
25 Come stanno i cugini Bernardo* e Fino?† Fino è troppo
piccolo, ma Bernardo potrà scrivermi una lettera perché
posso capirla ora. Mia madre sta bene. Mio padre è stato
ammalato per una settimana, ma ora si è alzato ed è ritornato

---

[54] perché? why?   [55] zia aunt.   [56] (il) tuo, (la) tua your.   [57] desiderare to
desire.   [58] nipote niece.   [59] penna pen.   [60] foglio sheet.   [61] eccola here it is.
[62] caro, –a dear.   [63] pensiero thought.   [64] te you.   [65] sentirsi to feel.
[66] parente relative.   [67] come like.   [68] Firenze Florence.   [69] dimenticare to
forget.   [70] lingua language.   [71] mondo world.   [72] fra in.

al lavoro. Tutti e due mandano tanti cari saluti[73] a te e a tutta la famiglia. Scrivimi presto.[74]

Tua nipote,

Dorina.

EXERCISES

1-3

A. *Answer the following questions in the affirmative:*

1. È italiana la famiglia?
2. Maria Casali è la madre?
3. Roberto Casali è il figlio?
4. Luisa Casali è la figlia?
5. Roberto è piccolo?
6. Anche Luisa è piccola?
7. Il padre è grande?
8. Anche la madre è grande?
9. Il marito è alto?
10. La moglie è bassa?

B. *Pair the following words:*

1. il padre	a. la figlia
2. la moglie	b. la sorella
3. il fratello	c. basso
4. alto	d. il marito
5. il figlio	e. grande
6. piccolo	f. la madre

C. *Write short sentences by using* è *or* sono:

1. la famiglia, italiana
2. il padre, grande
3. Roberto, il figlio
4. Luisa, la figlia
5. Luisa e Roberto, fratello e sorella

---

[73] **saluti** regards.   [74] **presto** soon.

6. Alberto e Maria, padre e madre
7. il fratello, il figlio di Alberto
8. la sorella, la figlia di Maria

D. Answer the following questions with complete Italian sentences (Remember that **Chi è?** = Who is?):

1. Chi è il marito di Maria?
2. Chi è la moglie di Alberto?
3. Chi è la figlia di Maria e di Alberto?
4. Chi è il figlio di Alberto e di Maria?
5. Chi è la sorella di Roberto?
6. Chi è il fratello di Luisa?

4–6

A. Mark each of the following statements **T** (true) or **F** (false) according to the text:

1. La famiglia Casali ha una casa.
2. La casa è grande; non è piccola.
3. Luisa e Roberto sono in casa oggi.
4. Giovanni Spina non è l'amico di Alberto.
5. Alfredo Spina è il figlio di Giovanni e di Anna.
6. La casa di Giovanni non ha un giardino.
7. Roberto, Luisa e Alfredo sono tre ragazzi.
8. Anna Spina è la moglie di Alberto Casali.

B. Write short sentences by using **ha** or **hanno**:

1. le due famiglie, due case
2. la casa, molte finestre
3. l'altra casa, un giardino
4. le case, porte grandi
5. la casa, finestre piccole
6. Giovanni, una casa grande
7. Roberto, un amico
8. il fratello e la sorella, un buon amico

C. Rewrite the following statements, correcting them according to the text:

1. Giovanni Spina è il marito di Maria Casali.
2. La casa di Giovanni ha una finestra.

3. La casa di Alberto non ha giardino.
4. Alfredo Spina è il figlio di Alberto e di Maria Casali.
5. Roberto Casali e Alfredo Spina sono due padri.
6. Anna Spina e Maria Casali sono due ragazze.
7. Le due famiglie hanno molte case.
8. Le case non hanno porte.

D. *Answer the following questions in the negative:*

1. Anna Spina è la moglie di Alberto Casali?
2. Alfredo è il figlio di Alberto e di Maria?
3. Giovanni Spina e Alberto Casali sono due ragazzi?
4. La casa di Alberto ha molte finestre?
5. È grande il giardino della casa di Giovanni?
6. Hanno una figlia Giovanni e Anna Spina?
7. Ha una casa grande Alberto?
8. Ha Lei una casa con un giardino?

7–9

A. *Rewrite the following sentences, using the correct form of the verb in parentheses:*

1. La moglie di Giovanni (parla, parlano) italiano.
2. I ragazzi (parla, parlano) inglese.
3. Non (parla, parlano) italiano Alberto?
4. Anna (è, sono) una donna italiana.
5. Roberto e Luisa (è, sono) americani.
6. Il padre (è, sono) a tavola.
7. Quando Alfredo (mangia, mangiano), è molto contento.
8. Maria e Anna (mangia, mangiano) poco.
9. (Mangia, Mangiano) molto la famiglia Casali?

B. *Complete the following statements with words that make sense:*

1. Mangiamo nella _____.
2. La stanza principale è il _____.
3. La sala da pranzo ha una _____.
4. Quando i ragazzi mangiano, _____.
5. Luisa, Roberto e Alfredo _____ a scuola.
6. Nella scuola c'è il _____.
7. **Alfredo risponde in** _____.
8. Roberto _____ in inglese.

9. I ragazzi non _____ a scuola la domenica.
10. Nella scuola ci sono _____.

C. *Write short sentences using each of the following expressions:*

1. la sala da pranzo
2. va a scuola
3. nel salotto
4. nella famiglia

5. tutti i ragazzi
6. una delle stanze
7. molte finestre
8. la stanza principale

D. *Answer the following questions in the affirmative:*

1. Parla italiano la moglie di Giovanni?
2. Parlano italiano Roberto e Luisa?
3. Mangia molto Roberto?
4. Sono contenti i ragazzi quando mangiano molto?
5. C'è un salotto nella casa di Maria?
6. Mangia Lei nella sala da pranzo?
7. Sono grandi le porte della scuola?
8. Vanno a scuola tutti i ragazzi?

10–12

A. *Complete the following sentences by choosing the proper word:*

1. L'automobile di Giovanni è (nuova, vecchia, bianca).
2. La casa di Alberto è (piccola, nera, grande).
3. Roberto ha un abito (bianco, nuovo, nero).
4. La giacca di Roberto è (grigia, bianca, vecchia).
5. Alfredo porta i pantaloni (bianchi, neri, grigi).
6. La camicia di Roberto è (vecchia, bianca, grigia).
7. La cravatta di Alfredo è (piccola, bella, nera).
8. Roberto porta spesso le scarpe (bianche, nere, vecchie).
9. Roberto e Luisa hanno (pochi, molti, due) amici.
10. Uno degli amici è (basso, alto, vecchio).

B. *Answer the following questions with complete Italian sentences
(Remember that* **Quanti anni ha?** *= How old is?):*

1. Quanti anni ha Lei?
2. Quanti anni ha Suo padre?
3. Quanti anni ha Sua madre?
4. Quanti anni ha Suo fratello?
5. Quanti anni ha Sua sorella?

6. Quanti anni ha il professore?
7. Quanti anni ha Gino?
8. Quanti anni ha Dorina?

C. *Use each of the following expressions in a sentence in Italian and then give the English equivalent:*

1. guida l'automobile
2. in campagna
3. porta sempre
4. non porta mai

5. un buon amico
6. Peccato!
7. per esempio
8. le scarpe vecchie

D. *Answer the following questions with complete Italian sentences:*

1. È vecchia l'automobile di Alberto?
2. È grande o (*or*) è piccola l'automobile di Giovanni?
3. Chi guida l'automobile quando gli amici vanno in campagna?
4. Chi porta la giacca nera e i pantaloni neri?
5. Porta Lei le scarpe bianche, o le scarpe nere?
6. Portano cappello i ragazzi?
7. Chi è alta, bella e ha gli occhi neri?
8. Che dicono tutti quando vedono il professore?
9. Che risponde il professore?
10. Gli amici vanno tutti insieme a scuola?

13-15

A. *Rewrite the following paragraph, supplying the Italian for the English words:*

I ragazzi hanno un bel *club*. *They make* piccoli aeroplani. *Each one* fa una parte dell'*airplane*. *Sometimes* fanno altre cose: *a small table* o *a small house*, o *a car*. Tutti fanno *beautiful things*. Il circolo è *very good* per i ragazzi.

B. *Answer the following questions with complete Italian sentences:*

1. Come si chiama Lei? (Il Suo nome e cognome)
2. Come si chiama Suo padre?
3. Come si chiama Sua madre?
4. Come si chiama Suo fratello?

5. Come si chiama Sua sorella?
6. Come si chiamano due dei Suoi amici?

C. *Choose the correct answer for each of the following questions:*

1. Come sta il Suo amico? (Sto bene. Sta bene.)
2. Come sta Lei? (Non stanno bene. Non sto bene.)
3. Come sta la signora Roberts? (Molto bene. Non stanno bene.)
4. Come sta il signor Spinelli? (Stiamo bene. Sta bene.)
5. Come stanno i Suoi genitori? (Sta bene. Stanno bene.)
6. Come sta Edoardo? (È ammalato. Sto bene.)
7. Come stanno i ragazzi? (Stanno bene. Sta bene.)
8. Come sta la famiglia? (Sto bene. Sta bene.)

D. *Answer the following questions with complete Italian sentences:*

1. Che cosa (*what*) fanno i ragazzi nel circolo?
2. È importante il motore dell'aeroplano?
3. È buono un circolo per i ragazzi?
4. Come sta Lei stamattina?
5. Stanno bene gli studenti di questa classe?
6. Qual è il nome e cognome del professore?
7. Qual è il cognome di Sua madre?

16–17

A. *Complete each of the following with an appropriate color:*

1. La nostra casa è _____.
2. Il latte è _____.
3. Una bella ragazza ha gli occhi _____.
4. L'erba è _____.
5. Le labbra sono _____.
6. Maria porta un abito _____.
7. Roberto porta i pantaloni _____.
8. Il mare è _____.
9. Il limone è _____.
10. La cravatta del signore è _____.

B. *Choose the word or phrase that best completes each sentence:*

1. Il cielo di sera è (azzurro scuro, azzurro chiaro).
2. L'azzurro chiaro si chiama anche (verde, celeste).

3. Giovanni è (ricco, povero) perché ha poco denaro.
4. Il nonno ha quattro automobili. (È ricco. È povero.)
5. Il fuoco è (freddo, caldo).
6. Nell'estate fa (freddo, caldo).
7. Nell'inverno fa (caldo, freddo).
8. Il minuto è (lungo, corto).
9. L'anno è (corto, lungo).
10. La signora piccola è (alta, bassa).
11. L'alunno stupido trova le lezioni (facili, difficili).
12. L'alunno intelligente trova l'italiano (facile, difficile).
13. Il marito (buono, cattivo) non ama la moglie.
14. I ragazzi (buoni, cattivi) amano i genitori.
15. Il nonno è (giovane, vecchio).
16. Una signorina di venti anni è (giovane, vecchia).

C. *Use each of the following expressions in a sentence and then give the English equivalent:*

1. vogliono insegnare
2. fa da maestra
3. parla meglio
4. un'altra ragione
5. ad alta voce
6. noi apriamo
7. io chiudo
8. capisce bene

D. *Answer the following questions with complete Italian sentences:*

1. Che vogliono insegnare i ragazzi a Edoardo Roberts?
2. Perché fa da maestra Tina?
3. Quando Tina apre la porta, che dice Edoardo?
4. Quando Tina chiude la porta, che dice Edoardo?
5. Che (*what*) aprono insieme?
6. Chi (*who*) chiude le finestre?
7. Che insegnano ogni giorno al ragazzo americano?
8. Quando egli va a casa, a chi (*to whom*) ripete tutto?
9. La mamma capisce bene l'italiano?
10. Ci sono molte finestre in questa stanza?

18–20

A. *Rewrite the following sentences entirely in Italian:*

1. *What time is it?* domanda la signora.
2. *It's two o'clock,* risponde la ragazza.

3. *At what time* torni? domanda la mamma.
4. Torno *at four o'clock,* mamma.
5. Luisa va *to Tina's house.*
6. Tina non è *at home.* Ritorna *at three thirty.*
7. Sono già *four o'clock.*
8. *It's late.* Devo tornare a casa *now.*

B. *Complete the following sentences:*

1. Alfredo _____ a scuola ogni giorno.
2. Anche Roberto e Luisa _____ a scuola ogni giorno.
3. _____ mia sorella, Luisa. _____ di conoscerla.
4. _____ anni ha Lei? — _____ anni, risponde Giuseppe.
5. Giuseppe ha i capelli _____ e gli occhi _____.
6. Porta un _____ abito grigio e una cravatta _____.
7. È un _____ vedere un ragazzo ben _____.
8. Tutti _____ alla stessa scuola perché siamo _____.

C. *Choose the word or phrase that best completes each sentence:*

1. Nel salotto stasera canta (la signora Abati, Dorina).
2. (Tina, Enzo) canta spesso con suo padre.
3. Mentre Dorina canta (una signora entra, due signori dormono).
4. La mosca è sul (naso, piede) del signor Spinelli.
5. Le labbra del signore si aprono e la mosca (non c'è più, passa sulla mano).
6. Il signore (ha visto, ha mangiato) la povera mosca.

D. *Answer the following questions with complete Italian sentences:*

1. Che ora è quando Lei esce di casa la mattina?
2. A che ora deve tornare a casa?
3. Ha Lei i capelli biondi e gli occhi celesti?
4. Va a scuola con gli amici?
5. Chi c'è nel salotto della signora Abati?
6. Che c'è sul naso del signor Spinelli?

21–23

A. *Using the first sentence as a guide, complete the second sentence:*

1. Alfredo è seduto sulla poltrona.   Maria _____ _____ _____ _____.
2. Io voglio fare molte cose.   Noi _____ _____ _____ _____.

3. Gino vuole fare il medico.   Roberto e Alfredo non ___ ___
   ___ ___.
4. Maria è ricca.   Anche Alberto ___ ___ ___.
5. Non posso cantare.   Dorina ___ ___ ___ ___.
6. Alfredo può fare tante cose.   Io ___ ___ ___ ___ ___.
7. Io non posso far niente.   Noi ___ ___ ___ ___ ___.
8. Enzo può studiare.   Tina ed Enzo non ___ ___ ___.

B. Say the following numbers in Italian, then write the answers in Italian: (plus = e; minus = meno; equal = fanno)

   1. five + seven = ___   7. twenty − six = ___
   2. fourteen + six = ___   8. eighteen − five = ___
   3. seven + ten = ___   9. nineteen − two = ___
   4. twelve + four = ___   10. seventeen − eleven = ___
   5. two + nine = ___   11. fifteen − nine = ___
   6. ten + nine = ___   12. eleven − three = ___

C. Write sentences in Italian using each of the following expressions:

   1. le stagioni dell'anno   6. fa caldo
   2. la primavera comincia   7. fa freddo
   3. in giugno   8. due mesi di vacanza
   4. l'autunno comincia   9. vanno a scuola
   5. qualche volta   10. tante altre cose

D. Answer the following questions in Italian:

   1. Perché non può fare il medico Alfredo?
   2. Perché non può fare il medico Gino?
   3. Sa contare Lei da uno a venti?
   4. Sa scrivere Lei i numeri da undici a venti?
   5. Quali (which) sono le stagioni dell'anno?
   6. Vanno a scuola i ragazzi nell'estate?
   7. Fa freddo nell'inverno?
   8. Qual è la più bella stagione per Lei?

24–26

A. Complete the following sentences with a suitable day of the week:

   1. Spesso andiamo al cinema ___.
   2. Il primo giorno della settimana è ___.

3. L'ultimo giorno della settimana è _____.
4. Il primo giorno di scuola è _____.
5. L'ultimo giorno di scuola è _____.
6. I ragazzi vanno in chiesa _____.
7. Andiamo a scuola _____, _____, _____, _____, _____.
8. Non andiamo a scuola _____ e _____.

B. Write sentences in Italian using each of the following expressions:

1. fa un viaggio
2. in campagna
3. hanno sonno
4. nell'estate
5. la mattina

6. vicino alla stazione
7. in casa
8. tutto il giorno
9. vanno in automobile
10. di tanti colori

C. Complete the following sentences (prima di = before; dopo = after):

1. Il mese dopo gennaio è _____.
2. Il mese prima di settembre è _____.
3. Il mese dopo marzo è _____.
4. Il mese prima di novembre è _____.
5. Il mese dopo maggio è _____.
6. Il mese prima di agosto è _____.
7. Il mese dopo febbraio è _____.
8. Il mese prima di ottobre è _____.
9. Il mese dopo novembre è _____.
10. Il primo mese dell'anno è _____.

D. Answer the following questions with complete Italian sentences:

1. Quali sono i sette giorni della settimana?
2. Quali giorni andiamo a scuola?
3. Vuole fare Lei un viaggio in campagna?
4. Come sono gli alberi nell'estate?
5. Come sono gli alberi nell'autunno?
6. Che cosa fanno i sette amici quasi ogni sera?
7. Che cosa hanno imparato i ragazzi?
8. Perché scrivono tutti senza sbagli?

27–29

A. *Rewrite the following sentences completely in Italian:*

1. *This morning* ho incontrato il professore *on the street.*
2. Lo conosco *for several years. His name is* Armando Colè.
3. Parla italiano *better than his wife.*
4. Io *have invited* il professore *for dinner.*
5. *We dine* alle sette *exactly.*
6. *Not only* sa bene la storia, ma *he plays* bene il pianoforte.
7. Ha suonato *so well* che i ragazzi hanno chiesto *other pieces* di musica.
8. Roberto e Luisa *say* che il professore è una persona *very interesting.*

B. *Replace the words in italics by the words in parentheses and rewrite each sentence accordingly:*

1. *I nonni* sono arrivati. (Noi)
2. *Noi* siamo venuti alle otto. (Esse)
3. *Maria e Luisa* sono partite. (Alberto e Roberto)
4. *Il signor Spinelli* è andato a prenderli. (La signora Spinelli)
5. *Maria* si è riposata dopo il viaggio. (Giovanni)
6. *Tina* vuole bene ai nonni. (Io)
7. *I nonni* vogliono bene ai nipoti. (Noi)
8. *Lo zio* ha settantadue anni. (Gli zii)
9. *Io* faccio una visita ai genitori. (Essi)

C. *Form original sentences using the following words:*

1. cane, gatto, domestici
2. diamo, da mangiare
3. l'amico, di nessuno
4. il cane, molti giochi
5. il gatto, tutto il giorno
6. quando, stanco, dormire
7. dal, passa al letto
8. qualche volta, la musica, alla radio

D. *Answer the following questions in Italian:*

1. A che ora pranzano dal signor Casali?
2. Che cosa ha voluto sentire la signora dopo il pranzo?
3. Suona Lei al pianoforte?
4. A che ora sono arrivati i nonni di Tina?

5. Quanti anni ha il nonno? la nonna?
6. Che cosa portano i nonni ai nipoti?
7. Quali sono due animali domestici?
8. Che cosa ha imparato a fare il cane di Alfredo?
9. Che fa il gatto di Dorina?

30–32

A. *Rewrite the following paragraph, using Italian for the English words in italics:*

I ragazzi fanno *a snow man*, e quando è finito gli tirano *snowballs*. Debbono dire a che parte *of the body* vogliono *to throw* la palla. Roberto dice: *I aim* all'occhio; ma la palla passa *near the ear*. Gino mira *at the nose* e ci riesce. Enzo mira *at the foot*, Alfredo *at the stomach*, Roberto *at the hand*, Maria *at the arm*. Gino *wins* e riceve *a prize*.

B. *Form sentences in Italian using the following words:*

1. la signora Roberts, sei specchi, la camera
2. si siede, davanti, lo specchio
3. si pulisce, viso, volte
4. si pettina, si guarda, piccolo specchio
5. si guarda, tutti gli specchi, esce
6. vecchia, inutile, tanto lavoro

C. *Form new sentences by substituting the words in parentheses for the words in italics and making changes accordingly:*

1. La sera *il nonno* si siede sotto l'albero. (i nonni)
2. *Roberto* si alza presto. (Roberto e Alfredo)
3. *Io* mi lavo in pochi minuti. (Noi)
4. *Mia sorella* si veste nella stanza da bagno. (Essi)
5. *Noi* ci pettiniamo prima di far colazione. (Lei)
6. *Essa* si diverte durante l'inverno. (Maria e Gina)
7. *Lei* si chiama Spinelli. (Loro)
8. *I ragazzi* si presentano a fare colazione. (Roberto)

D. *Answer the following questions in Italian:*

1. Dove fanno l'uomo di neve i ragazzi?
2. Prima di tirare la palla, che debbono dire i ragazzi?
3. Com'è rimasto il pover'uomo di neve?

4. Quanti specchi ha la signora Roberts?
5. Che fa la signora quando si alza la mattina?
6. Perché è inutile fare tanto lavoro?
7. Quanti cugini ha Lei?
8. Si veste in fretta la mattina?
9. Fa colazione prima di andare a scuola?
10. Si divertono i cugini quando vanno in campagna?

33-34

A. *Rewrite the following sentences, changing the verb tenses from the present to the present perfect:*

> EXAMPLE: Il signore invita un amico a pranzo.
> **Il signore ha invitato un amico a pranzo.**

1. La signora manda Tina al negozio.
2. Tina non ricorda niente.
3. La mamma scrive tutto su un pezzo di carta.
4. La ragazza incontra Edoardo.
5. Comincia a parlare con l'amico.
6. Passeggiano per lungo tempo.
7. La signora telefona a casa di Dorina.
8. Tina non è da Dorina.
9. Dopo tre ore si presenta.
10. Tina non si ricorda delle compre.

B. *Write sentences in Italian using the following words:*

1. qualche parola	6. ogni estate
2. da sua nipote	7. meglio di
3. un foglio di carta	8. la più bella lingua
4. ha bisogno di	9. fra pochi anni
5. una mezz'ora	10. so scrivere

C. *Give the Italian for the following sentences:*

1. Tina is not very busy tonight.
2. Mrs. Spinelli needs many things.
3. Her daughter goes out to do some shopping.
4. No one has seen her at the store.
5. Our teacher has spent (*ha passato*) many years in Florence.
6. She says that Italian is the most beautiful language in the world.

7. I am studying Italian because I want to visit Italy.
8. My father and my mother send regards to the whole family.

Idioms Used in the Text

(Listed in order of occurrence)

La casa è di Alberto   The house belongs to Albert.

in casa   at home; **a casa**   home

in campagna   to (in) the country

Gino ha quindici anni.   Gino is fifteen years old.

Peccato!   It is a pity!

Buon giorno.   Good morning.

qualche volta   sometimes

Va bene!   All right!

per piacere   please

Come si chiama Lei?   What is your name?   **Mi chiamo Gino.**   My name is Gino.

per la strada   on the street

Bravo Roberto!   Good for Robert!

di sera   at night; **di giorno**   during the day

fa caldo   it is warm; **fa freddo**   it is cold

Tina fa da maestra.   Tina acts as the teacher.

ad alta voce   aloud

Che ora è?   What time is it?

Sono le due.   It is two o'clock.

da Tina   to (at) Tina's house

È tardi.   It is late.

Piacere di conoscerla!   I am happy to meet you.

Quanti anni ha Lei?   How old are you?

tutti e due   both

fare il medico   to be a doctor

andare in chiesa   to go to church

fare un viaggio   to take a trip

aver sonno   to be sleepy

andare in automobile   to go for a drive

fare un gioco   to play a game, do a trick

di nuovo   again

Lo conosce da parecchi anni.   He has known him for several years.

Non li ha fatti aspettare.   He did not keep them waiting.

in punto   exactly

Tina vuole bene ai suoi nonni.   Tina loves her grandparents.

fare una passeggiata   to take a walk

fare una visita   to pay a visit

si capisce   of course

aver bisogno di   to need

2 Raccontini

VINCENZO CIOFFARI

RACCONTINI[1]

1. IL SOLE[2] E LA LUNA[3]

Un signore è stato da un amico ed ha bevuto[4] molto vino.[5]
Adesso se ne va[6] a casa e canta per[7] la strada. La strada
è lunga — molto, molto lunga — perché il signore non
cammina sempre avanti[8]; ogni tanto[9] va indietro.[10] Quando
5 vede un albero, si avvicina[11] e si riposa un poco. Finalmente
si siede sotto un albero e si dimentica che la moglie l'aspetta
a casa sua.

Mentre sta così seduto, un altro signore viene a sedersi
sotto lo stesso albero. Anche lui ha bevuto troppo vino e non
10 ci° vede più bene. Tutti e due guardano la luna. Il primo
domanda al secondo:

— Per favore,[12] signore, mi sa[13] dire se quello è il sole o la
luna che vediamo in[14] cielo?

— Non so, caro signore, — risponde l'altro. — Anch'io sono
15 nuovo in questa città.

2. IL PROBLEMA*

Pietro è un ragazzo molto intelligente. Ogni tanto, però,
invece di fare attenzione[15] alla lezione, parla con la ragazza
del banco[16] davanti. Qualche volta la maestra gli dà un
problema. Oggi, per esempio, gli ha detto[17]:

20 — Pietro, se ci sono sei (6) mosche su una tavola e ne
ammazzo[18] una, quante mosche restano sulla tavola?

° Do not translate words marked °.
* The asterisk indicates words that are alike or nearly alike in English and
Italian.

[1] **raccontino** anecdote. [2] **sole** sun. [3] **luna** moon. [4] **bere** (**bevo**, p.p. **bevuto**)
to drink. [5] **vino** wine. [6] **se ne va** he (goes) is going along. [7] **per** through;
here = on. [8] **avanti** forward. [9] **ogni tanto** every once in a while. [10] **indietro**
backward. [11] **avvicinarsi** to draw near. [12] **per favore** please. [13] **sa** here =
can you. [14] **in** here = in the. [15] **fare attenzione** to pay attention. [16] **banco**
desk. [17] p.p. of **dire**. [18] **ammazzare** to kill.

45

E Pietro subito ha risposto[19]:
— Soltanto una, signora° maestra.

3.   LA LEZIONE DI FISICA[20]

Giovannino[21] è un buon ragazzo, ma non è troppo intelligente.   Quando va a scuola, invece di ascoltare[22] la
5 lezione, dorme sul banco.   Oggi il professore ha spiegato[23]
l'effetto* del caldo[24] e del freddo sui corpi.   Ha spiegato che
quando un corpo è caldo è più lungo che quando è freddo.
Giovannino non ha sentito tutta la spiegazione[25] e ne ha
capito ancora meno[26] di quel che[27] ha sentito.
10   Dopo la spiegazione il professore gli domanda:
— Giovannino, ci puoi dire qual è l'effetto del caldo e del
freddo sui corpi?
Il ragazzo, che per caso[28] si ricorda quella parte della
lezione, subito risponde:
15 — Sì, signore; il caldo rende[29] i corpi più lunghi ed il
freddo li rende più corti.
— Bravo, Giovannino.   Adesso puoi darci un esempio?
Giovannino pensa bene e non sa che cosa dire.[30]
Finalmente risponde:
20   — Ecco,[31] signor° professore.   Durante l'estate, quando fa
caldo, i giorni sono lunghi.   D'inverno, quando fa freddo, i
giorni sono corti.

4.   L'ITALIANO A NEW YORK

Un giovane Italiano è arrivato solo[32] nella città di New York.
Ha sentito dire[33] tanto bene dell'America* che ha deciso[34]
25 di fare un viaggio e venire a vedere il nuovo mondo.

---

[19] *p.p. of* **rispondere.**   [20] **fisica** physics.   [21] **Giovannino** Johnny.   [22] **ascoltare**
to listen to.   [23] **spiegare** to explain.   [24] **caldo** heat.   [25] **spiegazione**
explanation.   [26] **meno** less.   [27] **di quel che** than.   [28] **per caso** by chance.
[29] **rendere** to render, make.   [30] **non sa che cosa dire** doesn't know what to
say.   [31] **ecco** here.   [32] **solo** alone.   [33] **ha sentito dire** he has heard people
speak.   [34] **decidere (di)** to decide (to).

Passando[35] un giorno per una strada principale, vede in un negozio il cartello[36]: « Si parla[37] italiano ».

Il giovane entra e si siede su una bella poltrona. Il padrone si presenta subito e gli dice:

5   — Buon giorno, signore.

— Buon giorno, signore. Come sta? — domanda il nuovo arrivato.[38]

— Bene, grazie. E Lei?[39]

— Molto bene, grazie. Come sta la Sua[40] famiglia?

10   — Non c'è male.[41] Mia moglie si sente bene ed anche i miei figli stanno bene di[42] salute.[43]

— Ne sono molto contento, signore. E gli affari[44] come vanno?

— Non c'è male. Gli affari vanno male per tutti

15 quest'anno, mio caro signore.

— Lei ha un bel negozio.[45] Si sta bene[46] in America!

— Sì! si sta bene. Ma scusi[47]; desidera qualche cosa?

— No! non voglio niente, signore. Ho visto il cartello: « Si parla italiano », ed ho voluto entrare e passare un quarto[48]

20 d'ora. Buon giorno, signore!

5. LA BARBA[49] ED I CAPELLI

Un signore ha la barba nera ed i capelli grigi. Non c'è niente di° straordinario[50] in questo. Ma un suo amico,[51] volendo prenderlo in giro,[52] gli domanda un giorno:

— Dimmi,[53] caro amico. Come va[54] che hai la barba nera

25 ed i capelli grigi? Non sono naturali* i capelli, o è tinta[55] la barba?

Il signore, senza perder[56] la pazienza,* gli risponde:

---

[35] **passando** (*pres. part. of* **passare**) while passing.   [36] **cartello** sign.   [37] **si parla** is spoken.   [38] **nuovo arrivato** newcomer.   [39] **Lei** you.   [40] **il Suo, la Sua** your.   [41] **non c'è male** fairly well.   [42] **di** *here* = in.   [43] **salute** health.   [44] **affari** business.   [45] **negozio** business, store.   [46] **si sta bene** people are well off.   [47] **scusare** to pardon.   [48] **quarto** quarter.   [49] **barba** beard.   [50] **straordinario** extraordinary.   [51] **un suo amico** a friend of his.   [52] **prendere in giro** to make fun of, confuse.   [53] **dimmi** tell me.   [54] **Come va?** How is it?   [55] **tingere** (*p.p.* **tinto**) to dye.   [56] **perdere** to lose.

— No! no! amico caro. La ragione è che i capelli mi° sono
nati[57] cinquanta (*50*) anni fa, e la barba è più giovane di[58]
venti (*20*) anni.

6. IL BARBIERE*

Un signore va dal barbiere per farsi tagliare[59] i capelli.[60] Si
5 siede sulla poltrona e comincia a leggere[61] il giornale.[62] Ma
il barbiere parla tanto che il pover'uomo non ne può capire
una parola. Perciò non legge più e lascia[63] parlare il
barbiere.

In pochi minuti si addormenta,[64] mentre il barbiere
10 continua a parlare ed a tagliare. Quando tutto è finito, il
signore si sveglia[65] proprio[66] in tempo.[67] Il barbiere gli
domanda se tutto va bene e lo fa guardare nello specchio. Il
signore guarda e dice:
— Va bene, molto bene. Soltanto lasciami un poco più
15 lunghi i capelli davanti.

7. IL PORTINAIO[68] INTELLIGENTE

Un giorno una signora che non si sente bene dice al portinaio
che non è in casa per nessuno. Il portinaio dice a ognuno
che viene alla porta che la padrona[69] non c'è. La sera lei
vuole sapere chi è venuto[70] durante il giorno. Fra[71] sei o
20 sette (*7*) nomi il portinaio fa anche il nome[72] della sorella
della signora.
— Ti ho detto parecchie volte che per mia sorella sono
sempre in casa, — gli dice la padrona. — Un'altra volta
lasciala entrare.[73]
25 Il giorno dopo la padrona esce per fare delle compre. Sua

---

[57] **nascere** (*p.p.* **nato**) to be born. [58] **di** *here* = by. [59] **tagliare** to cut. [60] **farsi
tagliare i capelli** to get a haircut. [61] **leggere** to read. [62] **giornale** newspaper.
[63] **lasciare** to leave, let. [64] **addormentarsi** to fall asleep. [65] **svegliarsi** to
wake up. [66] **proprio** *here* = exactly. [67] **in tempo** on time. [68] **portinaio**
doorman. [69] **padrona** lady of the house. [70] **venuto** *p.p. of* **venire**. [71] **fra**
among. [72] **fare il nome** to mention the name. [73] **lasciala entrare** let her
come in.

sorella viene di nuovo e domanda al portinaio se la signora è in casa. Il portinaio risponde di sì.[74] La sorella sale[75] e la cerca[76] in ogni stanza, ma certo[77] non la trova. Scende[78] e dice al portinaio:

5 — Mia sorella sarà uscita,[79] perché in casa non c'è.

— Lo so che è uscita, — dice il portinaio. — Ma mi ha detto parecchie volte che per Lei è sempre in casa.

8.   LA BANCA*

Una bambina[80] di sette anni entra un giorno in una banca e dice che vuole visitarla. Vicino alla porta si trova per caso il
10 direttore,[81] che ama molto i ragazzi. Vedendo una bambina così graziosa,[82] la prende per la mano e la presenta a tutti quelli che lavorano nella banca. Poi le mostra il denaro, le parla per molto tempo,[83] e finalmente l'accompagna* alla porta. La bambina, tutta contenta,[84] gli dice:
15 — Tante grazie, signore. Il mio babbo[85] mi ha messo[86] mille (*1000*) lire† alla banca ed io ho voluto vedere con i miei propri[87] occhi se la banca è buona.

9.   IL PROFESSORE DISTRATTO[88]

Il professore Otto è molto famoso.* Studia la° storia da più di venti anni. Però è così distratto che sua moglie deve
20 rammentargli[89] ogni cosa.

Un giorno il professore fa tardi a[90] partir di casa per andare a scuola. Sua moglie lo fa vestire in fretta,[91] gli prepara* il caffè, e l'accompagna alla porta.

---

† *Use the same word in English.*

[74] **rispondere di sì** to answer yes. [75] **salire** to go up. [76] **cercare** to look for. [77] **certo** *here* = of course. [78] **scendere** to come down. [79] **sarà uscita** (she) must have gone out. [80] **bambina** little girl. [81] **direttore** president. [82] **grazioso** pretty, dainty. [83] **per molto tempo** for a long time. [84] **tutta contenta** quite happy. [85] **babbo** dad. [86] **messo** *p.p. of* **mettere.** [87] **proprio** own. [88] **distratto** absent-minded. [89] **rammentare** to remind (of). [90] **far tardi a** to be late in. [91] **in fretta** in a hurry.

Dopo pochi minuti arriva un'amica. Le due signore si siedono in[92] salotto e cominciano a parlare di tante e tante cose. Mentre conversano, la signora Otto va per un momento* in camera da letto. Ritorna spaventata[93] e

5 comincia a chiamare il marito dalla finestra. Il professore, però, è già lontano e non sente. La signora è disperata.[94] L'amica le domanda che cosa è successo,[95] ma la signora riesce a dire soltanto:

— Il professore, il professore.

10 — L'ho incontrato per la strada e sta bene, — le dice l'amica.

— Sì, sì; sta bene. Ma come è vestito? — domanda la signora.

— È vestito bene. Anzi,[96] sembra[97] vestito meglio del

15 solito.[98]

— Grazie, cara. Ho avuto tanta paura[99] quando ho trovato i suoi pantaloni sul letto. Se ne sarà messo[1] un altro paio.[2]

10. IL MEDICO DISTRATTO

Un giorno un amico arriva da lontano a casa di un medico, che è un uomo di buon cuore,[3] ma molto distratto. Il medico

20 manda subito la serva[4] a comprare due piccioni[5] e li fa mettere in forno,[6] con patate.* Che bell'odore[7] si sente[8] per la casa! Fa venire l'appetito* anche al gatto che dorme al sole, vicino alla finestra.

Arrivata l'ora[9] del pranzo, la serva apparecchia[10] la tavola e

25 porta il vino vecchio di dieci anni. Che buon pranzo! L'amico è un po' timido.* Trovandosi in casa del medico, lo ascolta da[11] buon uomo e aspetta[12] il momento per

---

[92] in *here* = in the.   [93] **spaventare** to frighten; **spaventato** frightened.
[94] **disperato** in despair.   [95] **succedere** (*p.p.* **successo**) to happen.   [96] **anzi** in fact, rather.   [97] **sembrare** to seem.   [98] **del solito** than usual.   [99] **aver paura** to be afraid; **ho avuto tanta paura** I was so frightened.   [1] **se ne sarà messo** he must have put on.   [2] **paio** pair.   [3] **di buon cuore** kindhearted.   [4] **serva** maid.
[5] **piccione** pigeon.   [6] **li fa mettere in forno** he has them roasted.   [7] **odore** aroma.   [8] **sentire** to smell.   [9] **arrivata l'ora** when the time comes.
[10] **apparecchiare** to set.   [11] **da** *here* = like a.   [12] **aspettare** to wait for.

cominciare a mangiare. Il medico, distratto, gli parla di tante cose: dei loro amici, di quando erano ragazzi, dei giorni di scuola, ecc.,* ecc. Però, mentre parla, mangia con buon appetito e non s'accorge[13] che l'amico non ha cominciato.
5 Fra una parola e l'altra il buon medico finisce un piccione e comincia coll'altro.

Dopo una lunga conversazione* e un buonissimo[14] pranzo, il medico si alza da tavola e dice al suo amico:

— Erano buoni questi piccioni. Ti sono piaciuti?[15]
10 — Sì, l'odore era buonissimo. Ma se non mi sbaglio,[16] i piccioni li hai mangiati tu.[17]

11. L'ITALIA

Luisa e Tina sono due sorelle graziose e intelligenti. Il professore ha presentato loro quindici (*15*) domande[18] e risposte[19] sull'Italia. Ora sono sedute in salotto e una
15 ragazza domanda e l'altra risponde così:

1. Qual è la capitale* d'Italia?
   Roma* è la capitale d'Italia.
2. Quanti abitanti[20] ha Roma?
   Roma ha più di due milioni* di abitanti.
20 3. Quale altra città d'Italia ha due milioni di abitanti?
   Milano* ha due milioni di abitanti.
4. Quanti abitanti ha l'Italia?
   L'Italia ha più di cinquanta (*50*) milioni di abitanti.
5. Quali montagne[21] separano* l'Italia dal resto* dell'Eu-
25 ropa?*
   Le Alpi* separano l'Italia dal resto dell'Europa.
6. Quali altre montagne ci sono in Italia?
   In Italia ci sono gli Appennini.[22]
7. Quali sono i due porti* più importanti* d'Italia?

---

[13] accorgersi to notice.   [14] buonissimo excellent.   [15] piacere to please; ti sono piaciuti? did you like them?   [16] sbagliarsi to be mistaken.   [17] tu you.   [18] domanda question.   [19] risposta answer.   [20] abitante inhabitant.   [21] montagna mountain.   [22] Appennini Apennines.

Genova* e Napoli* sono i due porti più importanti
d'Italia.

8. Quale fiume[23] passa per Roma?

Il Tevere[24] passa per Roma.

5   9. Quale fiume passa per Firenze?*

L'Arno passa per Firenze.

10. Quale città italiana ha molti canali* e poche strade?

Venezia* ha molti canali e poche strade.

11. Quali sono le due grandi isole[25] d'Italia?

10   La° Sicilia[26] e la Sardegna[27] sono le due grandi isole
d'Italia.

12. Quali sono i tre laghi[28] principali del nord* d'Italia?

I tre laghi principali del nord d'Italia sono il Lago
Maggiore,† il Lago di Como,† ed il Lago di Garda.†

15   13. Vicino a quale grande città sono questi tre laghi?

Questi laghi sono tutti e tre[29] vicino a Milano.

14. Qual è un vulcano* d'Italia?

L'Etna è un vulcano d'Italia.

15. In quale mare[30] è l'Italia?

20   L'Italia è nel Mare Mediterraneo.*

12. IL CONSIGLIO[31] DEL MEDICO

Un signore si sente male[32] da parecchio[33] tempo. Finalmente decide di andare dal medico a chiedere consiglio.
Il medico gli fa la visita[34] con molta[35] cura,[36] pensa per
molto tempo, e poi gli domanda:

25   — Che cosa beve Lei?

— Vino ad ogni pasto.[37]

— Quanto ne beve?

— Quattro bicchieri[38] al[39] giorno.

— Peccato! Dovrà bere latte invece di vino.

---

[23] fiume river.   [24] Tevere Tiber.   [25] isola island.   [26] Sicilia Sicily.
[27] Sardegna Sardinia.   [28] lago lake.   [29] tutti e tre all three.   [30] mare sea.
[31] consiglio advice.   [32] si sente male (da) has not been feeling well (for).
[33] parecchio some.   [34] far la visita (a) to examine.   [35] molto great, much.
[36] cura care.   [37] pasto meal.   [38] bicchiere glass.   [39] al *here* = a.

Il signore, senza dire altro, prende il cappello e va verso la porta. Il medico lo ferma[40] e gli dice:
— Lei mi deve[41] ventimila (*20,000*) lire per il mio consiglio.
— Ma io non l'accetto,[42] — risponde il signore, e se ne va.

13. IL CAGNOLINO[43]

5　Un giorno un signore seduto al caffè[44] paga il conto[45] e non lascia niente al cameriere.[46] Il cameriere gli domanda:
— Niente per me, signore?
— No, non posso darti nulla[47] oggi. Ma posso farti un regalo, se lo vuoi. Ti darò quel cagnolino, — e accenna[48] un
10　cagnolino piccolo come un gatto, addormentato[49] sotto il tavolo.
— Che cosa ne faccio del[50] cagnolino?
— Ecco![51] lo porterai a mia moglie e le dirai che l'hai trovato per la strada. Quando vedrà il suo caro cagnolino ti
15　darà non meno di[52] diecimila (*10,000*) lire. Tu prenderai le diecimila lire e domani le dividerai* con me.

14. L'AUTORE* POVERO E IL LADRO[53]

Un famoso autore è molto povero; del resto,[54] quasi tutti gli autori sono poveri. Una sera mentre si riposa sul letto un ladro entra pian piano[55] nella stanza e comincia a frugare[56]
20　nell'armadio.[57] L'autore, che non è addormentato, comincia a ridere.[58] Il ladro, sorpreso, gli domanda perché ride. L'autore gli dice:
— Povero stupido.[59]　Tu cerchi di notte,[60] con false[61]

---

[40] **fermare** to stop.　[41] **dovere** to owe.　[42] **accettare** to accept, take.
[43] **cagnolino** puppy.　[44] **caffè** café.　[45] **conto** bill.　[46] **cameriere** waiter.
[47] **nulla** nothing, anything.　[48] **accennare** to point to.　[49] **addormentato** asleep.　[50] **Che cosa ne faccio di?** What shall I do with?　[51] **ecco!** look!
[52] **non meno di** not less than.　[53] **ladro** thief.　[54] **del resto** of course, after all, indeed.　[55] **pian piano** very quietly.　[56] **frugare** to search.　[57] **armadio** closet.
[58] **ridere** to laugh.　[59] **stupido** fool.　[60] **di notte** at night.　[61] **falso** false, counterfeit.

chiavi[62] e con il lume[63] quel che io non posso trovare di giorno, con le vere chiavi, e in casa mia.

Il ladro capisce che in quella casa non ci troverà nemmeno[64] un soldo falso e se ne va presto presto.[65]

15. CARDUCCI† E L'ALUNNO

Giosué† Carducci era un poeta* italiano molto famoso. Fu professore all'Università* di Bologna† dal 1860 (mille ottocento sessanta) al 1904 (mille novecento e quattro). Morì[66] nel 1907 (mille novecento e sette).

Un giorno uno dei suoi alunni scrisse[67] sulla lavagna: « Giosué Carducci — Asino ».[68]   Tutti gli alunni si misero a[69] ridere.   In quel momento entrò il professore: allora silenzio generale.*   Il Carducci guardò la lavagna, guardò gli alunni, e poi disse[70] con calma*:

— Chi di voi ha scritto il suo nome accanto[71] al mio? — e cominciò la lezione.

16. LA VECCHIA[72] IN CHIESA

In un piccolo paese[73] della Campania[74] c'è una chiesa con una statua* della Madonna† col Bambino.[75]   Dietro[76] all'altare* spesso lavorano i sarti[77] che fanno i vestimenti* per i preti.[78]   Un giorno mentre due sarti lavorano dietro all'altare, una vecchia entra in chiesa a pregare.[79]   Non sa che i sarti sono lì dietro e prega per lungo tempo.

Arriva l'ora del pranzo e la vecchia non si muove.[80]   I sarti sentono appetito,[81] ma non vogliono disturbare la povera vecchia.   Uno di loro, imitando la voce di bambino, dice da dietro all'altare:

---

[62] chiave key.   [63] lume light.   [64] nemmeno (not) even.   [65] presto presto very quickly.   [66] morire to die.   [67] scrisse past abs. of scrivere.   [68] asino donkey.   [69] mettersi a to begin to.   [70] disse past abs. of dire.   [71] accanto a next to, beside.   [72] vecchia old woman.   [73] paese town.   [74] Campania region around Naples.   [75] Bambino Christ child.   [76] dietro (a) behind.   [77] sarto tailor.   [78] prete priest.   [79] pregare to pray.   [80] muoversi to move.   [81] sentire appetito to feel hungry.

— Basta il pregare.[82] Vai a lavorare!
La donna guarda in su[83] al Bambino e subito risponde:
— Zitto[84] tu. Lascia parlare la Mamma, che ha più giudizio.[85]

17. DANTE†

5 Dante Alighieri† è il maggior[86] poeta italiano. È l'autore della *Divina Commedia*,[87] il più bel poema* dei tempi moderni.* A Dante non piaceva essere annoiato[88] da persone che parlano senza dire niente d'importante.[89] Un giorno Dante domandò a una di queste persone:

10 — Qual è la maggior bestia[90] del[91] mondo?
— L'elefante,* — rispose subito l'uomo, contento di essere finalmente entrato in conversazione.
— Ebbene[92]... elefante, lasciami in pace[93] e va' per i fatti tuoi,[94] — gli disse il poeta.

15 E così finì la conversazione.

*   *   *

Dante aveva una memoria* straordinaria. Una volta un amico gli domandò:
— Qual è il miglior[95] cibo?[96]
— Un uovo,[97] — rispose subito Dante.

20 Un anno dopo lo stesso amico, volendo provare[98] la memoria del poeta, gli domandò di nuovo:
— Con che?
— Col sale,[99] — rispose subito il poeta, che si ricordava bene la domanda dell'anno prima.

---

[82] **Basta il pregare!** Enough prayer!   [83] **guardare in su** to look up.   [84] **zitto** quiet.   [85] **giudizio** sense.   [86] **maggior(e)** greatest.   [87] *Divina Commedia* *Divine Comedy.*   [88] **annoiare** to annoy.   [89] **niente d'importante** anything (nothing) important.   [90] **bestia** beast, fool.   [91] **del** *here* = in the.   [92] **ebbene** well.   [93] **pace** peace.   [94] **andare per i fatti suoi** to go about one's own business.   [95] **il miglior(e)** the best.   [96] **cibo** food.   [97] **uovo** (*pl.* **uova**, *f.*) egg.   [98] **provare** to test.   [99] **sale** salt.

18.   IL SIGNORE TRASCURATO[1]

Un signore è molto trascurato nel vestire.[2]   I pantaloni non sono mai stirati,[3] le scarpe non sono lucide,[4] la camicia e la cravatta sono sporche,[5] ecc., ecc.   Un giorno un suo amico lo incontra per la strada e gli dice:

5 — Caro amico, fai male ad essere[6] così trascurato nel vestire.   Fai brutta figura.[7]

— Qui[8] nel nostro paese[9] non importa,[10] amico mio, — risponde il signore. — Qui tutti mi conoscono.

Poco tempo dopo lo stesso amico l'incontra in una grande 10 città, lontana dal loro paese.   Anche lì il signore è vestito proprio come a casa sua.   La camicia e la cravatta sono sporche, l'abito non è stirato, e le scarpe non sono lucide. L'amico gli dice:

— Adesso siamo tanto lontani dal nostro paese e tu sei 15 sempre trascurato nel vestire.

— Qui certo non vale la pena[11] di vestir bene, — risponde il signore. — Qui nessuno mi conosce.

19.   ALESSANDRO† MANZONI†

Alessandro Manzoni fu il più famoso scrittore[12] italiano del secolo[13] scorso.[14]   Scrisse *I Promessi Sposi*,[15] che è certo il 20 migliore romanzo[16] della lingua italiana.   Morì nell'anno 1873 (mille ottocento settantatrè).

Un giorno una nipote del Manzoni tornò da scuola con un compito[17] sul famoso romanzo del nonno.   Vedendo che la piccola nipote trovava il compito molto difficile, Manzoni 25 decise di dettarlo[18] lui.[19]   Il giorno dopo la nipote andò a

---

[1] **trascurato** careless.   [2] **nel vestire** in his attire.   [3] **stirare** to iron, press. [4] **lucido** polished.   [5] **sporco** soiled.   [6] **fai male ad essere** you are wrong in being.   [7] **far brutta figura** to make a bad appearance.   [8] **qui** here.   [9] **paese** town.   [10] **importare** to matter.   [11] **valer la pena** to be worthwhile. [12] **scrittore** writer.   [13] **secolo** century.   [14] **scorso** past.   [15] *I Promessi Sposi* *The Betrothed*.   [16] **romanzo** novel.   [17] **compito** assignment, composition. [18] **dettare** to dictate.   [19] **lui** *here* = himself.

scuola tutta contenta perché sapeva che questa volta il suo
compito era perfetto.* Che brutta[20] sorpresa,[21] però, quando la maestra le diede il
compito dopo pochi giorni! Il lavoro del migliore scrittore
5 italiano di quei tempi ricevè cinque.[22]

* * *

Manzoni era molto modesto.* Una sera andò a teatro con un
suo amico e il pubblico[23] cominciò ad applaudire* quando lo
vide entrare. Manzoni, vedendo che tutti applaudivano, si
mise ad applaudire anche lui. Ma egli applaudiva gli attori,*
10 mentre il pubblico applaudiva lui. Quando l'amico gli
spiegò lo sbaglio, il famoso scrittore arrossì[24] e si mise a
ridere.

20.   GAETANO† DONIZETTI†

Donizetti fu un famosissimo[25] compositore* di musica
italiano. Scrisse più di sessanta (60) opere,* fra le quali la
15 più popolare* è *Lucia di Lammermoor.*† Morì più di un
secolo fa. Scriveva musica con tanta facilità[26] che ancora
oggi se ne raccontano molte storie.*
Un giorno Donizetti andò a pranzo da un amico. Dopo il
pranzo l'amico gli disse che gli dispiaceva[27] molto, ma lui e
20 sua moglie non potevano restare in casa perché avevano un
altro impegno.[28] Donizetti non si offese,[29] anzi rispose:
— Voi mi mettete alla porta,[30] ed io invece metto voi alla
porta. Stasera ho voglia di[31] scrivere musica e non mi muovo
di qua[32] per tutto l'oro[33] del[34] mondo. Se mi date la carta e la
25 penna, mi metto vicino al fuoco e finisco il quarto[35] atto della
Favorita.†

---

[20] **brutto** unpleasant.   [21] **sorpresa** surprise.   [22] **cinque** *here* = F (failed).
[23] **pubblico** audience.   [24] **arrossire** to blush.   [25] **famosissimo** very famous.
[26] **facilità** ease.   [27] **dispiacere** to displease; **gli dispiaceva** he was sorry.
[28] **impegno** engagement.   [29] **offendersi** to take offense.   [30] **mettere alla
porta** to put (someone) out.   [31] **aver voglia di** to feel like.   [32] **qua** here; **di qua**
from here.   [33] **oro** gold.   [34] **del** *here* = in the.   [35] **quarto** fourth.

E così, infatti,[36] scrisse quella bellissima[37] musica in tre
ore.

21. GIOACCHINO† ROSSINI†

Rossini fu uno dei migliori compositori italiani del secolo
scorso.   Forse[38] la più conosciuta delle sue opere è *Il*
5 *Barbiere di Siviglia*.[39]   Anche lui era un genio* straordinario
che scriveva musica con grandissima facilità.   Una volta,
per esempio, scrisse un pezzo di musica in un quarto d'ora.
Si racconta che un'opera di Rossini era pronta[40] per la
prima rappresentazione,[41] quando la cantante[42] si mise in
10 testa[43] che non le piaceva un'aria* che doveva cantare.
Diceva che Rossini ne doveva scrivere un'altra, perché
quella non era buona per la sua voce.
Rossini andò a casa molto turbato,[44] perché sapeva che
quando quella cantante si metteva in testa qualche cosa, era
15 dura come il marmo.[45]   Era l'ora del pranzo e quella sera
c'era riso,[46] che piaceva molto a Rossini.
Arrivato a casa disse alla serva di mettere il riso nell'acqua
bollente.[47]   Lui si mise al pianoforte a scrivere il nuovo
pezzo di musica.   Quando, dopo quindici minuti, andò a
20 sedersi a tavola per mangiare, la musica era già pronta.
Per questa ragione quell'aria ancora oggi si chiama « l'aria
dei risi ».

22. LODOVICO† ARIOSTO†

Per qualche ragione che non conosciamo, il padre di un
giovane poeta un giorno cominciò a sgridare[48] suo figlio.   Il
25 povero padre parlava e gridava,[49] ma il giovane[50] non gli

---

[36] **infatti** in fact.   [37] **bellissimo** very beautiful.   [38] **forse** perhaps.   [39] **Siviglia**
Seville.   [40] **pronto** ready.   [41] **rappresentazione** performance.   [42] **cantante**
singer.   [43] **mettersi in testa** to get it into one's head.   [44] **turbato** disturbed,
upset.   [45] **marmo** marble; *here* = rock.   [46] **riso** rice.   [47] **bollente** boiling.
[48] **sgridare** to scold.   [49] **gridare** to cry, shout.   [50] **giovane** youth, young man.

rispondeva nemmeno una parola. Stava ad ascoltare[51] in silenzio e lasciava fare.[52]   Finalmente il padre lo lasciò in pace e se ne andò.

Il fratello del giovane poeta gli domandò:

5   — Perché non hai risposto?   So che tu hai ragione[53] e nostro padre ha torto.[54]   Perché non hai spiegato tutto? E il giovane poeta:

— Senti, fratello.   Devi sapere che sto scrivendo una commedia[55] dove c'è una scena* di un padre che sgrida un

10   figlio.   Non ho voluto perdere nemmeno una parola di quel che ha detto il babbo.   Una scena così bella non si presenta ogni giorno.

Quel giovane era Lodovico Ariosto, uno dei più famosi poeti italiani.

23.   MICHELANGELO†

15   Michèlangelo Buonarroti† fu uno dei più grandi artisti* del mondo.   Era non soltanto scultore* e pittore,[56] ma anche architetto* e poeta; insomma[57] era un genio universale.* Visse[58] più di quattrocento (400) anni fa, nei tempi in cui[59] l'Italia aveva i migliori artisti del mondo.

20   Mentre era ancora un giovane di ventitré (23) o ventiquattro (24) anni, fece una delle migliori statue* dei tempi moderni.   Una volta alcuni amici gli dissero che a Firenze c'era un grandissimo pezzo di marmo che non serviva[60] più agli operai[61] di Santa Maria del Fiore.[62]

25   Michelangelo chiese loro il pezzo di marmo e in poco tempo ne fece il famoso David, che è considerato* ancora oggi una delle più belle statue del mondo.

Quando la grande statua era già pronta e gli operai la mettevano a posto,[63] il Capo[64] della città di Firenze, un

---

[51] **stare ad ascoltare** to stand listening.   [52] **lasciar fare** to let (*someone*) go on.   [53] **aver ragione** to be right.   [54] **aver torto** to be wrong.   [55] **commedia** play.   [56] **pittore** painter.   [57] **insomma** in short.   [58] **visse** *past abs. of* **vivere**.   [59] **cui** which.   [60] **servire** to serve, be useful.   [61] **operaio** workman.   [62] **Santa Maria del Fiore** *the Cathedral of Florence (also called* il **Duomo**).   [63] **a posto** in its place.   [64] **capo** head.

certo[65] Soderini,† che credeva intendersi[66] d'arte,* gli disse che la statua era bellissima, ma il naso gli sembrava troppo grande. Certo, guardando di sotto, il naso sembrava troppo grande. Michelangelo con pazienza prese uno scalpello[67] e
5 un po' di polvere[68] di marmo e salì su.[69] Facendo finta di[70] lavorare collo scalpello, faceva cadere[71] un po' di polvere dalla mano, ma non toccò[72] il naso. Dopo poco tempo disse al Soderini:

— Guardatelo ora.
10 — Mi piace più — disse l'altro. — Gli avete dato là vita.

24. ENRICO† CARUSO†

Enrico Caruso fu certo il miglior tenore* del mondo. Morì nel 1921 (mille novecento ventuno). Una volta un ricco signore lo invitò a cantare in casa sua e gli offrì molto denaro. Caruso ci andò, ma rimase[73] molto sorpreso quando trovò
15 soltanto il signore con un cagnolino nel salotto. Come spiegazione il signore gli disse che voleva sentirlo solo e lo pregò[74] di cominciare.

Il famoso tenore cominciò una bellissima aria. Appena[75] lo sentì, il cane si mise ad abbaiare.[76] Caruso, irritato,[77]
20 s'interruppe.[78] Il signore, con calma, gli disse che bastava[79] e lo ringraziò.[80] Caruso chiese una spiegazione.

— Volevo sapere soltanto una cosa e l'ho già vista, — gli disse il signore. — Il mio cane abbaia anche quando canta il miglior tenore del mondo.
25 Caruso forse disse fra sé[81]: — Qui sono tutti cani.

---

[65] **certo** certain. [66] **intendersi** to understand; **credeva** — thought he knew something about. [67] **scalpello** chisel. [68] **polvere** dust. [69] **su** up. [70] **fare finta di** to make believe. [71] **far cadere** to let fall. [72] **toccare** to touch. [73] **rimase** *past abs. of* rimanere. [74] **pregare** to beg, ask. [75] **appena** as soon as. [76] **abbaiare** to bark. [77] **irritato** angry. [78] **interrompersi** (*past abs.* mi interruppi) to interrupt oneself. [79] **bastare** to be sufficient. [80] **ringraziare** to thank. [81] **fra sé** to himself.

25. UN POETA DISTRATTO

Un poeta italiano è molto distratto. Una sera torna a casa a ora tarda.[82] Con la chiave in mano cerca di[83] aprire la porta di casa, ma non ci riesce. Non sa che cosa fare. È inutile bussare[84] perché abita solo e certo nessuno lo sentirà se
5 bussa. Accende[85] un fiammifero[86] per vedere meglio e cerca un'altra volta di aprire la porta. Tutto invano.[87] Chiama un signore che passa per la strada e gli chiede il favore* di tenere[88] il fiammifero mentre egli cerca di aprire. È inutile; non ci riesce.
10   Finalmente decide di andare a passare la notte con un suo amico. In quel momento la porta si apre. Il poeta dice fra sé: — Ma guarda! La mia casa è abitata.

Una signora esce e gli grida:

— Ma si può sapere perché venite a disturbar* la gente[89] a
15 quest'ora di notte? Andate via, o chiamo una guardia![90]

Il poeta rimane a bocca aperta[91] e non sa che cosa rispondere, perché proprio allora si ricorda che cambiò di casa[92] più di un mese fa e che la chiave è quella della nuova casa.

26. LA DONNA È MOBILE[93]

20 Una delle arie più conosciute della musica di Giuseppe† Verdi† è la famosa canzone[94] *La Donna è mobile*. Ogni volta che si va a sentire l'opera *Rigoletto*† si sentono molti che cantano quest'aria quando si esce dal teatro.* È così facile e bella che, una volta sentita, non si dimentica più.
25   Mentre preparavano la prima rappresentazione del *Rigo-letto*, il tenore s'accorse che nella sua parte mancava[95] un pezzo di musica. Lo disse a Verdi, il quale[96] gli rispose:

---

[82] **tardo** late.   [83] **cercare di** to try to.   [84] **bussare** to knock.   [85] **accendere** to light.   [86] **fiammifero** match.   [87] **invano** in vain.   [88] **tenere** to hold.   [89] **gente** people.   [90] **guardia** policeman.   [91] **rimanere a bocca aperta** to be dumbfounded, gaping.   [92] **cambiar di casa** to move.   [93] **mobile** fickle.   [94] **canzone** song.   [95] **mancare** to be missing.   [96] **il quale** who.

— C'è tempo ancora. Prima della rappresentazione lo avrai.

Infatti pochi giorni prima della rappresentazione, Verdi gli diede un foglio di carta su cui c'era la canzone: *La Donna è*
5 *mobile.* Il tenore la prese,[97] la lesse,[98] la trovò facile, e rimase contento. Verdi però gli disse:

— Mi devi promettere[99] che prima della rappresentazione non la farai sentire[1] a nessuno, né[2] a teatro, né a casa tua, né per la strada. L'aria deve essere una sorpresa per tutti.

10   Il tenore non la fece sentire a nessuno e l'aria fu una vera sorpresa. Il giorno dopo la rappresentazione del *Rigoletto* tutti cantavano *La Donna è mobile:* nel teatro, nelle case, e per le strade.

27.   GIACOMO† PUCCINI†

Giacomo Puccini fu uno dei maggiori compositori di musica
15 moderni.   Morì nel 1924 (mille novecento ventiquattro). Scrisse bellissime opere, fra le quali le più conosciute sono *Tosca*†, *La Bohème*†, *Turandot*†, e *Madama Butterfly*. Era molto povero quando era giovane e studiava a Milano. Quando voleva cucinare[3] nella sua camera, doveva cercare il
20   mòdo[4] di non farsi vedere,[5] perché la padrona non lo permetteva.* Quando aveva bisogno di carbone,[6] prendeva una piccola valigia[7] e scendeva.

— Parte, signor Puccini?

— Sì, vado a prendere un po' d'aria.[8]   Faccio un piccolo
25 viaggio.

— E si° porta la valigia?

— Certo; non si sa mai quando ce n'è bisogno, specialmente[9] in[10] viaggio.

Una mezz'ora dopo ritornava, con la valigia in mano.

---

[97] **prese** *past abs. of* **prendere.**   [98] **lesse** *past abs. of* **leggere.**   [99] **promettere** to promise.   [1] **far sentire** to let (*anyone*) hear.   [2] **né . . . né** neither . . . nor.   [3] **cucinare** to cook.   [4] **modo** way.   [5] **di non farsi vedere** of not letting himself be seen.   [6] **carbone** coal.   [7] **valigia** valise.   [8] **aria** air.   [9] **specialmente** especially.   [10] **in** *here* = on a.

— È già tornato? — gli domandava la padrona.

— Ho perso[11] il treno per un minuto.

Tornava in camera, apriva la valigia, e si cucinava qualche
cosa col carbone, che comprava lontano per non farsi
5 conoscere.

28. DONATELLO† E BRUNELLESCHI†

Donatello e Brunelleschi erano due artisti di Firenze, fra i
più famosi del mondo. Donatello è considerato il migliore
scultore italiano prima di Michelangelo, e Brunelleschi è
considerato uno dei migliori architetti del mondo.

10 Donatello fece una volta un crocifisso[12] di legno[13] di cui
era molto contento. Lo mostrò all'amico Brunelleschi e gli
chiese il suo parere.[14] Brunelleschi disse che il crocifisso gli
sembrava un contadino[15] messo in[16] croce.[17] Donatello restò
male,[18] e rispose che era molto più facile criticare* che farne
15 uno migliore.

Brunelleschi, senza dire altro, se ne andò a casa sua a
lavorare anche lui su un crocifisso di legno. Quando lo finì,
invitò l'amico a colazione, senza dirgli niente del crocifisso.
Per la strada comprò uova, formaggio,[19] e altre cose per la
20 colazione. Diede tutto a Donatello e lo pregò di andare
avanti perché voleva comprare qualche altra cosa.

Il crocifisso era in tale[20] posizione* che si poteva vedere
bene appena si entrava. Quando Donatello entrò e vide
quel crocifisso così bello, rimase così sorpreso che lasciò
25 cadere tutto a terra.[21] Quando entrò l'amico, gli disse:

— Avevi ragione di dire che il mio crocifisso non è altro
che un contadino messo in croce.

Tutti e due questi bellissimi crocifissi sono a Firenze, ma
quello di Brunelleschi è molto danneggiato.[22]

---

[11] **perso** *p. p. of* **perdere.**   [12] **crocifisso** crucifix.   [13] **legno** wood.   [14] **parere**
opinion.   [15] **contadino** peasant.   [16] **in** *here* = on the.   [17] **croce** cross.
[18] **restò male** *here* = felt hurt.   [19] **formaggio** cheese.   [20] **tale** such (a).
[21] **terra** ground; **a** — on the floor.   [22] **danneggiato** damaged.

29. L'O* DI GIOTTO†

Il Papa* Benedetto IX²³ (nono) voleva far dipingere²⁴ le pareti²⁵ di San Pietro* in Roma. A quei tempi Giotto era famosissimo e abitava a Firenze. Il Papa gli mandò un uomo a chiedere una prova²⁶ della sua abilità.*

5 Giotto prese un foglio di carta e col pennello²⁷ e col braccio, senza compasso,* fece un circolo²⁸ perfetto. Lo diede all'uomo e gli disse di portarlo al Papa.

Quando Benedetto IX vide quel circolo fatto senza compasso, capì l'abilità di Giotto e lo fece venire a Roma a
10 dipingere le pareti di San Pietro.

30. IN UN TRENO

Il treno italiano ha due classi, cioè²⁹ prima e seconda. Un giorno in uno scompartimento³⁰ di seconda classe si incontrano due signore e un signore. Le due signore sono molto noiose³¹ perché una vuole il finestrino³² aperto e l'altra
15 lo vuole chiuso.

— Se il finestrino sta chiuso io soffocherò³³ qui dentro,³⁴ — dice la prima.

— E se il finestrino sta aperto io prenderò un raffreddore³⁵ e ne morirò, — dice la seconda.

20 E così il finestrino va su e giù.³⁶ Finalmente il signore perde la pazienza e dice:

— Ecco, signore; facciamo così. Prima chiudiamo il finestrino, così soffocherà l'una. Poi apriamo il finestrino, e l'altra morirà di raffreddore. Così io potrò dormire in pace.

---

²³ **Benedetto IX** Benedict the Ninth.   ²⁴ **dipingere** to paint.   ²⁵ **parete** wall.
²⁶ **prova** proof.   ²⁷ **pennello** brush.   ²⁸ **circolo** circle.   ²⁹ **cioè** that is.
³⁰ **scompartimento** compartment.   ³¹ **noioso** annoying.   ³² **finestrino** car window.   ³³ **soffocare** to stifle.   ³⁴ **dentro** inside; **qui dentro** in here.
³⁵ **prendere un raffreddore** to catch a cold.   ³⁶ **giù** down.

31.   IL LUPO[37] E L'AGNELLO[38]

Un lupo e un agnello vennero[39] a bere insieme allo stesso fiume.   Tutti e due avevano molta sete.[40]   Il lupo, di sopra,[41] beveva a tutt'andare,[42] mentre l'agnello, di sotto[43] e lontano, beveva senza disturbar nulla.   Il lupo guardava l'agnello, e
5 come gli passava[44] la sete così gli veniva l'appetito.   Con voce irata[45] gridò al piccolino[46]:

— Perché mi intorbi[47] l'acqua mentre bevo?

E il pover'agnello rispose con paura:

— Come posso intorbare l'acqua, signor lupo, se viene da
10 voi a me?

Il lupo lascia quella scusa[48] e ne prende un'altra.

— Sei mesi fa dicesti male di[49] me.

— Ma sei mesi fa non ero nemmeno nato, signor lupo.

— Perbacco![50]   Se non fosti tu, fu tuo padre che disse male
15 di me, — rispose il lupo con voce più irata di prima.   E senza dire altro saltò[51] sul pover'agnello e se lo mangiò.[52]

32.   LA VOLPE[53] E IL MULO*

La volpe, andando per un bosco,[54] incontra un mulo, animale che non ha mai veduto.   Ha gran paura e fugge[55] a tutt'andare; e così fuggendo trova il lupo.   Gli racconta che
20 ha incontrato una bestia così strana[56] che non ne sa nemmeno il nome.   Il lupo le dice:

— Andiamo a vedere!

Quando arrivano al mulo, nemmeno il lupo lo conosce.   La volpe, che non ha più paura, gli domanda il nome.   Il mulo
25 risponde:

---

[37] **lupo** wolf.   [38] **agnello** lamb.   [39] **vennero** *past abs. of* **venire.**   [40] **aver molta sete** to be very thirsty.   [41] **di sopra** above, upstream.   [42] **a tutt'andare** at full speed, greedily.   [43] **di sotto** below, downstream.   [44] **passare** to go away.   [45] **irato** angry.   [46] **piccolino** little creature.   [47] **intorbare** to muddy. [48] **scusa** excuse.   [49] **dire male di** to speak ill of, talk against.   [50] **Perbacco!** By Jove!   [51] **saltare** to leap.   [52] **mangiarsi** to eat up.   [53] **volpe** fox.   [54] **bosco** woods.   [55] **fuggire** to flee.   [56] **strano** strange.

— Sono così stupido che non mi ricordo niente. Ma se tu sai leggere, io l'ho scritto nel piede destro[57] di dietro.[58]

La volpe risponde: — Peccato! Non so leggere.

E il lupo subito dice: `

5 — Lascia fare a me, che so leggere molto bene.

Il mulo alza il piede destro di dietro e gli mostra i chiodi,[59] che sembrano lettere. Il lupo dice:

— Non le vedo bene.

Risponde il mulo:

10 — Avvicinati un po', perché sono piccole.

Il lupo, stupido, si avvicina e guarda bene. Il mulo gli dà un calcio[60] tale che l'ammazza. Allora la volpe se ne va dicendo:

— Ogni uomo che sa leggere non è sempre saggio.[61]

33. IL TROMBONE[62]

15 Mentre i violini* suonano una dolce melodia,* un trombone viene fuori[63] con una nota* forte[64] e strana. Il direttore[65] ferma l'orchestra e chiede una spiegazione. Il trombone sa bene che quella nota non ci appartiene,[66] ma è lì scritta in bianco e nero e perciò l'ha suonata.

20 — Signor° direttore, la nota è qui sulla pagina.[67]

— Impossibile.* Abbiamo suonato questa musica cento volte e quella nota non c'è mai stata. Lasci vedere.

— Ma sì, eccola qui, — e il trombone accenna la nota col dito. In[68] quel momento la nota scappa[69] via.

25 — To',[70] era una mosca! — esclama[71] il pover'uomo.

---

[57] **destro** right. [58] **di dietro** hind. [59] **chiodo** nail. [60] **calcio** kick. [61] **saggio** wise. [62] **trombone** trombone, trombone player. [63] **fuori** out. [64] **forte** strong. [65] **direttore** conductor. [66] **appartenere** to belong. [67] **pagina** page. [68] **in** *here* = at. [69] **scappare** to run, escape. [70] **To'!** Well, well! [71] **esclamare** to exclaim.

EXERCISES

1-3

A. Rewrite the following sentences completely in Italian:

1. Il signore è stato *at a friend's house.*
2. Ha bevuto *a great deal of wine* e canta *on the street.*
3. *His wife* l'aspetta per lungo tempo *at home.*
4. Un altro signore *comes* a sedersi sotto *the same tree.*
5. Il primo domanda: "*Is that the sun* o la luna *in the sky?*"
6. L'altro risponde: "*I don't know.* Sono nuovo *in this city.*"

B. Use each of the following expressions in a short sentence in Italian:

1. molto intelligente
2. ogni tanto
3. fa attenzione
4. il banco davanti
5. qualche volta
6. un problema
7. quante mosche?
8. subito risponde

C. Read the following statements and mark each one **T** (*true*) or **F** (*false*) according to the text:

1. Giovannino non è nella scuola oggi.
2. Il professore ha spiegato l'effetto del freddo e del caldo sui corpi.
3. Il caldo rende i corpi più lunghi.
4. Il freddo rende i corpi più corti.
5. D'estate fa sempre freddo.
6. D'inverno i giorni sono lunghi.

D. Answer the following questions with complete Italian sentences:

1. Che hanno bevuto i due signori?
2. Perché è lunga la strada?
3. Che cosa guardano in cielo i due signori?
4. Con chi parla ogni tanto Pietro?
5. È difficile il problema della lezione?
6. Quante mosche restano sulla tavola?
7. Chi ha spiegato l'effetto del caldo e del freddo sui corpi?
8. Ha capito la spiegazione Giovannino?
9. Sono lunghi i giorni d'estate?
10. Sono corti i giorni d'inverno?

E. *Translate the following sentences into English:*

1. Il signore se ne va a casa.
2. L'amico si siede sotto un albero.
3. Tutti e due non ci vedono più bene.
4. Pietro parla invece di fare attenzione.
5. Oggi, per esempio, non ha ascoltato.
6. Dove sono le altre cinque mosche?
7. Qualche volta Giovannino dorme sul banco.
8. Ha capito meno di quel che ha sentito.
9. Il ragazzo pensa e non sa che cosa dire.

4–6

A. *Rewrite the following sentences, changing the words in italics to the plural:*

1. *Il giovane è arrivato* a New York.
2. *Il ragazzo ha sentito* dire tanto bene dell'America.
3. *La signorina ha deciso* di fare un viaggio.
4. *Il professore si siede* nel negozio.
5. Come *sta il padrone?*
6. Anche *il figlio sta* bene.
7. *Ha visto Lei* il cartello?
8. *Voglio* entrare e *voglio* passare un quarto d'ora.

B. *Rewrite the following sentences completely in Italian:*

1. Un signore ha *a black beard* e i capelli *gray*.
2. L'amico vuole *to make fun of him*.
3. *Tell me*, caro amico. *How come* che *the hair is* bianchi?
4. Senza *losing his patience*, gli risponde.
5. *The hair* sono nati *fifty years ago*.
6. *The beard* è molto *younger*.

C. *Write short sentences in Italian using the following expressions:*

1. farsi tagliare i capelli
2. sulla poltrona
3. parla troppo
4. legge il giornale
5. in pochi minuti
6. in tempo
7. nello specchio
8. più lunghi davanti

D. *Answer the following questions with complete Italian sentences:*

1. È arrivato solo a New York il giovane italiano?
2. Che dice il cartello?
3. Vanno bene gli affari in America?
4. Che cosa vuole il giovane?
5. Sono dello stesso colore i capelli e la barba del signore?
6. È tinta la barba?
7. Perché sono grigi i capelli?
8. Perché va dal barbiere un signore?
9. Perché si addormenta il signore?
10. Come vuole i capelli davanti il signore?

E. *Pair up each expression in the first column with its opposite in the second column:*

1. tanto bene	a. escono dal negozio
2. entrano nel negozio	b. non vuole niente
3. si è seduta	c. la barba è naturale
4. sta bene di salute	d. si sveglia
5. desidera qualche cosa	e. è ammalato
6. gli domanda	f. più corti
7. la barba è tinta	g. tanto male
8. comincia a leggere	h. finisce di leggere
9. si addormenta	i. si è alzata
10. più lunghi	j. gli risponde

7-9

A. *Rewrite the following statements completely in Italian:*

1. La signora *doesn't feel well* e non è *at home* per *no one* oggi.
2. Sei o *seven* persone *have come* a cercarla *during the day.*
3. *The doorman* fa anche *the name* di *her sister.*
4. *Several times* ti ho detto: — Lasciala *come in.*
5. Il giorno dopo *she goes out* per fare *some purchases.*
6. La sorella viene *again.* Il portinaio *says to her* che può *to go up.*
7. La cerca *in every room,* ma *of course* non la *finds.*
8. *She comes down* e dice al portinaio: — *She must have gone out.*

9. Egli *answers:* — Sì, ma mi ha detto *several times* che *for you* è sempre *at home.*

B. *Make complete sentences by pairing expressions in the first and second columns:*

1. Una bambina	a. i bambini.
2. Egli la presenta	b. mille lire nella banca.
3. Vicino alla porta	c. vuole visitare la banca.
4. Il direttore ama molto	d. si trova il direttore.
5. Il babbo ha messo	e. se la banca è buona.
6. Ha voluto vedere	f. a quelli che lavorano nella banca.

C. *Mark each of the following statements* **T** *(true) or* **F** *(false) according to the text:*

1. Il professore è molto famoso e molto distratto.
2. Un giorno egli fa tardi a partir di casa.
3. Fa tardi perché sua moglie non gli ha preparato il caffè.
4. Dopo pochi minuti arrivano varie amiche.
5. Le signore si siedono nella stanza da bagno e conversano.
6. La signora trova i pantaloni del professore sul letto.
7. Il professore è uscito senza pantaloni.
8. L'amica dice che il professore è vestito meglio del solito.

D. *Answer the following questions with complete Italian sentences:*

1. Che cosa dice il portinaio a ogni persona che viene alla porta?
2. Per chi è sempre in casa la signora?
3. Perché non la trova la sorella quando sale?
4. Dove entra un giorno una bambina?
5. Chi si trova vicino alla porta della banca?
6. Chi ha messo mille lire alla banca?
7. Che vuole sapere la bambina?
8. Che cosa studia da più di venti anni il professore Otto?
9. Perché gli deve preparare il caffè la moglie?
10. Perché ritorna spaventata la signora Otto?

E. *Pair up each sentence in the first column with one in the second column that has about the same meaning:*

1. La padrona non c'è.
2. Fa il nome della sorella.
3. Sono sempre in casa.
4. Vuole visitare la banca.
5. Voglio vedere con i miei propri occhi.
6. Il professore è molto distratto.
7. Arriva dopo pochi minuti.
8. Se ne sarà messo un altro paio.

a. Non sono mai fuori di casa.
b. Voglio vedere per me stessa.
c. Non fa molta attenzione.
d. Viene subito.
e. Dice che c'è stata la sorella.
f. Forse si è messo gli altri pantaloni.
g. La padrona è uscita.
h. Desidera di vedere la banca.

10-12

A. *Complete the following sentences:*

1. Un amico arriva da _____ a casa di un _____.
2. Il medico fa mettere in _____ due _____ con _____.
3. L'odore fa venire l' _____ al _____ che dorme vicino alla _____.
4. La serva _____ la tavola e porta il vino _____ di dieci _____.
5. Il medico è _____ e non s'accorge che l'amico non ha _____.
6. Finisce un _____ e comincia coll' _____ piccione.
7. Dopo una lunga _____ il medico dice: — Erano buoni questi _____.
8. — Sì, l'odore era _____, ma i piccioni li hai _____ tu.

B. *Make complete sentences by pairing expressions in the first and second columns:*

1. Roma è
2. Le Alpi separano l'Italia
3. Napoli è
4. L'Arno passa
5. Venezia ha
6. La Sicilia è
7. Un vulcano d'Italia
8. Milano ha

a. per Firenze.
b. un porto importante d'Italia.
c. una grande isola.
d. la capitale d'Italia.
e. è l'Etna.
f. due milioni di abitanti.
g. dal resto dell'Europa.
h. canali invece di strade.

C. *Form sentences with each of the following expressions:*

1. si sente male
2. andare dal dottore
3. gli fa la visita
4. per molto tempo
5. ad ogni pasto
6. al giorno
7. invece di vino
8. per il mio consiglio

D. *Answer the following questions with complete Italian sentences:*

1. Chi è di buon cuore?
2. Che cosa va a comprare la serva?
3. Quanti piccioni ha mangiato il medico?
4. Quanti abitanti ha l'Italia?
5. Quali montagne ci sono in Italia?
6. Quali sono tre laghi importanti d'Italia?
7. Come si sente un signore?
8. Dove decide di andare?
9. Che consiglio gli dà il medico?
10. Il signore accetta il consiglio del medico?

E. *Translate the following sentences into English:*

1. La serva apparecchia la tavola.
2. Il medico mangia con buon appetito.
3. Non si accorge che l'amico non mangia.
4. Ti sono piaciuti quei piccioni?
5. Il signore ha deciso di andare dal medico.
6. È andato a chiedere consiglio.
7. Quanto vino beve Lei ad ogni pasto?
8. Il dottore non dice nient'altro.

13–15

A. *Mark each of the following statements* **T** *(true) or* **F** *(false) according to the text:*

1. Il signore seduto al caffè non paga il conto.
2. Non lascia niente al cameriere.
3. Il signore vuole dare il cagnolino al cameriere.
4. Il cagnolino è molto grande.
5. Il cagnolino è addormentato sulla poltrona.
6. Il cameriere porterà un gatto alla moglie del signore.

7. Quando la signora vedrà il cagnolino, sarà molto contenta.
8. Il signore vuole dividere il denaro col cameriere.

B. *Complete each of the following sentences:*

1. L'autore povero si riposa _____.
2. Un ladro entra _____.
3. Il ladro comincia a _____.
4. L'autore non è addormentato e _____.
5. Tu cerchi di notte quel che _____.
6. Il ladro capisce che _____.

C. *Rewrite the following sentences completely in Italian:*

1. Carducci fu *professor* all'*university* di Bologna.
2. Era un *poet* famoso che *died* nel 1907.
3. A *pupil* scrisse sulla *blackboard:* Giosué Carducci — *Donkey.*
4. *All the* alumni si misero a *to laugh.*
5. Il Carducci *looked at* gli alunni con *calm.*
6. Chi *has written* il suo *name* accanto al mio?

D. *Answer the following questions with complete Italian sentences:*

1. Che lascia il signore al cameriere?
2. Che deve fare il cameriere col cagnolino?
3. Quanto gli darà la signora quando vedrà il suo caro cagnolino?
4. È povero o ricco l'autore?
5. Chi entra pian piano nella stanza?
6. Dove fruga il ladro?
7. Perché comincia a ridere l'autore?
8. Chi era Carducci?
9. Chi scrisse: Giosué Carducci — Asino?
10. Che disse Carducci agli alunni?

E. *Change the verbs in italics from the present tense to the present perfect* (**passato prossimo**):

1. Il signore *paga* il conto.
2. Ti *do* questo cagnolino.
3. Tu lo *trovi* per la strada.
4. La signora non *vede* il cagnolino.
5. L'autore *dorme* sulla poltrona.
6. Io non *trovo* niente.
7. Che *cerchi* tu di notte?
8. L'alunno *scrive* sulla lavagna.
9. Il professore *entra* in quel momento.
10. Chi *scrive* il suo nome accanto al mio?

16–18

A. *Fill in the blanks in the following sentences with either* **c'è** *or* **ci sono:**

1. _____ una chiesa in un piccolo paese nella regione che si chiama Campania.
2. Dietro all'altare _____ i sarti che fanno i vestimenti.
3. _____ una vecchia in chiesa che prega.
4. _____ una statua della Madonna col Bambino.
5. Nella chiesa _____ un altare molto bello.
6. La domenica _____ molte donne che pregano.
7. Questa volta non _____ nessun'altra donna.
8. Perché non _____ i preti a quell'ora?

B. *Write sentences in Italian using each of the following expressions:*

1. il maggior poeta
2. a Dante non piaceva
3. niente d'importante
4. il più bel poema
5. in pace
6. i fatti tuoi
7. il miglior cibo
8. un anno dopo
9. col sale
10. l'anno prima

C. *Complete each of the following sentences:*

1. I pantaloni non sono _____.
2. Le scarpe non sono _____.
3. La cravatta e la camicia _____.
4. Il signore è _____.
5. L'amico gli dice che fa _____.
6. Il signore dice che nel paese _____.
7. Poco tempo dopo l'incontra in _____.
8. Il signore dice: — Qui certo _____.

D. *Answer the following questions with complete Italian sentences:*

1. In che regione si trova la chiesa con la statua?
2. Chi viene a pregare mentre i sarti lavorano dietro all'altare?
3. Che cosa dice uno dei sarti, imitando la voce del Bambino?
4. Che risponde la vecchia?
5. Qual è il più bel poema italiano?
6. Chi è il maggior poeta italiano?
7. Secondo (*according to*) Dante, qual è il miglior cibo?

8. Chi è trascurato nel vestire?
9. Dove s'incontrano i due amici?
10. Perché dice il signore che non vale la pena di vestir bene?

E. *Translate the following sentences into English:*

1. L'ora del pranzo arriva.
2. Vai a lavorare invece di pregare.
3. Il ragazzo non lascia parlare la mamma.
4. Non ha detto niente d'importante.
5. Va' per i fatti tuoi, amico mio.
6. Ricorda la domanda dell'anno prima?
7. Chi ha incontrato Lei per la strada?
8. Non vale la pena portare abiti nuovi.

19–21

A. *Rewrite the following sentences completely in Italian:*

1. Manzoni fu *the most famous* scrittore di *novels.*
2. *One day* la nipote tornò da scuola con un *difficult assignment.*
3. *The grandfather* decise di *to dictate* il compito.
4. *After a few days* la ragazza *received* il suo compito con *only* cinque.
5. *One evening* Manzoni andò *to the theater* con un amico.
6. *The audience* applaudiva Manzoni, mentre lui applaudiva *the actors.*
7. Quando l'amico gli spiegò *the mistake,* lo scrittore *blushed.*
8. Manzoni era *modest.* Si mise a *to laugh.*

B. *Find the expression in the second column which best completes each expression in the first column:*

1. Donizetti fu
2. *Lucia di Lammermoor*
3. Un giorno andò a pranzo
4. L'amico e sua moglie
5. Quella sera Donizetti aveva voglia
6. Voi mi mettete alla porta
7. Se mi date la carta e la penna

a. da un amico.
b. finisco il quarto atto della *Favorita.*
c. di scrivere musica.
d. un grande compositore di musica.
e. e un'opera molto popolare.
f. avevano un altro impegno.
g. ed io metto voi alla porta.

C. *Write sentences in Italian using each of the following expressions:*

1. il secolo scorso
2. la più conosciuta
3. un pezzo di musica
4. si mise in testa
5. dura come il marmo
6. acqua bollente
7. dopo un quarto d'ora
8. l'aria dei risi

D. *Answer the following questions with complete Italian sentences:*

1. Qual è il migliore romanzo della lingua italiana?
2. Chi non poteva scrivere il compito?
3. Quanto ricevè il compito di Manzoni?
4. Chi applaudiva il pubblico?
5. Qual è la più popolare delle opere di Donizetti?
6. Avevano un altro impegno gli amici?
7. Quale opera finì quella sera Donizetti?
8. Chi scrisse l'opera *Il Barbiere di Siviglia?*
9. Che cosa si mise in testa la cantante?
10. In quanto tempo scrisse Rossini un'altra aria?

E. *Change the verbs in italics from the past absolute to the present:*

1. La nipote *tornò* da scuola.
2. Manzoni *decise* di dettare.
3. La maestra *diede* il compito.
4. Egli *fu* compositore.
5. L'amico *andò* a pranzo.
6. Il compositore non si *offese.*
7. *Scrisse* una bellissima aria.
8. La cantante *si mise* in testa.
9. Rossini *disse* alla serva.
10. *Fu* dura come il marmo.

22–24

A. *Fill in the name of the person who said or did each of the following, according to the story:*

1. _____ stava scrivendo una commedia.
2. _____ di Ariosto cominciò a sgridarlo.
3. _____ non rispondeva nemmeno una parola.
4. _____ disse: "So che tu hai ragione."
5. Infatti disse che _____ aveva torto.

6. _____ non ha voluto perdere nemmeno una parola.
7. _____ stava scrivendo una scena di un padre che sgrida il figlio.

B. *Form original sentences using each of the following expressions:*

1. genio universale
2. quattrocento anni fa
3. un pezzo di marmo
4. la famosa statua
5. è considerato
6. troppo grande
7. prese uno scalpello
8. un po' di polvere

C. *Rewrite the following sentences completely in Italian:*

1. Caruso è considerato *the best tenor* del mondo. *He died* nel 1921.
2. *At one time* un signore lo invitò a *to sing* a casa sua.
3. *The famous tenor* trovò il signore *with his puppy.*
4. Caruso *began* un'aria e il cagnolino *started* ad abbaiare.
5. Il tenore, *irritated*, s'interruppe e chiese *an explanation.*
6. Il signore *said:* — Ho visto che *he barks* anche quando canta *the best tenor.*

D. *Answer the following questions with complete Italian sentences:*

1. Chi era Lodovico Ariosto?
2. Perché non rispondeva quando il padre lo sgridava?
3. Chi aveva ragione, Ariosto o il padre?
4. Perché è considerato un genio universale Michelangelo?
5. Che statua fece Michelangelo col pezzo di marmo?
6. Secondo Soderini, come era il naso del *David?*
7. Lo scultore toccò il naso della statua?
8. Chi è considerato il miglior tenore del mondo?
9. Il signore ricco perché invitò Caruso a cantare?
10. Che fece il cagnolino quando sentì il famoso tenore?

E. *Translate the following sentences into English:*

1. Il giovane poeta sta ad ascoltare in silenzio e lascia sgridare.
2. Sappiamo che voi avete ragione ed essi hanno torto.
3. Visse nei tempi in cui vissero i migliori artisti.
4. Lo scultore faceva finta di lavorare con lo scalpello.
5. Appena il cane si mise ad abbaiare, il tenore s'interruppe.

25-27

A. *Complete each sentence with the correct expression of the two in parentheses:*

1. Il poeta è molto (distratto, trascurato nel vestire).
2. Torna a casa (nel pomeriggio, a tarda ora).
3. Con la chiave cerca di (aprire, chiudere) la porta.
4. È (utile, inutile) bussare alla porta.
5. Accende un fiammifero (per vedere meglio, per accendere una sigaretta).
6. Chiama un signore che (conosce bene, passa per la strada).
7. Chiede al signore di (tenere il fiammifero, salire la scala).
8. Decide di passare la notte (con suo zio, con un amico).
9. In quel momento (si apre la finestra, si chiude la porta).
10. Il poeta si ricorda che la chiave è della casa (vecchia, nuova).

B. *Mark each of the following statements* T *(true) or* F *(false) according to the text:*

1. *Rigoletto* è una famosa opera di Rossini.
2. Il tenore disse al compositore che nella sua parte mancava un'aria.
3. L'aria che mancava era "La donna è mobile."
4. Verdi diede l'aria al tenore un mese prima della rappresentazione.
5. Il tenore trovò l'aria molto difficile.
6. Verdi disse: — Nessuno deve sentire l'aria prima della rappresentazione.
7. Il tenore la fece sentire a tutti i suoi amici.
8. "La donna è mobile" fu una vera sorpresa per tutti.

C. *Use each of the following expressions in an original sentence:*

1. uno dei maggiori compositori
2. aveva bisogno di
3. le opere più conosciute
4. una piccola valigia
5. prendere un po' d'aria
6. una mezz'ora dopo
7. con la valigia in mano
8. qualche cosa

D. *Answer the following questions with complete Italian sentences:*

1. Che cerca di aprire il poeta?
2. Perché è inutile bussare?

3. Perché la chiave non apre la porta?
4. Da quale opera viene l'aria "La donna è mobile"?
5. Quante persone sentirono l'aria prima della rappresentazione?
6. Secondo Lei, è difficile o è facile quest'aria?
7. Quali sono le quattro maggiori opere di Giacomo Puccini?
8. Come si chiama un altro compositore che abbiamo studiato?
9. Quando Puccini era giovane, era ricco o povero?
10. In che anno morì Giacomo Puccini?

E. *Translate the following into Italian:*

1. No one will hear him.
2. He tries to open the door.
3. His house is inhabited.
4. When are you coming out of the theatre?
5. There is still time.
6. He needs more coal.
7. She is going to get some air.
8. They missed (*lit.* lost) the train.

28–30

A. *Complete each of the following sentences:*

1. Donatello e Brunelleschi erano _____.
2. Donatello è considerato _____.
3. Uno dei migliori architetti _____.
4. Tutti e due fecero _____.
5. Brunelleschi disse che il crocifisso di Donatello _____.
6. Donatello rispose che è più facile criticare _____.
7. Brunelleschi invitò Donatello _____.
8. Per la strada comprò uova _____.
9. Quando Donatello vide il crocifisso di Brunelleschi _____.
10. Tutti e due questi crocifissi _____.

B. *List who wanted each of the following done:*

1. _____ voleva far dipingere le pareti.
2. _____ voleva far vedere la sua abilità.
3. _____ voleva far cantare l'aria.
4. _____ voleva far vedere il crocifisso.
5. _____ voleva far venire Giotto a Roma.

C. *Write sentences in Italian using each of the following expressions:*

1. uno scompartimento
2. il finestrino aperto
3. il finestrino chiuso
4. prenderò un raffreddore

5. due donne noiose
6. perde la pazienza
7. soffocherà l'una
8. dormire in pace

D. *Answer the following questions with complete Italian sentences:*

1. Chi è considerato il migliore scultore italiano prima di Michelangelo?
2. A chi mostrò Donatello il suo crocifisso?
3. Che disse Donatello quando vide il crocifisso di Brunelleschi?
4. Chi voleva far dipingere le pareti di San Pietro?
5. Dove abitava Giotto?
6. Come fece il circolo perfetto Giotto?
7. Il Papa lo fece venire a Roma?
8. Quante classi ha il treno italiano?
9. Perché sono noiose le due signore?
10. Chi perde la pazienza?

E. *Change the verbs in italics from the present to the past absolute:*

1. Donatello *resta* male.
2. Brunelleschi *se ne va* a casa.
3. L'amico *rimane* sorpreso.
4. Giotto *prende* un foglio di carta.
5. Il Papa *capisce* subito.

6. Lo *fa* venire a Roma.
7. Due signore *s'incontrano*.
8. Egli *apre* il finestrino.
9. La donna lo *chiude*.
10. Tutti *possono* dormire in pace.

31–33

A. *Rewrite the following paragraph, changing the verbs in italics to the present tense:*

Un lupo e un agnello *vennero* insieme a bere allo stesso fiume. Tutti e due *avevano* molta sete. Il lupo, di sopra, *beveva* a tutt'andare, mentre l'agnello, di sotto e lontano, *beveva* pian piano. Il lupo *guardava* l'agnello e come gli *passava* la sete gli *veniva* l'appetito. Con voce irata *gridò* all'agnello: — Tu m'intorbavi l'acqua mentre *bevevo*. Poi *lasciò* quello scusa e ne *prese* un'altra. — Perché *hai detto* male di me? E con questa scusa *saltò* sull'agnello e lo *mangiò*.

B. *Rewrite the following sentences completely in Italian:*

1. *The fox* incontra un mulo *in the woods.*
2. La volpe *is afraid* e fugge *at full speed.*
3. Racconta *to the wolf* che non sa *not even the name* della bestia.
4. La volpe *asks* il nome al mulo. — È scritto nel *right foot* di dietro.
5. La volpe *says:* — Non so *to read.* Il lupo invece dice: — *I know how* leggere.
6. Il mulo gli dà *a kick* che *kills him.*

C. *Complete each of the following sentences in Italian:*

1. I violini suonano _____.
2. Il trombone viene fuori con _____.
3. Il direttore ferma l'orchestra e _____.
4. Signor direttore, la nota è _____.
5. Impossibile, quella nota non _____.
6. Il trombone accenna la nota _____.
7. In quel momento la nota _____.
8. Il pover'uomo esclama _____.

D. *Answer the following sentences with complete Italian sentences:*

1. Chi beveva a tutt'andare?
2. Che gridò con voce irata il lupo?
3. Perché cercava scuse il lupo?
4. Che bestia sembra strana alla volpe?
5. Chi sa leggere bene?
6. Che cosa fa il mulo quando il lupo si avvicina?
7. È sempre saggio ogni uomo che sa leggere?
8. Con che viene fuori un trombone?
9. Che fa il direttore dell'orchestra?
10. Che c'era sulla pagina?

E. *Write the word or expression that means the opposite of each of the following:*

1. Beveva piano piano.
2. La volpe ha ancora paura.
3. Io ricordo tutto.
4. L'agnello è di sopra.

5. Egli disse bene di me.
6. Partono dalla casa.
7. Quell'uomo è stupido.

8. La nota ci è sempre stata.
9. La nota resta lì.
10. Ha capito tutto.

Idioms Used in the Text

(Listed in order of their occurrence)

ogni tanto   every once in a
while
per favore   please
fare attenzione   to pay attention
per caso   by chance
non c'è male   fairly well
prendere in giro   to make fun
of, confuse
Come va?   How is it?
farsi tagliare i capelli   to get a
haircut
in tempo   on time
fare il nome   to mention the
name
rispondere di sì   to answer yes
per molto tempo   for a long
time
far tardi a   to be late in
in fretta   in a hurry
aver paura   to be afraid
fare + inf.   to have someone
else do something
di buon cuore   kindhearted
sentirsi male   to feel ill
far la visita (a)   to examine
Che cosa ne faccio di?   What
shall I do with?
del resto   of course, after all,
indeed
di notte   at night
mettersi a   to begin to
sentire appetito   to feel hungry
guardare in su   to look up

niente d'importante   anything
(nothing) important
andare per i fatti suoi   to go
about one's own business
fare brutta figura   to make a
bad appearance (showing)
valer la pena (di)   to be
worthwhile (to)
mettere alla porta   to put
(*someone*) out
aver voglia di   to feel like
mettersi in testa   to get it into
one's head
stare ad ascoltare   to stand
listening
lasciar fare   to let (*someone*) go
on
aver ragione   to be right
aver torto   to be wrong
far finta di   to make believe
far cadere   to let fall, drop
fra sé   to himself
cercare di   to try to
rimanere a bocca aperta   to
be dumbfounded, gaping
cambiar di casa   to move
prendere un raffreddore   to
catch a cold
aver (molta) sete   to be (very)
thirsty
a tutt'andare   at full speed,
greedily
dir male di   to speak ill of, talk
against

3 Giulietta e Romeo e altre novelle

LUIGI DA PORTO / FRANCO SACCHETTI

GIULIETTA* E ROMEO
E ALTRE NOVELLE

1. IL CAPPONE[1] TAGLIATO PER[2] GRAMMATICA[3]

(Sacchetti 123)

I

Nel castello[4] di Pietrasanta,† vicino a Lucca,† c'era un
abitante[5] del castello che aveva nome Vitale.† Era un
brav'uomo, ricco e onesto.* Gli° morì la moglie, lasciandogli
un figliuolo[6] di venti anni e due figliuole,[7] l'una di sette e
5 l'altra di dieci anni. Il figlio si dimostrava[8] già buonissimo
studente, perciò il bravo padre decise di fargli studiare
legge,[9] e lo mandò a Bologna.† Mentre che il giovane era a
Bologna, il detto[10] Vitale prese moglie.

Col passar del tempo[11] Vitale cominciò ad aver[12] notizie[13]
10 di suo figlio, che era bravissimo[14] negli studi. Però aveva
bisogno di molti danari, quando[15] per i libri e quando per le
spese[16] per la sua vita.[17] Il padre gli mandava quando
quaranta e quando cinquanta fiorini[18]; ma la moglie di Vitale,
matrigna[19] del giovane, vedendo mandare danari così spesso,
15 cominciò a mormorare* e a dire al marito:

— Getta[20] via questi danari che ci sono! Mandi sempre
danari, e non sai a chi li mandi.

Dice il marito:

---

* *The asterisk indicates words that are alike or nearly alike in English
and Italian.* † *Use the same word in English.* ° *Do not translate words
marked* °.

[1] **cappone** capon. [2] **per** *here* = according to. [3] **grammatica** grammar.
[4] **castello** castle; *here* = town. [5] **abitante** inhabitant. [6] **figliuolo** son, child.
[7] **figliuola** daughter, child. [8] **dimostrare** to show. [9] **legge** law. [10] **detto**
aforesaid. [11] **col passar del tempo** as time went on. [12] **aver** *here* = to get,
receive. [13] **notizia** news. [14] **bravissimo** excellent. [15] **quando** *here* = now.
[16] **spesa** expense. [17] **vita** living. [18] **fiorino** florin (*a gold coin*). [19] **matrigna**
stepmother. [20] **gettare** to throw.

— Donna mia, che dici? Non pensi al bene²¹ che ne avremo? Se questo mio figliuolo diventerà²² giudice,²³ ne avremo grandissimo onore* per sempre.²⁴

Dice la donna:

5   — Non ne capisco niente di questo. Credo soltanto che questo figlio tuo a cui²⁵ mandi tanti danari sia²⁶ un corpo morto,²⁷ e che tu ti consumi²⁸ per lui.

E parlando sempre in questa maniera²⁹ la donna si era così abituata³⁰ a dire *corpo morto* che ogni volta che suo marito
10   mandava danaro o qualche altra cosa al figlio, era sempre pronta a dire:

— Manda, manda. Consumati bene per dare ciò che³¹ hai a questo tuo *corpo morto*.

Il giovane che studiava a Bologna venne a sapere che la
15   matrigna lo chiamava *corpo morto*. Lo tenne³² a³³ mente. Dopo parecchi anni di studio venne a Pietrasanta a vedere suo padre e il resto della famiglia. Il padre fu veramente³⁴ lieto³⁵ di vederlo e fece tirare il collo a un cappone³⁶ e lo fece mettere in forno. Invitò anche il prete. All'ora del
20   pranzo si misero a tavola: in capo³⁷ il prete; al suo lato il padre; poi la matrigna; poi le due ragazze, che erano da marito,³⁸ e poi il giovane studente. Venuto il cappone in tavola, la matrigna cominciò a mormorare al marito:

II

— Perché non gli dici di tagliare questo cappone per
25   grammatica, e vedrai se ha imparato qualche cosa?

Il marito, semplice³⁹ com'era, disse al figliuolo:

— A te tocca di tagliare⁴⁰; ma una cosa voglio: che tu lo tagli per grammatica.

---

²¹ **bene** good.   ²² **diventare** to become.   ²³ **giudice** judge.   ²⁴ **sempre** *here* = ever.   ²⁵ **cui** whom.   ²⁶ **sia** (*subjunctive*) is.   ²⁷ **morto** dead; **corpo** — "dead weight."   ²⁸ **consumarsi** to wear oneself out.   ²⁹ **maniera** manner. ³⁰ **abituarsi** to become accustomed.   ³¹ **ciò che** that which, what.   ³² **tenne** *past abs. of* **tenere**.   ³³ **a** *here* = in.   ³⁴ **veramente** really, truly.   ³⁵ **lieto** happy.   ³⁶ **fece tirare il collo a un cappone** he had the neck of a capon wrung. ³⁷ **in capo** at the head.   ³⁸ **erano da marito** (they) were of a marriageable age. ³⁹ **semplice**, simple, naïve.   ⁴⁰ **a te tocca di tagliare** it is up to you to carve.

Il giovane, che ha quasi[41] compreso il fatto,[42] dice subito:
— Molto volentieri.[43] — Mette il cappone innanzi a sé,
piglia[44] il coltello,[45] e tagliando la cresta,[46] la presenta al
prete dicendo:

5 — Voi siete nostro padre spirituale* e portate la chierica[47];
perciò vi do la chierica del cappone, cioè la cresta.
Poi tagliò il capo e lo diede al padre dicendo:
— Voi siete il capo della famiglia; perciò vi do il capo.
Poi tagliò le gambe[48] coi piedi, e le diede alla matrigna
10 dicendo:
— Voi dovete far le faccende di casa,[49] e andare su e giù, e
questo non si può fare senza le° gambe. Perciò vi do le
gambe e i piedi.
Poi tagliò le punte[50] delle ali,[51] le diede alle sorelle, e
15 disse:
— Queste due fra poco[52] usciranno di casa e voleranno[53]
via. Hanno bisogno di ali e perciò do loro queste. Io
confesso* che sono un *corpo morto*, e per mia parte mi
prenderò questo corpo morto. — E comincia a tagliare, e
20 mangia il resto del cappone.
La matrigna, che poco[54] poteva soffrire[55] il giovane, ora
non lo può soffrire affatto.[56] Dice pian piano al marito:
— Ora togli[57] la spesa che tu hai fatta.
Tutti vorrebbero[58] il cappone senza grammatica, spe-
25 cialmente il prete, che sembra malato guardando quella
cresta. Dopo pochi giorni, quando era per partire[59] per
Bologna, il giovane spiegò il perché aveva diviso[60] il
cappone in tal maniera; e specialmente dimostrò alla
matrigna il suo errore.[61] Se ne partì dagli altri e da lei con
30 amore[62]; ma forse ella diceva fra sé:
— Va', e spero che non ci tornerai mai più.

---

[41] **quasi** *here* = kind of.   [42] **fatto** *here* = idea.   [43] **volentieri** gladly.
[44] **pigliare** to take.   [45] **coltello** knife.   [46] **cresta** crest.   [47] **chierica** tonsure,
shaven crown.   [48] **gamba** leg.   [49] **far le faccende di casa** to do the
housework.   [50] **punta** tip, point.   [51] **ala** (*pl.* **ali**) wing.   [52] **fra poco** soon.
[53] **volare** to fly.   [54] **poco** *here* = scarcely.   [55] **soffrire** suffer, bear.   [56] **affatto** at
all.   [57] **togliere** *here* = to get back.   [58] **vorrebbero** *conditional of* **volere**.
[59] **era per partire** he was about to leave.   [60] **aveva diviso** (*pluperfect*) he had
divided.   [61] **errore** mistake, error.   [62] **amore** love, affection.

2. IL PIEVANO[63] DI GIOGOLI†

(Sacchetti 118)

I

Ci fu a Giogoli, presso[64] Firenze, un pievano che aveva un
servo il quale gli faceva tutte le faccende di casa, anche la
cucina. Era di[65] settembre, e il pievano aveva nell'orto[66] un
bel fico[67] che aveva molti bei fichi. Una mattina il pievano
5 dice al servo:
— Prendi quel canestro,[68] va' al tale fico nell'orto, e portami
dei fichi, perché ne vidi alcuni molto belli ieri.
Il servo prese un canestro e andò al fico, e quando salì
sull'albero vide che i fichi erano molto belli. Ce n'erano
10 molti che avevano la lagrima[69]; quando il servo coglieva[70]
uno di questi con la lagrima per mangiarlo, diceva:
— Non pianger no, ché[71] non ti mangerà il padrone, — e lo
mandava giù. A ogni fico con quella lagrima che mangiava
diceva: — Non pianger no, non ti mangerà il padrone, — e se°
15 li mangiava lui. Nel canestro metteva fichi duri o con la
bocca aperta,[72] che appena li avrebbero mangiati[73] i porci.[74]
Li portò al pievano, il quale vedendoli disse:
— Sono questi i fichi del fico che ti dissi?
Il ragazzo rispose di sì. Ed il pievano lo mandò parecchie
20 mattine, e non potè mai avere un buon fico. Una mattina,
dopo aver mandato il servo per i fichi, disse a un suo prete:
— Va' giù nell'orto, ma non ti far vedere dal servo, e vedi
quali fichi mi porta e quello che fa. Questi non sono certo
fichi di quel fico.
25 Il prete andò nell'orto, avvicinandosi quanto più poteva[75]
al fico dov'era il servo. Vide troppo bene che il ragazzo,
cogliendo i più bei fichi, se li mangiava dicendo a ciascuno[76]:

---

[63] **pievano** rector, pastor.   [64] **presso** near.   [65] **di** *here* = in.   [66] **orto** orchard.
[67] **fico** fig tree, fig.   [68] **canestro** basket.   [69] **lagrima** tear, drop of liquid (*an
indication that the fig is at its best*).   [70] **cogliere** to pick.   [71] **ché** for.   [72] **con
la** (*or* a) **bocca aperta** gaping, unfit for eating.   [73] **avrebbero mangiati**
(*conditional perfect*) would have eaten.   [74] **porco** hog.   [75] **quanto più poteva**
as much (*or* as far) as he could.   [76] **ciascuno** each one.

— Non pianger no, non ti mangerà il padrone.

Quando il prete ha veduto e udito[77] il fatto,[78] se ne va piano piano e torna al pievano e dice:

II

— Signore, ho una notizia veramente bella; il vostro buon
5 ragazzo va proprio al fico dove lo mandate. I bei fichi che voi vorreste[79] e che hanno la lagrima, se li mangia tutti lui. E poi si fa beffe[80] di voi, dicendo a ciascuno di quei fichi che gli viene tra le mani[81]: — Non pianger no, non ti mangerà il padrone, — e se li mangia tutti in questo modo.
10 Dice il pievano: — La notizia è veramente bella. Lo dicevo io che non poteva essere così. — E aspetta[82] l'amico che torna coi fichi. Eccolo tornare.[83] Il pievano scopre[84] il canestro e trova soltanto fichi duri e a bocca aperta. Domanda al ragazzo:
15 — Che fichi sono questi che mi hai portati per parecchie mattine?

Il ragazzo risponde:

— Signore, sono di quel fico a cui mi mandaste.

— È vero, ma di quelli che piangono non me ne tocca[85]
20 nessuno a me?

— Come, di quelli che piangono?

— Lo sai bene come hai consolato* quelli che avevano la lagrima. Sei stato così pietoso[86] del piangere[87] che facevano che li hai mangiati tutti.
25 Il ragazzo, vedendo che il pievano sapeva tutto, disse:

— Signor pievano: quello che facevo credevo di farlo[88] per vostro bene. Perché vi portavo i fichi divisi e a bocca aperta? Perché voi sempre li dividete quando li mangiate. Volevo risparmiarvi[89] questo lavoro. Per me, non ne divido mai
30 nessuno, e perciò li mangiavo interi.[90] L'altra ragione per

---

[77] **udire** to hear. [78] **fatto** *here* = event, truth. [79] **vorreste** *conditional of* **volere.** [80] **farsi beffe** to make fun. [81] **gli viene tra le mani** comes into his hands. [82] **aspettare** to wait, wait for. [83] **tornare** *here* = returning. [84] **scoprire** to uncover. [85] **toccare** to belong; **non me ne tocca nessuno a me?** don't I get any of them? [86] **pietoso** sorry. [87] **piangere** *here* = weeping. [88] **credevo di farlo** I thought I was doing (it). [89] **risparmiare** to spare, save. [90] **intero** whole.

cui[91] vi portavo quelli a bocca aperta, tenendo per me e
mangiando quelli della lagrima, è perché io conosco[92] che le
cose allegre[93] devono essere dei signori e le tristi[94] dei servi.
Io vi portavo i fichi lieti e che ridevano così bene con la bocca
5 aperta, e per me prendevo quelli tristi e con la lagrima.

3. IL CIECO[95] DA ORVIETO†

(Sacchetti 198)

I

Ci fu ad Orvieto, in Umbria,† un cieco che si chiamava
Cola.† Non era nato cieco, ma era barbiere quando era
giovane, e perdè la vista[96] quando aveva circa[97] trent'anni.
Non potendo vivere più con l'arte,[98] dovette chiedere
10 l'elemosina.[99] Ogni mattina restava fino[1] alle nove vicino
alla chiesa maggiore[2] di Orvieto e tutti gli facevano
l'elemosina.[3] In poco tempo riuscì a mettere insieme cento
fiorini, che portava segretamente[4] in una borsa.[5] Gli venne
in mente perciò una mattina di nascondere[6] la borsa dei
15 cento fiorini sotto un mattone[7] dietro alla porta della chiesa.
E così fece, credendo di esser solo.
Però c'era per caso nella chiesa un certo Juccio,† il quale
vide che Cola faceva qualche cosa. Aspettò, e non appena
partì Cola, subito andò dietro a quella porta. Vide che un
20 mattone non era bene a posto; con un coltello lo levò[8] e vide
la borsa. Subito la prese, mise il mattone a posto come
prima, e se ne andò a casa col denaro.
Dopo pochi giorni venne la voglia al cieco di sapere se il
suo denaro era ancora sotto il mattone. Quando credette di
25 esser solo, andò al mattone sotto il quale aveva nascosto[9]
il suo denaro e lo levò. Non trovando la borsa si sentì molto

---

[91] per cui *here* = why.   [92] conoscere realize.   [93] allegro merry.   [94] triste sad.
[95] cieco blind man.   [96] vista sight.   [97] circa about.   [98] arte trade.
[99] elemosina charity.   [1] fino a until.   [2] maggiore principal.   [3] far l'elemosina
to give alms.   [4] segretamente secretly.   [5] borsa purse.   [6] nascondere to
hide.   [7] mattone brick.   [8] levare to raise.   [9] aveva nascosto (*pluperfect*) he
had hidden.

male; ripose[10] il mattone a posto e se ne andò a casa
tristissimo.[11] Ci[12] pensò per lungo tempo e finalmente gli
venne un pensiero[13] acuto.[14] La mattina dopo chiamò un
suo ragazzo di nove anni e gli disse: — Vieni e menami[15] alla
5 chiesa.

Prima di uscire il padre lo chiamò nella sua camera e gli
disse:

— Vieni qua, figliuolo mio. Tu verrai con me alla chiesa.
Ti sederai vicino a me e guarderai molto bene tutti gli uomini
10 e le donne che passeranno. Terrai a mente se qualcuno che
passa mi guarda più degli altri, o se ride, o se fa qualche atto[16]
verso di° me. Lo saprai fare?

Il ragazzo rispose di sì. Così il cieco ed il fanciullo se
n'andarono alla chiesa. Il fanciullo stette[17] tutta quella
15 mattina a guardare ciascuno, e s'accorse che questo Juccio,
passando, guardò e sorrise[18] verso il cieco padre. Arrivata
l'ora di tornare a casa a pranzare, il cieco disse al ragazzo:

— Figliuolo mio, hai veduto niente di quello che ti ho
detto?

20 Il fanciullo rispose:

— Padre mio, io non ho veduto che una persona che vi
guardò e rise.

— Chi era?

— Io non so come si chiama, ma so che sta[19] qui presso.

25 — Mi sapresti[20] menare alla sua bottega[21] e dirmi se lo
vedi?

II

Il fanciullo rispose di sì. Il cieco disse subito:

— Menami là, e se tu lo vedi, dimmelo.[22] E quando parlo
con lui, allontanati[23] e aspettami.

30 Il figlio menò il padre alla bottega dove si vendeva

---

[10] **ripose** (*past abs. of* **riporre**) he put back. [11] **tristissimo** very sad. [12] **ci**
about it. [13] **gli venne un pensiero** he got an idea. [14] **acuto** clever.
[15] **menare** to take, lead. [16] **atto** gesture. [17] **stette** (*past abs. of* **stare**) (he)
stayed. [18] **sorridere** to smile. [19] **stare** to live. [20] **sapresti** (*conditional*)
would you know how. [21] **bottega** shop, store. [22] **dimmelo** (**di'** + **mi** + **lo**)
tell me so. [23] **allontanarsi** to draw aside.

formaggio. Appena il cieco sentì la voce, riconobbe²⁴ Juccio,
il quale conosceva da molto tempo. Il cieco gli disse che
voleva parlargli in un luogo segreto.* Juccio, quasi so-
spettando,* lo menò dietro alla bottega e gli domandò:

5   — Cola, che c'è di nuovo?²⁵
Cola gli disse:
— Fratello mio, io vengo a te perché sei un buon amico e
mi fido²⁶ molto di te. Come tu sai, è da parecchio tempo che
ho dovuto vivere d'elemosina. Per grazia di Dio e per

10   bontà²⁷ della gente di Orvieto, mi trovo²⁸ duecento fiorini;
cento sono in un luogo dove posso prenderli quando voglio, e
gli altri cento li hanno i miei parenti e li potrò avere fra otto
giorni.²⁹ Se tu vedi qualche modo di prendere questi
duecento fiorini e farmi qualche guadagno³⁰ per me e i miei

15   figliuoli, ne sarò molto contento. Però ti prego di non dir
niente a nessuno di quel che ti ho detto, perché tu sai che se
la gente sa che ho questi denari, non avrò più elemosine.
Juccio, udendo il cieco, s'immaginò³¹ che potrebbe³²
prendersi altri cento fiorini; perciò gli disse di fidarsi di lui e

20   di tornare la mattina dopo a prendere la risposta. Appena
che il cieco se ne andò, Juccio presto presto portò la borsa
alla chiesa e la mise sotto il mattone. Perché pensò che i
cento fiorini di cui parlava Cola erano appunto³³ i cento sotto
il mattone; e per prendersi gli altri cento fiorini andò a

25   riporre quelli. ⌐Cola d'altra parte s'immaginò che prima di
dare la risposta Juccio forse riporterebbe³⁴ i cento fiorini per
prendersi gli altri cento. Andò quel giorno stesso alla chiesa,
levò il mattone, e sotto vi trovò la borsa. Ripose subito il
mattone e se ne andò a casa contento.

30   Il giorno dopo andò da Juccio, che gli disse:
— Caro il mio Cola, ho deciso di fare ciò che domandi.
Cerca di avere i duecento fiorini, perché fra otto giorni farò

---

²⁴ **riconoscere** (*p.a.* **riconobbi**) to recognize.   ²⁵ **Che c'è di nuovo?** What's
new?   ²⁶ **fidarsi (di)** to have faith (in), trust.   ²⁷ **bontà** kindness.   ²⁸ **mi trovo**
here = I have.   ²⁹ **fra otto giorni** within a week.   ³⁰ **guadagno** gain, profit.
³¹ **immaginarsi** to imagine.   ³² **potrebbe** (*conditional*) he could.   ³³ **appunto**
precisely.   ³⁴ **riporterebbe** (*conditional*) would take back.

una compra di carne[35] salata[36] e di formaggio, e spero far qualche guadagno per me e per te.

III

Cola lo ringraziò[37] e disse:

— Voglio andare oggi stesso a prendere cento fiorini, e
5 forse anche gli altri cento, e te li porterò. Tu mi farai poi il guadagno che potrai.

Disse Juccio:

— Va' e torna presto, perché fra pochi giorni ci saranno qui soldati,[38] a cui piacciono[39] queste due cose. Va', perché
10 credo che potrò fare molto bene per te e per me.

Cola se ne andò. Il giorno dopo tornò da Juccio tutto triste. Questi,[40] vedendolo, gli domandò:

— Che vuol dir questo?[41]

— Povero me![42] — disse Cola. — Non ho trovato più i cento
15 fiorini; me li hanno rubati.[43]   E gli altri che hanno i miei parenti, chi dice che non li ha e chi non me li vuol dare.

— Questa è una vera sventura,[44] — disse Juccio, — perché dove credevo fare un guadagno, perderò cento fiorini e forse più. Il peggio[45] è che ho già quasi fatta la compra, e non so
20 come pagare.

— Mi dispiace moltissimo per te, ma per me ancora di più,[46] perché appena potrò vivere. Ma se Dio mi fa la grazia di avere mai qualche cosa, non la metterò in nessuna buca[47] né mi fiderò di nessuno, nemmeno di mio padre. Potrei
25 avere i cento fiorini dei miei parenti per mezzo[48] della giustizia.[49]   Ma se la gente sa che li ho, perderò l'elemosina, come ti ho detto. Perciò non sperare niente da me, poiché[50] la fortuna* ha voluto così. Per me, ti ringrazio lo stesso, poiché non è colpa tua[51] se non sei riuscito. Se riesco a
30 sapere chi mi ha rubato, ritornerò da te.

---

[35] **carne** meat.   [36] **salato** salted.   [37] **ringraziare** to thank.   [38] **soldato** soldier.
[39] **a cui piacciono** who like.   [40] **questi** the latter.   [41] **Che vuol dir questo?**
What does this mean?   [42] **Povero me!** Woe is me!   [43] **rubare** to steal.
[44] **sventura** misfortune.   [45] **peggio** worst.   [46] **ancora di più** even more.
[47] **buca** hole.   [48] **per mezzo di** by means of.   [49] **giustizia** law.   [50] **poiché**
since.   [51] **non è colpa tua** it is not your fault.

Disse Juccio:

—Va' e cerca in tutti i modi se puoi riuscire ad avere il tuo denaro; e se ci riesci, tu sai dove io sto, se hai bisogno di me. E così finì la compra del formaggio e della carne salata.

4. GIULIETTA E ROMEO

I

5 Nel tempo che Bartolomeo della Scala† era Signore[52] di Verona† vivevano in questa città due nobilissime[53] famiglie, i Cappelletti ed i Montecchi,[54] che furono nemici[55] per molti anni. Erano già morti tanti uomini dall'una parte[56] e dall'altra che dopo un certo tempo cessarono[57] di farsi del 10 male,[58] e senz'altra pace gran parte dei loro uomini parlavano insieme. Avvenne[59] un carnevale* che in casa di Antonio Cappelletti diedero molte feste[60] di giorno e di notte, e quasi tutta la città vi andava. A una di queste feste andò una notte un giovane dei Montecchi. Era molto giovane, 15 bellissimo, grande di persona,[61] e ben educato.[62] Quando si levò la maschera,[63] come facevano tutti gli altri, fece impressione* su tutti, tanto[64] per la sua bellezza,[65] quanto perché si trovava in quella casa. Specialmente fece impressione su una figlia di Antonio Cappelletti, la quale era 20 bellissima e graziosissima.[66] Fu tale l'impressione della bellezza del giovane, che non appena i loro occhi s'incontrarono, ella non fu più padrona di sé stessa.

Il giovane se ne° stava tutto solo, e rare volte[67] prendeva parte al ballo[68] o alla conversazione. Passata la mezzanotte[69] 25 s'incominciò il ballo del cappello, che si usava[70] alla fine[71]

---

[52] **signore** lord. [53] **nobilissimo** very noble. [54] **Cappelletti ed i Montecchi** Capulets and Montagues. [55] **nemico** enemy. [56] **parte** *here* = side. [57] **cessare** to cease, stop. [58] **farsi del male** to harm one another. [59] **avvenire** to happen: *here* = it happened during. [60] **festa** party. [61] **grande di persona** tall. [62] **educato** mannered. [63] **maschera** mask. [64] **tanto . . . quanto** as much . . . as, not only . . . but also. [65] **bellezza** beauty, good looks. [66] **graziosissimo** most charming. [67] **rare volte** rarely. [68] **ballo** dance. [69] **mezzanotte** midnight. [70] **usarsi** to take place; **si usava** was the custom. [71] **fine** end.

delle feste; nel quale tutti stanno in cerchio,[72] e cambiando,
l'uomo piglia la donna e la donna piglia l'uomo che vuole.
In questo ballo il giovane fu preso da una donna e fu lasciato
per caso proprio vicino alla fanciulla. Dall'altro lato della
5 fanciulla c'era un giovane che aveva sempre le mani
freddissime, così[73] di luglio come di gennaio. Quando
Romeo Montecchio (ché così si chiamava il giovane) giunse[74]
al lato sinistro[75] della donna e prese la sua bella mano, come
si usa in tal ballo, la giovane, forse vaga[76] di udirlo parlare,
10 subito gli disse:

— Benedetta[77] sia la vostra venuta[78] presso me, signor
Romeo.

Il giovane, che si era già accorto che ella lo guardava,
meravigliato[79] le disse:

15 — Come! benedetta la mia venuta?

Ed ella rispose:

— Sì, benedetta la vostra venuta presso me; almeno mi
terrete[80] calda la mano sinistra, poiché la destra è fred-
dissima.

20 Romeo, prendendo coraggio,[81] continuò:

— Se io con la mia mano riscaldo[82] la vostra, voi coi begli
occhi accendete[83] il mio cuore.

La donna, dopo un breve[84] sorriso,[85] gli disse:

— Io vi giuro,[86] Romeo, che non c'è donna qui che paia[87]
25 tanto bella ai miei occhi quanto voi.

E il giovane, già tutto acceso di[88] lei, rispose:

— Se non vi dispiace, sarò sempre fedele[89] alla vostra
bellezza.

II

Accesi dunque i due amanti di ugual[90] fuoco, cominciarono a
30 guardarsi con diletto,[91] quando in chiesa e quando a qualche

---

[72] **cerchio** circle. [73] **così ... come** as much ... as. [74] **giungere** (*p. a.* **giunsi**)
to arrive. [75] **sinistro** left. [76] **vago** desirous. [77] **benedetto** blessed,
welcome. [78] **venuta** arrival. [79] **meravigliato** amazed. [80] **terrete** *fut. of*
tenere. [81] **coraggio** courage. [82] **riscaldare** to warm. [83] **accendere** to
enkindle. [84] **breve** brief. [85] **sorriso** smile. [86] **giurare** to swear. [87] **paia**
(*pres. subj. of* **parere**) seems. [88] **di** *here* = by. [89] **fedele** faithful. [90] **uguale**
equal. [91] **diletto** delight.

in front of

finestra. Non erano mai felici,⁹² né l'uno né l'altro, se non
si vedevano. Ed egli specialmente si trovava così di lei acceso, che quasi tutta la notte stava solo dinanzi alla casa
dell'amata⁹³ donna, con grandissimo pericolo⁹⁴ della sua vita.

5 E qualche volta saliva sopra il balcone* della sua camera, e lì
ascoltava il suo bel parlare⁹⁵ senza essere⁹⁶ veduto; altre
volte restava nella strada. Una notte che la luna riluceva⁹⁷
più del solito, mentre Romeo stava per⁹⁸ salire sul balcone, la
giovane venne ad aprire quella finestra e lo vide. Lo

10 conobbe, e chiamandolo per nome gli disse:
— Che fate qui a quest'ora, così solo?
Ed egli rispose:
— Quello che Amor vuole.
— E se vi trovano, non potreste⁹⁹ facilmente morire?

15 — Madonna,¹ — rispose Romeo, — certo che potrei morire.
E ci morirò di certo qualche notte se non mi aiutate.² Ma
poiché in ogni altro luogo³ sono così presso alla morte⁴ come
qui, cerco di morire più vicino che possa⁵ alla vostra persona,
con la quale bramerei⁶ di vivere sempre. Nulla si può

20 bramare più di quel che io bramo voi. E perciò se a voi piace
di esser mia, come io desidero di esser vostro, lo farò
volentieri. E nessuno mi potrà mai togliere⁷ da voi. — E
detto questo, si misero d'accordo⁸ di parlarsi un'altra notte e
ciascuno se ne andò dal luogo dove era.

25 Il giovane andò molte volte per parlarle, e una sera che
cadeva molta neve, la donna prese tanta pietà⁹ di lui che
decisero di sposarsi¹⁰ in segreto, in presenza di frate¹¹
Lorenzo. Questo frate era un uomo molto intelligente, e
grande amico di Romeo. Il giovane andò a trovarlo e gli

30 disse quanto bramava di sposare l'amata giovane; e che erano
d'accordo che lui solo doveva sapere il loro segreto e poi
cercare di convincere* il padre di lei.¹² Il frate ne fu molto

---

⁹² felice happy. ⁹³ amato beloved. ⁹⁴ pericolo danger. ⁹⁵ parlare speech.
⁹⁶ essere *here* = being. ⁹⁷ rilucere to shine. ⁹⁸ stare per to be about to.
⁹⁹ *conditional of* potere. ¹ madonna my lady. ² aiutare to help. ³ luogo
place. ⁴ morte death. ⁵ più vicino che possa as near as I can. ⁶ bramare to
yearn, crave. ⁷ togliere to take away. ⁸ mettersi d'accordo to come to an
agreement. ⁹ pietà pity. ¹⁰ sposarsi to get married. ¹¹ frate friar. ¹² di lei
her.

PRETENDING

contento, tanto perché non poteva negare[13] nulla a Romeo
quanto perché desiderava veder la pace fra le due case.
Così la giovane, fingendo[14] di volersi confessare,* andò un
giorno da frate Lorenzo.   Allora in presenza del frate Romeo
5 sposò la bella giovane.   *THEY WAITED*
Divenuti segretamente marito e moglie, aspettarono di
trovar modo di convincere il padre della donna, perché
sapevano che era molto contrario ai loro desideri.[15]   Av- *HAPPENED*
venne però, che invece di far pace, i Montecchi ed i
10 Cappelletti diventarono più nemici, tanto che una volta
vennero alle mani[16] per la strada.   Romeo combatteva,[17] ma
cercava di non ferire[18] nessuno della casa della sua donna.
Alla fine però, vinto dall'ira[19] perché molti dei suoi erano
feriti, uccise[20] colui che pareva il più fiero[21] dei suoi nemici.
15 Per questo Romeo fu bandito[22] per sempre da Verona.

OVERCOME,   CONQUERED

III

La misera[23] giovane, vedendo queste cose, piangeva di
continuo,[24] e soffriva molto di più perché non poteva scoprire   *SUFFERED   REVEAL*
il suo dolore[25] a nessuno.   Il giovane, non potendo andare da
lei, andò dal frate, che trovò il modo di farli incontrare.
20 Assai[26] piansero la loro sventura, ed alla fine diss'ella:
—Che farò io senza di voi?   Non ho più desiderio di
vivere.   Sarebbe meglio venire con voi, dovunque[27] andiate.
Mi vestirò da uomo e verrò con voi come servo.
— Moglie mia cara, — le disse Romeo, — quando verrete
25 con me non sarà mai altro che come mia signora.   Ma poiché
sono certo che la pace fra noi si farà, resterete senza me
soltanto per poco tempo.   E se le cose non succedono come
penso io, prenderemo qualche altro partito.[28]
Dopo poco tempo Romeo se ne andò a Mantova,* ma prima

---

[13] **negare** refuse.   [14] **fingere** to pretend.   [15] **desiderio** desire.   [16] **venire alle
mani** to come to blows.   [17] **combattere** to fight.   [18] **ferire** to wound.   [19] **ira**
anger.   [20] **uccidere** (*p. a.* **uccisi**) to kill.   [21] **fiero** fierce.   [22] **bandire** to banish.
[23] **misero** miserable, wretched.   [24] **di continuo** continually.   [25] **dolore** grief,
sorrow.   [26] **assai** very much.   [27] **dovunque** wherever.   [28] **partito** course,
decision.

di partire disse al servo della donna di far sapere subito al frate ogni cosa d'importanza.

Romeo era partito da molti giorni e la giovane piangeva sempre. La madre, che teneramente[29] l'amava, le parlava e
5 le domandava la ragione del suo pianto.[30] La giovane dava sempre deboli[31] ragioni del pianto, perciò la madre ne parlò al marito e disse:

—Signor[32] Antonio, vedo già piangere da molti giorni questa nostra fanciulla e non posso scoprirne il perché.
10 Forse avrà voglia di maritarsi[33] e per vergogna[34] non lo dice. Perciò direi che sarebbe bene darle marito, perché ha già finito i diciotto anni; e le donne, quando passano i diciotto, cominciano a perdere la loro bellezza. Vediamo di[35] darle un bravo marito.

15 Il signor Antonio rispose che sarebbe bene maritarla, e dopo pochi giorni cominciò a trattar le nozze[36] con uno dei conti[37] di Lodrone.† Quando lo seppe la giovane, pianse ancora di più. La madre le chiese:

— Ma dunque[38] non ne sarai contenta?
20 Ella rispose di no. La madre soggiunse[39]:

— Che vorresti dunque?

— Vorrei morire, non altro, — rispose la giovane.

La madre comprese[40] allora che la figliuola era già accesa d'amore.[41] Se ne andò dal marito e gli diede la risposta della
25 fanciulla. Il signor Antonio rimase molto dispiaciuto. Fece venire la ragazza e le domandò:

— Giulietta (ché così era il nome della giovane), io sto per maritarti[42] in una nobile famiglia; non ne sarai contenta?

La giovane rispose:
30 — Padre mio, no, che° io non ne sarò contenta.

— Vuoi dunque entrare in un convento?*

---

[29] **teneramente** tenderly.   [30] **pianto,** weeping.   [31] **debole** weak, feeble. [32] **signore** master.   [33] **maritarsi** to marry, get married.   [34] **vergogna** shyness, shame.   [35] **di** *here* = about.   [36] **trattar le nozze** (to arrange a marriage), discuss a wedding.   [37] **conte** count.   [38] **dunque** then, therefore. [39] **soggiungere** (*p. a.* **soggiunsi**) to add.   [40] **comprendere** (*p. a.* **compresi**) to understand.   [41] **acceso d'amore** in love.   [42] **sto per maritarti** I'm about to arrange your marriage.

— No, signore; — e si mise a piangere.

— Lo so che non vuoi entrare in un convento; dunque rassegnati[43] perché intenda di darti in moglie[44] a uno dei conti di Lodrone.

5 La giovane gli rispose: — Spero che questo non sarà mai. Il padre, molto turbato, la lasciò con la madre. La giovane disse al servo, che aveva nome Pietro, tutto ciò che il padre le disse, e giurò in presenza di lui[45] che ella volentieri berrebbe[46] il veleno[47] prima di prendersi altri[48] che Romeo 10 per marito. Pietro, per mezzo del frate, avvisò[49] Romeo, il quale scrisse alla Giulietta di non consentire* e di non palesare[50] il loro amore; perché senza dubbio[51] fra otto o dieci giorni egli troverebbe il modo di levarla di casa del padre.

IV

15 Il padre e la madre però, continuavano a preparare le nozze. La giovane, non sapendo che fare, decise di andare da frate Lorenzo. Disse alla madre perciò, che voleva andare a confessarsi, e la madre, contenta, la menò da frate Lorenzo. Appena che si allontanò la madre, la giovane raccontò tutto il 20 suo dolore al frate, pregandolo di aiutarla. Il frate le chiese:

— Che posso fare io, figliuola mia, in questo caso?

Disse la triste giovane:

— Padre, io so che sapete molte cose e mi potete aiutare in tante maniere, se vi piace. Ma se non mi volete fare altro 25 bene, almeno datemi tanto veleno che io possa[52] togliere me da tanto dolore e Romeo da tanta vergogna; altrimenti[53] con un coltello mi ucciderò.

Frate Lorenzo, udendo che era risoluta[54] ad uccidersi, le disse così:

30 — Vedi, Giulietta, perché io amo te e Romeo insieme, mi

---

[43] **rassegnarsi** to resign oneself.   [44] **dare in moglie** to give in marriage.   [45] **di lui** his.   [46] *conditional of* **bere.**   [47] **veleno** poison.   [48] **altri** anyone else. [49] **avvisare** to notify.   [50] **palesare** to reveal.   [51] **dubbio** doubt.   [52] **possa** *pres. subj. of* **potere.**   [53] **altrimenti** otherwise.   [54] **risoluto** determined.

disporrò[55] a far una cosa che non feci mai per nessun altro. Mi devi promettere però, di non far mai il mio nome.

Al quale la giovane rispose:

— Padre, datemi pure[56] questo veleno, ché nessun altro
5 mai lo saprà.

Ed egli a lei:

— Veleno non ti darò io, figliuola. Ma se hai il coraggio di fare una cosa che io ti dirò, sono sicuro[57] che ti guiderò dinanzi al[58] tuo Romeo. Io ti darò una polvere; quando
10 l'avrai bevuta[59] ti farà dormire per quarantotto ore, su per giù,[60] di tal modo[61] che qualsiasi[62] medico ti giudicherà[63] morta. Tu sarai senza dubbio seppellita[64] nella tomba* dei tuoi Cappelletti, nel nostro cimitero.* Io, quando sarà tempo di venire, verrò a levarti dalla tomba e ti terrò[65] qui
15 finché[66] potrò guidarti dinanzi a tuo marito, il° che sarà fra poco. Ma dimmi, non avrai paura del corpo di tuo cugino, che poco tempo fa fu seppellito lì dentro?

La giovane, già tutta lieta, disse:

— Padre, se per tal via[67] potrò andare da Romeo, non avrò
20 paura di niente.

— Bene, dunque, — diss'egli. — Poiché sei così disposta,[68] sono contento d'aiutarti. Ma prima di fare alcuna cosa, mi sembra che dovresti scrivere a Romeo la cosa intera di tua mano.[69] Io so che egli ti ama tanto che, se ti crede morta,
25 potrebbe fare qualche brutta cosa per disperazione.[70] Mandami la lettera ed io la manderò a Mantova per mezzo di una persona fidata.[71] — E detto questo il buon frate lasciò la giovane per poco tempo e subito ritornò con una polvere e disse:

30 — Prendi questa polvere, e, quando vorrai, la berrai senza paura, con acqua fredda, tra le tre e le quattro di notte.

---

[55] **disporsi** to be disposed.   [56] **pure** *here* = just.   [57] **sicuro** sure.   [58] **dinanzi a** before.   [59] **avrai bevuta** (*future perfect*) *here* = you drink.   [60] **su per giù** approximately, more or less.   [61] **di tal modo** in such a way.   [62] **qualsiasi** any . . . whatever.   [63] **giudicare** to judge, pronounce.   [64] **seppellire** to bury.   [65] **terrò** *fut. of* **tenere.**   [66] **finché** until.   [67] **via** way.   [68] **disposto** (*p. p. of* **disporre**) disposed.   [69] **di tua mano** in your own handwriting.   [70] **disperazione** despair.   [71] **fidato** trustworthy.

Comincerà ad operare[72] intorno alle[73] sei, e il nostro
disegno[74] ci riuscirà di certo. Ma non dimenticare di
mandarmi la lettera che devi scrivere a Romeo, ché importa
assai.[75]

5 La Giulietta prese la polvere e ritornò alla madre tutta
lieta, dicendole:
— Veramente madre, frate Lorenzo è il migliore confessore* del mondo. Mi ha reso[76] così lieta che non mi
ricordo la passata tristezza.[77]

10 Madonna Giovanna, divenuta men triste, rispose:
— Bene! Qualche volta farai contento anche lui con
l'elemosina; perché sono poveri frati. — E così parlando se
ne vennero a casa loro.

V

La famiglia del conte di Lodrone voleva vedere la giovane, e
15 poiché madonna Giovanna non poteva viaggiare, due zie
accompagnarono la giovane a una villa[78] del padre poco fuori
della città. Giulietta portò con sé la polvere. Verso le
quattro della notte chiamò la sua serva e si fece dare un
bicchiere d'acqua fredda. Ci mise dentro la polvere e la
20 bevve tutta. Poi, in presenza della serva e di una delle zie
che si era svegliata, disse:
— Mio padre certo non mi darà marito contro mia voglia.
Le donne non sospettarono nulla e tornarono a dormire.
Giulietta, spento[79] il lume, si levò dal letto e si vestì. Poi
25 tornò a letto, vi compose sopra il corpo il meglio che seppe e
mise le mani in croce[80] sopra il suo bel petto.[81] La mattina,
la giovane fu trovata sopra il letto nella posizione che vi ho
detto, con le mani in croce. La serva e le zie cercarono di
svegliarla, ma trovandola già fredda, si ricordarono del-
30 l'acqua, della polvere, e delle sue parole. Giudicarono

---

[72] **operare** to work. [73] **intorno a** around. [74] **disegno** plan, design.
[75] **importa assai** it is very important. [76] **reso** p. p. of **rendere**. [77] **tristezza**
sadness. [78] **villa** country estate. [79] **spento** (p. p. of **spengere**) having put
out. [80] **mettere le mani in croce** to cross one's arms. [81] **petto** bosom.

perciò che la polvere era veleno e che lei senza dubbio era
morta.   Il pianto delle donne fu grandissimo, e specialmente
della serva, la quale spesso per nome chiamandola diceva:

— O madonna, questo è quello che dicevate: Mio padre
5 contro mia voglia non mi mariterà. O misera me! Perché
non mi lasciaste morire con voi; ché così com'io ho vissuto[82]
sempre volentieri con voi, così anche volentieri con voi sarei
morta! O madonna! Io con le mie mani l'acqua vi portai! —
E così dicendo abbracciava[83] la giovane, che sembrava
10 morta.

Messer Antonio, il quale non era lontano, tutto tremante[84]
corse nella camera della figliuola.   Quando la vide sopra il
letto ed intese quello che era successo, subito mandò per un
suo medico a Verona, un medico che giudicava molto
15 intelligente e pratico.[85]   Il medico venne, la vide, la toccò, e
disse che era già passata da questa vita da sei ore.   Il padre,
vedendo questo, pianse amaramente.[86]   La triste notizia di
bocca in bocca[87] giunse all'infelice[88] madre, la quale cadde
come morta.   Quando riprese i sensi,[89] chiamando per nome
20 l'amata figliuola, empiva[90] il cielo di lamenti[91] dicendo:

— Come hai potuto lasciarmi, o mia figliuola, senza dar
modo alla tua misera madre di udire le ultime tue parole? O
carissime donne, che siete a me presenti, aiutatemi a morire.

— E non cessava di piangere.

25 La giovane fu tolta dal luogo dov'era e portata a Verona,
nella tomba dei Cappelletti.   Frate Lorenzo, il quale per
affari importanti dovette andare fuori della città, diede la
lettera di Giulietta ad un frate che andava a Mantova.   Questi
andò due o tre volte alla casa di Romeo e non lo trovò.   Non
30 voleva però lasciare la lettera a nessun altro che a Romeo.
Perciò l'aveva ancora lui quando Pietro, non trovando frate
Lorenzo, pensò di portare lui stesso a Romeo la triste notizia.
Andò a Mantova e, trovato Romeo, piangendo gli raccontò in
che modo Giulietta era morta.   Romeo, udendo questo,

---

[82] **vissuto** *p.p. of* vivere.   [83] **abbracciare** to embrace.   [84] **tremante** trembling.
[85] **pratico** experienced.   [86] **amaramente** bitterly.   [87] **di bocca in bocca** from
mouth to mouth.   [88] **infelice** unhappy.   [89] **riprendere i sensi** to regain
consciousness.   [90] **empire** to fill.   [91] **lamento** lamentation.

divenne[92] pallido[93] come un morto e tirò fuori[94] la spada[95]
per uccidersi. Trattenuto[96] da molti disse:

VI

— La mia vita in ogni modo[97] non può essere molto più
lunga, poiché la mia propria vita è morta. O Giulietta mia,
5 io solo sono stato la cagione[98] della tua morte, perché non
venni a levarti dal padre, come ti scrissi. Tu, per non
abbandonarmi, volesti morire, ed io per paura della morte
viverò solo? Questo non sarà mai.

Poi mandò via Pietro. Si vestì da contadino, prese una
10 piccola bottiglia[99] di veleno, e andò verso Verona. Pensava
che, o sarebbe preso dalla giustizia e messo a morte, o
giungerebbe nella tomba per morire con la sua donna.
Arrivò in Verona senza essere riconosciuto da nessuno.
Aspettò la notte e andò nel cimitero. Arrivato presso alla
15 tomba, Romeo con gran forza[1] alzò la pietra[2] che la copriva e
vi entrò dentro. Aveva con sé un lume per vedere la sua
donna. Quando vide la sua bella Giulietta, piangendo
amaramente cominciò:

— Occhi che foste chiare luci agli occhi miei! O bocca, da
20 me mille volte dolcemente[3] baciata![4] Come senza di voi
vedo, parlo, e vivo? — E così dicendo le baciava gli occhi e la
bocca. Poi prese la bottiglia di veleno che aveva con sé e
parlando continuò:

— Io non so qual destino* mi conduca[5] a morire nella
25 tomba dei miei nemici. Ma poiché, o anima mia, è così dolce
morire presso alla donna nostra, ora moriamo! — E bevve
tutto il veleno. Poi prese l'amata giovane nelle braccia e,
tenendola molto stretta,[6] aspettava la morte.

Era già l'ora che la polvere doveva cessare di operare.

---

[92] **divenire** (*p. a.* **divenni**) to become.   [93] **pallido** pale.   [94] **tirar fuori** to draw.
[95] **spada** sword.   [96] **trattenuto** (*p. p. of* **trattenere**) restrained.   [97] **in ogni
modo** in any case.   [98] **cagione** cause.   [99] **bottiglia** bottle.   [1] **forza** strength,
force.   [2] **pietra** stone.   [3] **dolcemente** sweetly.   [4] **baciare** to kiss.   [5] **condurre**
(*pres.* **conduco**) to lead.   [6] **stringere** (*p. p.* **stretto**) to hold tightly, clasp.

Perciò Giulietta, stretta da Romeo, si svegliò nelle sue braccia; e, ripresi i sensi, dopo un gran sospiro[7] disse:

— O misera me, dove sono? Chi mi stringe? Chi mi bacia?

5 Romeo, sentendo la donna viva, si meravigliò molto e chiese:

— Non mi conoscete, o dolce donna mia? Non vedete che io sono il vostro triste sposo, venuto solo e segretamente da Mantova per morire con voi?

10 La° Giulietta, vedendosi nella tomba e tra[8] le braccia di Romeo, lo baciò mille volte dicendo:

— Quale sciocchezza[9] vi fece entrare qui dentro con tanto pericolo? Non vi bastava che aveste inteso per le mie lettere che io, con l'aiuto[10] di frate Lorenzo, mi dovevo fingere 15 morta,[11] e che fra poco sarei con voi?

Allora il triste giovane, accorto del suo grande sbaglio, incominciò:

— O misero me! O sventurato[12] Romeo! Io non ho avuto vostre lettere! — E qui le raccontò come Pietro gli disse che 20 ella era veramente morta; e che lui prese il veleno presso di lei per farle compagnia.[13] Ed ora sentiva che il veleno cominciava a mandare la morte per tutto il corpo. La sventurata fanciulla, udendo questo, restò così vinta[14] dal dolore che spargeva[15] un mare di lagrime[16] sopra Romeo; e 25 pallida più che la morte e tutta tremante disse:

— Dunque nella mia presenza e per mia cagione[17] dovete morire, signor mio? ed il cielo concederà[18] che io viva dopo di voi? Misera me! almeno potessi[19] dare a voi la mia vita, e sola morire!

30 Il giovane con debole voce rispose:

---

[7] **sospiro** sigh; **un gran sospiro** a deep sigh. [8] **tra** *here* = in. [9] **sciocchezza** foolishness. [10] **aiuto** help. [11] **mi dovevo fingere morta** I was to pretend that I was dead. [12] **sventurato** unfortunate. [13] **far compagnia a qualcuno** to keep someone company. [14] **vinto** (*p. p. of* **vincere**) overcome. [15] **spargere** to shed. [16] **un mare di lagrime** a flood of tears. [17] **per mia cagione** on my account. [18] **concedere** to permit, allow. [19] **potessi!** would that I could!

VII

— Se il mio amore vi fu caro, per quello vi prego che dopo
me non vi dispiaccia[20] la vita, almeno per poter pensare di
colui che, tutto acceso della vostra bellezza, dinanzi ai bei
vostri occhi si muore.

5   A questo la donna rispose:

— Se voi per la mia finta morte morite, che debbo fare io
per la vostra non finta morte? Spero che non passerà molto[21]
che, come sono stata cagione, così sarò compagna della vostra
morte.

10   In questo tempo frate Lorenzo, sapendo che la forza della
polvere stava per finire, venne con un suo fidato compagno
nella tomba un'ora prima del giorno.[22] Giungendo e udendo
che ella piangeva, le chiese: *ARRIVING*

— Dunque temevi,[23] figliuola mia, che io ti lasciassi[24] mo-
15 rire qui dentro?

Ed ella, udendo il frate rispose:

— Anzi temo che voi non mi portiate via di qua viva. Per
la pietà di Dio,[25] coprite di nuovo la tomba ed andatevene.
O piuttosto,[26] datemi un coltello, che io mi possa togliere da
20 questo dolore. O padre mio! O padre mio! Ben[27] mandaste
la lettera, ben sarò io maritata, ben mi guiderete a Romeo!
Vedetelo qui nelle mie braccia già morto. — E gli raccontò
tutto il fatto. Frate Lorenzo, sentendo queste cose, stava
come fuori di sé[28]; e guardava il giovane, il quale stava per
25 passare da questa all'altra vita. Romeo alzò alquanto[29] gli
occhi, e, veduta la sua donna, li richiuse.[30] Poco dopo con
un breve sospiro si° morì.

Dopo molto pianto disse il frate alla giovane:

— E tu, Giulietta, che farai?

30   Questa subito rispose: — Morirò qui dentro.

— Come, figlia mia! — diss'egli, — non dire questo.

---

[20] **dispiaccia** (*pres. subj. of* **dispiacere**).   [21] **molto** *here* = much time.
[22] **prima del giorno** before daybreak.   [23] **temere** to fear.   [24] **lasciassi** (*past
subj.*) might leave.   [25] **per la pietà di Dio** for the love of Heaven.
[26] **piuttosto** rather.   [27] **ben** indeed.   [28] **fuori di sé** beside himself.
[29] **alquanto** somewhat, a little.   [30] **richiudere** (*p. a.* **richiusi**), to close again.

Benché io non sappia che fare o dire, pure potrai sempre entrare in qualche convento, e lì pregare sempre per te e per il morto tuo sposo, se ne ha bisogno.

La donna gli disse: — Padre, altro non vi domando che questa grazia, la quale, per l'amore che voi portaste alla felice memoria di costui[31] (e gli mostrò Romeo) mi farete volentieri: e questo sarà di non <u>palesare</u> mai la nostra morte, affinché[32] i nostri corpi possano stare sempre insieme in questa tomba. E se per caso si saprà come siamo morti, pregherete i nostri miseri padri, in nome di noi due, di lasciare in una stessa tomba quelli i quali Amore guidò ad una stessa morte.

Poi si volse[33] al corpo di Romeo, chiuse meglio gli occhi, e bagnandogli[34] il freddo volto[35] di lagrime, disse:

— Che devo io più fare in vita senza te, signor mio? e che altro mi resta, se non con la mia morte seguirti?[36] La morte, che sola mi poteva separare da te, non mi potrà più separare.

Detto questo, raccolse[37] a sé il fiato,[38] lo tenne alquanto, e poi mandandolo fuori con un gran grido,[39] cadde morta sopra il morto corpo.

EXERCISES

1. Il cappone tagliato per grammatica

A. *Explain the following expressions in Italian:*

1. aveva nome	6. fece tirare il collo
2. prese moglie	7. le faccende di casa
3. la matrigna	8. fra poco
4. diventerà giudice	9. dice pian piano
5. lo tenne a mente	10. spiegò il perché

B. *Rewrite the following sentences completely in Italian:*

1. Vediamo se *he has learned* qualche cosa *at the university.*
2. *It's up to you* di tagliare *the capon.*

---

[31] **costui** this one. [32] **affinché** in order that. [33] **volgersi** to turn. [34] **bagnare** to bathe. [35] **volto** face. [36] **seguire** to follow. [37] **raccogliere** (*p. a.* **raccolsi**) to draw. [38] **fiato** breath. [39] **grido** cry.

3. Diede *the crest* al prete e *the head* a suo padre.
4. Poi tagliò *the tips of the wings* e *gave them* alle sorelle.
5. Alla matrigna che deve *to do the housework* diede *the legs and the feet.*
6. Egli *will take* il corpo morto. Così dimostrò *to the step-mother* il suo errore.

C. *Answer the following questions with complete Italian sentences:*

1. Quanti figli aveva Vitale?
2. Che studiava il figlio a Bologna?
3. Che fece Vitale mentre il figlio era all'università?
4. La matrigna aveva piacere di mandare il denaro al figlio?
5. Che venne a sapere il giovane?
6. Perché presenta la cresta al prete?
7. Perché diede il capo al padre?
8. Perché diede le gambe e i piedi alla matrigna?
9. Perché diede le punte delle ali alle sorelle?
10. Che parte del cappone prese il giovane?

D. *Complete the following sentences in Italian:*

1. Morì la moglie e lasciò un figliuolo _____.
2. Il padre decise di fargli _____.
3. Il figlio aveva bisogno di _____.
4. La moglie di Vitale era _____ del giovane.
5. Credo che questo tuo figlio sia _____.
6. Il figlio venne a Pietrasanta dopo _____.
7. Perché non gli dici di _____ per grammatica?
8. Dice alla matrigna: — Voi dovete far _____.
9. Queste due sorelle fra poco usciranno di casa e _____.
10. Comincia a tagliare e mangia _____.

2. Il pievano di Giogoli

A. *Explain the following expressions in Italian:*

1. presso Firenze
2. era di settembre
3. mandava giù il fico
4. non ti far vedere dal servo
5. si fa beffe
6. eccolo tornare
7. Non me ne tocca nessuno?
8. li mangiavi interi
9. quelli della lagrima
10. i fichi a bocca aperta

B. *Rewrite the following paragraph, changing the verbs in italics to the imperfect tense:*

Il servo del pievano *fa* tutte le faccende di casa.   Il pievano *ha* nell'orto un bel fico.   Di settembre *manda* il servo a cogliere i fichi.   Il servo *prende* un canestro e *va* al fico.   Mentre *coglie* i fichi, *mangia* quelli con la lagrima e *mette* i duri nel canestro.   Poi *porta* i duri e quelli con la bocca aperta al pievano.   Il pover'uomo non *può* mai avere un buon fico.

C. *Answer the following questions with complete Italian sentences:*

1. Che notizia porta il prete al pievano?
2. Come si fa beffe del pievano il ragazzo?
3. Come sono i fichi nel canestro?
4. Perché portava i fichi duri e a bocca aperta?
5. Il ragazzo perché mangiava quelli interi?
6. Secondo il ragazzo, per chi sono le cose allegre?
7. Quali fichi sono lieti?
8. Quali fichi sono tristi?

D. *Complete the following sentences in Italian:*

1. Il pievano aveva un servo che gli faceva _____.
2. Nell'orto c'era un bel fico che aveva _____.
3. C'erano molti fichi che avevano _____.
4. Nel canestro metteva i fichi duri che appena li _____.
5. Va' giù nell'orto e vedi quali fichi _____.
6. Si fa beffe di voi dicendo _____.
7. Sì, signore, sono di quel fico a cui _____.
8. Quello che facevo credevo di farlo _____.
9. Volevo risparmiarvi _____.
10. So bene che le cose allegre devono essere _____.

3.   Il cieco da Orvieto

I

A. *Answer the following questions with complete Italian sentences:*

1. Come si chiamava il cieco?
2. Che faceva Cola quando era giovane?

3. Dove andava per chiedere l'elemosina?
4. Dove gli venne in mente di nascondere il suo denaro?
5. Chi c'era per caso nella chiesa?
6. Chi prese la borsa del cieco?
7. Come si sentì Cola quando non trovò la borsa sotto il mattone?
8. Che disse il cieco al figliuolo di nove anni?
9. Che cosa fece Juccio quando passò davanti a Cola?
10. È lontana la bottega di Juccio?

B. *Mark each of the following statements* **T** *(true) or* **F** *(false) according to the text:*

1. Il fanciullo chiedeva l'elemosina davanti alla chiesa.
2. La moglie di Cola l'accompagnò alla bottega di Juccio.
3. Il cieco voleva parlare con Juccio in presenza di tutti.
4. Un parente di Cola gli diede duecento fiorini.
5. Juccio vendeva fichi e pere nella sua bottega.
6. Juccio non andò mai a riporre i fiorini sotto il mattone.
7. Il giorno dopo Cola mandò il fanciullo a levare il mattone e prendere il denaro.
8. Cola voleva il denaro per fare una compra di carne salata e di formaggio.
9. Juccio rimase contento quando Cola trovò i suoi cento fiorini.
10. Cola aveva paura che perderebbe l'elemosina.

C. *Complete the following statements with an infinitive:*

1. Riuscì a _____ insieme cento fiorini.
2. Decise di _____ la borsa sotto un mattone.
3. Quando credette di _____ solo, tornò nella chiesa.
4. Prima di _____, chiamò il figliuolo nella sua camera.
5. Da parecchio tempo Cola ha dovuto _____ d'elemosina.
6. Juccio s'immaginò che potrebbe _____ altri cento fiorini.
7. Disse a Cola di _____ la mattina dopo.
8. Juccio disse che credeva _____ qualche guadagno.
9. Se Cola riesce a _____ chi lo ha rubato, tornerà da Juccio.
10. Per Juccio è inutile _____; Cola non tornerà.

II

A. *Find in the second column the English equivalent for each Italian sentence:*

1. Non era nato cieco.
2. Tutti gli facevano l'elemosina.
3. Gli venne in mente di nascondere la borsa.
4. Nella chiesa c'era per caso Juccio.
5. Vieni e menami alla bottega.
6. Terrai a mente chi mi guarda.
7. So che sta qui presso.
8. Ti prego di non dir niente a nessuno.
9. Non è colpa tua se ti hanno rubato.
10. Fra otto giorni avrò il denaro.

a. He got the idea of hiding the purse.
b. In the church there happened to be Juccio.
c. You'll keep in mind who looks at me.
d. I know he lives near here.
e. He wasn't born blind.
f. It's not your fault if they robbed you.
g. Everyone gave him alms.
h. Within a week I'll have the money.
i. I beg you not to tell anybody.
j. Come and take me to the store.

B. *Give the Italian for the following:*

1. He used to ask for alms.
2. The purse was under the brick.
3. They speak in a secret place.
4. You will make a profit.
5. Cola returned the next morning.
6. I'm very sorry for you.
7. He will buy salted meat and cheese.
8. I thank you just the same.
9. This is a real misfortune.

C. *Change the verbs in italics from the present to the future:*

1. Non *può* vivere con l'arte.
2. *Mette* il mattone a posto.
3. Ci *pensa* per lungo tempo.
4. Tu *vieni* con me alla chiesa.
5. Mi *sai* menare alla casa?
6. *Vengo* da te fra otto giorni.
7. Ne *sei* molto contento.
8. *Facciamo* una compra di formaggio.
9. Non *mi fido* di nessuno.
10. Quando *ritornate* da noi?

4. Giulietta e Romeo

I–II

A. *In the following sentences, change the verbs in italics to the past absolute:*

1. Essi *sono* nemici.
2. I Cappelletti *danno* molte feste.
3. Un giovane *va* una notte al ballo.
4. Romeo *si leva* la maschera.
5. *Fa* impressione su tutti.
6. I loro occhi *s'incontrano.*
7. Giulietta non *è* più padrona di sé stessa.
8. A mezzanotte *comincia* il ballo del cappello.
9. Il giovane *giunge* al lato sinistro.
10. Romeo *prende* la sua bella mano.
11. La giovane *dice:* — Benedetta la vostra venuta.
12. Il giovane le *risponde:* — Benedetta la mia venuta?

B. *Complete the following statements:*

1. Romeo stava solo dinanzi alla casa _____.
2. Qualche volta stava sul balcone e ascoltava senza _____.
3. Cerco di morire vicino _____.
4. Una notte i due giovani decisero di _____.
5. Romeo andò a trovare il suo amico _____.
6. Disse a frate Lorenzo quanto bramava di _____.
7. Frate Lorenzo doveva cercare di _____ il padre di lei.
8. Così la giovane, fingendo di _____, andò da frate Lorenzo.
9. Invece di far pace, i Montecchi e i Cappelletti _____.
10. Romeo _____ per sempre da Verona.

C. *Correct the following statements by checking with the text:*

1. I Cappelletti e i Montecchi erano molto amici.
2. In casa dei Montecchi diedero molte feste.
3. Frate Lorenzo si levò la maschera durante la festa.
4. Passata la mezzanotte, s'incominciò il ballo della maschera.
5. Durante il ballo tutti stanno da un lato.
6. In questo ballo l'uomo piglia l'uomo e la donna piglia la donna.
7. C'era un giovane che aveva le mani caldissime.

8. Giulietta disse a Romeo: — Benedetta sia la vostra compagnia.
9. Romeo disse: — Voi con la vostra mano accendete il mio cuore.
10. Non erano mai felici, né l'uno né l'altra, se non si chiamavano al telefono.

D. *Answer the following questions with complete Italian sentences:*

1. Dove si guardavano i due amanti?
2. Dove stava Romeo quasi tutta la notte?
3. Chi venne ad aprire la finestra mentre Romeo stava per salire?
4. Su che cosa si misero d'accordo?
5. Che decisero una notte che cadeva molta neve?
6. Chi era frate Lorenzo?
7. Fingendo di volersi confessare, dove andò Giulietta?
8. Perché fu contento di sposarli frate Lorenzo?
9. Chi era molto contrario al loro matrimonio?
10. In che luogo vennero alle mani i Montecchi e i Cappelletti?

III–IV

A. *Rewrite the following sentences completely in Italian:*

1. *Seeing* queste cose, piangeva *continually*.
2. *Not being able* andare da lei, Romeo andò *to the friar's (house)*.
3. Vuole vestirsi *as a man* perché *it would be better* andare con Romeo.
4. Il servo doveva *to inform* al frate ogni cosa *of importance*.
5. Se *it doesn't turn out* come pensa, prenderà *some other course*.
6. "Forse avrà voglia di *to get married* e per *shyness* non parla," *said* la mamma.
7. Il padre *answered* che sarebbe bene *to get her married* e cominciò a *to arrange a marriage*.
8. Le donne *begin to* perdere la loro bellezza *at eighteen years (of age)*.
9. "*I would rather die*," disse Giulietta; e la madre comprese che era *in love*.

10. *"Resign yourself,"* disse il padre. "Intendo di *to give you in marriage* al conte di Lodrone."

B. *Translate the following:*

1. Non poteva scoprire il suo dolore a nessuno.
2. Il frate trovò il modo di farli incontrare.
3. La madre ne parlò al marito.
4. Giulietta pianse ancora di più.
5. Il signor Antonio rimase molto dispiaciuto.
6. Vuoi dunque entrare in un convento?
7. Il padre, turbato, la lasciò con la madre.
8. Giurò che volentieri berrebbe il veleno.
9. Per mezzo del frate avvisò Romeo.
10. Romeo le scrisse di non palesare il loro amore.

C. *Supply the correct subject in Italian according to the text:*

1. _____ continuavano a preparare le nozze.
2. _____ decise di andare da frate Lorenzo.
3. _____ la menò da frate Lorenzo.
4. _____ vuole il veleno per uccidersi.
5. _____ le darà la polvere che la farà dormire.
6. _____ la giudicherà morta.
7. _____ fu seppellito nella tomba poco tempo fa.
8. _____ potrebbe fare qualche brutta cosa se la crede morta.
9. _____ prese la polvere e tornò alla madre tutta contenta.
10. _____ disse che Giulietta potrà fare l'elemosina ai poveri frati.

D. *Answer the following questions with complete Italian sentences:*

1. A chi disse Giulietta che voleva andare a confessarsi?
2. A chi raccontò la giovane tutto il suo dolore?
3. Se il frate non l'aiuta, che cosa farà Giulietta?
4. Che le darà il frate, il veleno o la polvere?
5. Dove sarà seppellita Giulietta?
6. Giulietta avrà paura del corpo del cugino?
7. Chi scriverà di sua mano la cosa intera a Romeo?
8. Chi porterà la lettera a Mantova?
9. A che ora deve prendere la polvere Giulietta?
10. Perché hanno bisogno d'elemosina i frati?

True-False Test

Mark each of the following statements either **T** *(true) or* **F** *(false).*
Check with the key at the end of the exercise when you have
finished:

1. Giulietta piangeva perché Romeo non l'amava più.
2. I giovani s'incontrarono dal frate.
3. Giulietta andò a Mantova come servo vestita da uomo.
4. La madre voleva sapere perché piangeva Giulietta.
5. I genitori credono che Giulietta vuole sposarsi.
6. A diciotto anni le donne sono già vecchie.
7. Il padre cominciò a trattar le nozze con un conte di Lodrone.
8. Giulietta vuole sposare il conte di Lodrone.
9. Il signor Antonio rimase molto contento.
10. Giulietta decide di entrare nel convento.
11. Pietro avvisò Romeo che Giulietta doveva sposare il conte.
12. Romeo le scrisse di non consentire.
13. Il signor Antonio andò a confessarsi.
14. La giovane raccontò tutto alla madre.
15. Frate Lorenzo le diede il veleno.
16. La polvere la farà dormire per quarantotto ore.
17. Qualsiasi medico la giudicherà morta.
18. Giulietta sarà seppellita nella tomba dei Cappelletti.
19. Frate Lorenzo scriverà la lettera a Romeo di sua mano.
20. La madre sa che Giulietta prenderà la polvere.

(Key to the preceding exercise: 1. F; 2. T; 3. F; 4. T; 5. T; 6. F; 7. T; 8. F; 9.
F; 10. F; 11. T; 12. T; 13. F; 14. F; 15. F; 16. T; 17. T; 18. T; 19. F; 20. F.)

V–VI

A. *Give the Italian for each of the following words, remembering*
   they are cognates:

1. balcony	9. destiny
2. carnival	10. fortune
3. cemetery	11. impression
4. confessor	12. honest
5. to consent	13. intelligent
6. to console	14. secret
7. convent	15. to suspect
8. to convince	16. tomb

B. *Give the English for each of the following sentences:*

1. Le due zie accompagnarono la giovane.
2. Giulietta portò con sé la polvere.
3. Si fece dare un bicchiere d'acqua.
4. Le donne non sospettarono nulla.
5. Giulietta mise le mani in croce sopra il petto.
6. Cercarono di svegliarla.
7. Si ricordarono della polvere.
8. Il padre corse nella camera di Giulietta.
9. Quando la vide, intese tutto.
10. Mandò per un suo medico a Verona.
11. Il medico venne, la vide e la toccò.
12. Disse che era morta da sei ore.
13. La notizia giunse alla madre.
14. Frate Lorenzo aveva dato la lettera a un frate.
15. Romeo divenne pallido.
16. Tirò fuori la spada per uccidersi.

C. *Change the verbs in italics from the present to the past absolute (You will find all the forms in Section VI):*

1. *Si veste* da contadino.
2. *Prende* una bottiglia di veleno.
3. *Arriva* a Verona senza esser conosciuto.
4. *Va* nel cimitero.
5. *Alza* la pietra sopra la tomba.
6. *Beve* tutto il veleno.
7. Giulietta *si sveglia* nelle braccia di Romeo.
8. Quale sciocchezza vi *fa* entrare qui dentro?
9. Pietro gli *dice* la notizia.
10. Il giovane *risponde* con debole voce.

D. *Answer the following questions with complete Italian sentences:*

1. Chi raccontò a Romeo che Giulietta era morta?
2. Come si vestì Romeo per andare a Verona?
3. Perché andò a Verona?
4. Andò di giorno nel cimitero?
5. Perché alzò la pietra Romeo?
6. Che cosa prese Romeo dalla bottiglia?
7. Chi riprese i sensi poco dopo?

8. Perché si meravigliò Romeo sentendo la voce di Giulietta?
9. Si accorse Romeo del suo grande sbaglio?
10. Come restò la sventurata fanciulla?

True-False Test

Mark each of the following statements **T** *(true) or* **F** *(false).* Check
with the key at the end of the exercise after you have finished:

1. La villa del padre era fuori della città.
2. Le donne sospettarono tutto e si alzarono.
3. La giovane fu trovata sopra il letto con le mani in croce.
4. La serva disse che sarebbe morta volentieri con Giulietta.
5. Nessuno si ricordò della polvere e delle parole della giovane.
6. Messer Antonio corse nella camera della figliuola.
7. Il padre non si fidava affatto del medico di Verona.
8. Il medico disse che la giovane era morta da sei ore.
9. Frate Lorenzo presentò la lettera di Giulietta a Romeo.
10. Pietro andò a Mantova ma non trovò Romeo.
11. Romeo si vestì da contadino perché non poteva entrare in Verona.
12. Quando arrivò a Verona, Romeo non fu conosciuto da nessuno.
13. Quando Romeo entrò nella tomba, non poté vedere Giulietta.
14. Romeo non aveva portato veleno con sé.
15. La polvere doveva cessare di operare a una certa ora.
16. Giulietta, stretta da Romeo, si svegliò nelle sue braccia.
17. Giulietta era già morta e non rispondeva.
18. Il povero Romeo disse che non aveva ricevuto nessuna lettera.
19. Il veleno cominciava a mandare la morte per tutto il corpo.
20. La giovane spargeva un mare di lagrime.

(Key to the preceding exercise: 1. T; 2. F; 3. T; 4. T; 5. F; 6. T; 7. F; 8. T; 9. F; 10. F; 11. T; 12. T; 13. F; 14. F; 15. T; 16. T; 17. F; 18. T; 19. T; 20. T.)

VII

A. *Choose the expression that best completes each sentence:*

1. Giulietta disse: — Voi morite per la mia (finta morte, vera morte).

2. Io (sono stata cagione, non sapevo niente) della vostra morte.
3. La forza della polvere (stava per finire, stava per cominciare).
4. Giulietta disse al frate: — (Aprite la tomba, coprite la tomba).
5. Romeo morì (prima di Giulietta, il giorno dopo).
6. Frate Lorenzo, vedendo morire Romeo, era (fuori di sé, molto sorpreso).
7. Il frate domanda a Giulietta se vuole (tornare a casa, entrare in un convento).
8. Giulietta vuole (palesare, tener segreta) la loro morte.
9. Il frate deve pregare i genitori di (lasciarli in una tomba, separarli).
10. Alla fine Giulietta (muore lì dentro, lascia la tomba).

B. *Rewrite the following statements completely in Italian:*

1. Frate Lorenzo venne *with a trustworthy companion.*
2. Io sono stata *the cause of your death.*
3. La forza della polvere *was about to end.*
4. Romeo guardò Giulietta e *after a little while* morì.
5. Gli bagnò il volto *with tears.*
6. Vedetelo qui *in my arms* già morto.
7. "Tu potrai *enter some convent,*" disse il frate.
8. Il frate era *beside himself.*
9. Giulietta tenne il fiato e poi lo mandò fuori *with a big cry.*

C. *Supply the present subjunctive for the infinitive given in italics:*

1. Teme che lui la *lasciare* lì dentro.
2. Anzi temo che voi mi *portare* di qua viva.
3. Benché lui non *sapere* che fare o dire . . .
4. Non vuole che lei *entrare* in un convento.
5. Affinché noi *potere* restare sempre insieme . . .
6. Pregate i nostri genitori che non ci *separare.*
7. Che vuoi che io *fare* adesso?
8. Temiamo che la forza della polvere *stare* per finire.
9. Crede Romeo che Giulietta *essere* già morta?
10. Vuole il frate che Giulietta *restare* nella tomba?

V–VII

A. *Replace each of the following with another Italian expression meaning about the same thing:*

1. poco fuori della città
2. in presenza della serva
3. contro mia voglia
4. mandò per il medico
5. Era passato da questa vita.
6. la sua donna
7. cessare di operare
8. la finta morte
9. dinanzi al frate
10. Raccontò il fatto.
11. Gli domanda questa grazia.
12. Passò all'altra vita.

B. *Rewrite the following sentences completely in Italian:*

1. Giulietta, spento il lume, *got up from bed.*
2. Si mise le mani in croce *on her beautiful bosom.*
3. La notizia giunse alla madre *from mouth to mouth.*
4. La giovane *was taken* a Verona, nella tomba dei Cappelletti.
5. La mia vita *in any case* non può esser lunga.
6. Prese una piccola *bottle of poison.*
7. Arrivò in Verona *without being recognized* da nessuno.
8. Quale sciocchezza vi fece entrare *in here?*
9. *After much weeping* il frate disse: — Che farai?
10. Giulietta cadde morta *on the dead body* di Romeo.

C. *Answer the following questions with complete Italian sentences:*

1. Perché l'accompagnarono alla villa le due zie?
2. Che cosa prese Giulietta durante la notte?
3. Il medico la giudicò morta o viva?
4. Che fece Romeo quando sentì che Giulietta era morta?
5. Si meravigliò Romeo quando sentì la voce di Giulietta?
6. Romeo aveva preso la polvere o il veleno?
7. Dove vogliono essere seppelliti Giulietta e Romeo?
8. Perché frate Lorenzo non deve palesare la loro morte?
9. Se per caso si saprà come sono morti, che dovrà fare il frate?
10. Come morì Giulietta?

D. *Complete the following sentences in Italian:*

1. Giulietta si fece dare dalla serva _____.
2. Mio padre contro mia voglia non _____.
3. Il medico disse che _____.
4. Romeo voleva entrare nella tomba per _____.
5. Egli prese la bottiglia e bevve _____.
6. Giulietta si svegliò nella _____.
7. Il veleno mandava la morte per _____.
8. La forza della polvere stava _____.
9. Frate Lorenzo venne nella tomba _____.
10. Giulietta non vuole vivere _____.

E. *Translate the following sentences into Italian:*

1. Friar Lawrence arrived with a companion.
2. Romeo was about to pass from this life.
3. He died before her eyes.
4. Why don't you enter some convent?
5. He will never reveal their death.
6. Love guides them to the same death.
7. She bathed his face with tears.
8. The friar looked at the young man.
9. I ask you only for this favor.
10. She will always pray for him.

Idioms Used in the Text

(Listed in order of their occurrence)

col passar del tempo   as time went on

far tirar il collo a un cappone   to have the neck of a capon wrung

essere da marito   to be of a marriageable age

toccare a qualcuno di   to be up to someone to

far le faccende di casa   to do the housework

fra poco   soon

esser per (stare per) + *inf.*   to be about to

quanto più si può   as much as one can

venire tra le mani   to come into one's hands

farsi beffe di   to make fun of

far l'elemosina   to give alms

Che c'è di nuovo?   What's new?

fra otto giorni   within a week

vuol dire   (it) means

Povero me! Woe is me!

non è colpa mia (tua) it is not my (your) fault

farsi del male to harm one another

rare volte rarely

mettersi d'accordo to come to an agreement

venire alle mani to come to blows

di continuo continually

trattar le nozze to arrange a marriage, discuss a wedding

dare in moglie to give in marriage

su per giù approximately, more or less

di sua mano in one's (own) handwriting

metter le mani in croce to cross one's arms

di bocca in bocca from mouth to mouth

riprendere i sensi to regain consciousness

in ogni modo in any case

far compagnia a qualcuno to keep someone company

per la pietà di Dio for the love of Heaven

fuori di sé beside oneself

4 I miei ricordi

MASSIMO D'AZEGLIO

I MIEI RICORDI

1

Mia madre mi raccontava che nella prima visita di sposo,[1] mio padre, invece di fare come tutti e di vestirsi il meglio che possibile, volle apparire[2] come ogni marito si mostra dopo sposato.[3] Volle, cioè, presentarsi in un vestito così negletto[4] che la sposa[5] e la sua famiglia rimasero meravigliati[6] e non sapevano spiegarsi tal cosa.

— Ma, — soggiungeva mia madre, — questo non era che il principio.[7] — Dopo poche e cortesi* parole, mio padre si cavò[8] di tasca[9] un foglio di carta e disse: — Ecco, signorina, in questo foglio il mio ritratto[10] morale,* che Lei non può giudicare a colpo d'occhio.[11]

Le diede il foglio e se ne andò, dicendo nell'uscire che, se dopo averlo ben conosciuto, non mutava[12] pensiero, egli sarebbe molto felice di divenire suo marito.

Mia madre, che non aveva che diciotto anni, quando vide in quel foglio una lunga lista* di difetti[13] che si attribuiva[14] lo sposo, fu quasi sul punto di dir di no. Ma i suoi parenti, che conoscevano il giovane, si burlarono[15] del foglio e di lei. Richiamarono lo sposo, gli dissero che avevano intera fiducia[16] nella sua futura conversione,* e il matrimonio* si fece.

Ebbero due maschi,[17] l'uno dopo l'altro: il primo morì di pochi mesi. Il secondo fu Roberto, che visse 73 anni. Altri quattro maschi e due femmine[18] vennero dopo. Di queste

---

The asterisk indicates words that are alike or nearly alike in English and Italian.

[1] **sposo** (groom), fiancé. [2] **apparire** to appear. [3] **dopo sposato** after he is married. [4] **negletto** neglected, shabby. [5] **sposa** fiancée, bride. [6] **meravigliato** dumbfounded. [7] **principio** beginning. [8] **cavare** to take out, extract. [9] **tasca** pocket. [10] **ritratto** portrait. [11] **a colpo d'occhio** at a glance. [12] **mutare** to change; — **pensiero** to change one's mind. [13] **difetto** defect. [14] **attribuire** to attribute. [15] **burlarsi di** to make fun of. [16] **fiducia** faith. [17] **maschio** male, boy. [18] **femmina** female, girl.

l'una, Metilde,[19] morì a ventidue anni e l'altra, Melania,[20] morì essa pure giovanissima.   Enrico morì a ventinove anni. Soltanto Roberto, Prospero,† ed io siamo rimasti; ed essi mi lasciarono, solo ed ultimo dei fratelli, nell'anno scorso, 1862.

2

5   Io nacqui il 24 d'ottobre 1798 nella nostra casa di Torino, nella camera gialla al primo piano, dove sono nate parecchie generazioni* dei miei.[21]

La casa nostra, già[22] assai ricca, era diventata quasi povera. Bisogna pensare che in ogni guerra[23] (e ve ne erano molte) la
10   prima cosa pei signori era di seguire l'esempio del re e di dare tutto quel che c'era di valore[24] in casa per supplire[25] alle spese della guerra.

Mio padre badava agli interessi di casa.   Ebbe però sempre l'abitudine[26] di dare allo studio tutto il tempo libero.
15   Mia madre aveva ricevuto un'ottima[27] educazione,[28] perché tale era il costume* delle nostre famiglie.   Ma pochi badavano all'istruzione[29] delle giovani, le quali sapevano bene il francese, poco l'italiano, per non dir nulla, e quasi nient'altro.   Perciò mio padre prese a coltivare* lo spirito[30]
20   della sua giovane sposa, la quale era molto intelligente di[31] natura.

Ecco in qual modo mia madre scriveva della sua vita intima*:

« Cesare amava la vita domestica,* in famiglia, con pochi e
25   provati[32] amici, ch'egli godeva riunire[33] alla sua mensa.[34]

« La sua giornata era piena.   Dopo le cose di religione, consacrava[35] molte ore all'educazione di sua moglie, con buone letture,[36] traduzioni,[37] ed altri esercizi.   Quattro ore

---

† *Use the same word in English.*

[19] **Metilde** Matilda.   [20] **Melania** Melanie.   [21] **dei miei** of my people.   [22] **già** *here* = at one time.   [23] **guerra** war.   [24] **valore** value.   [25] **supplire a** to meet (expenses).   [26] **abitudine** habit.   [27] **ottimo** excellent.   [28] **educazione** upbringing, education.   [29] **istruzione** education.   [30] **spirito** mind.   [31] **di** *here* = by.   [32] **provato** tried.   [33] **riunire** to assemble.   [34] **mensa** dinner table.   [35] **consacrare** to devote.   [36] **lettura** reading.   [37] **traduzione** translation.

del giorno furono consacrate a questi studi per quattro o cinque anni. Il tempo che rimaneva, egli lo consacrava allo studio di belle lettere,[38] storia, ecc.»

3

Ricordo che, da bambino, a Firenze, andavamo spesso dalla
5 Contessa* d'Albany.† Mi ci conducevano[39] la domenica
mattina, e la Contessa ascoltava alcuni versi* da me imparati
fra[40] settimana. Dopo i versi mi dava sempre un regalo.
Ancora vedo la Contessa, tutta in bianco, salire su una sedia e
porre[41] la mano alla scatola[42] di torroni[43] posta sul piano[44] più
10 alto della sua libreria.[45]
Dopo il torrone mi dava un pezzo di matita ed un foglio di
carta per disegni. Mi ricordo d'un disegno che fu allora
molto applaudito. Se non son diventato gran poeta o gran
pittore, non è dunque per difetto[46] d'incoraggiamenti.*
15 L'educazione di noi figliuoli era per mio padre il primo ed
il più grave dei pensieri. I miei tre maggiori fratelli,
Roberto, Prospero, ed Enrico, andarono al collegio[47] Tolo-
mei† di Siena. Io, come troppo piccino,[48] rimasi in casa.
La sorella Melania era a Torino colla nonna, e Metilde era
20 con noi. Venne a vivere in famiglia la figlia d'un antico[49]
impiegato[50] per essere maestra e compagna a Metilde.
Le cure dei nostri genitori erano dunque tutte per mia
sorella e per me. Essa aveva un carattere tranquillo* e
dolcissimo. Il mio era vivace,[51] ma buono. I nostri due
25 caratteri non erano, come si vede, dei più difficili. Una sola
cosa turbava la felicità[52] della famiglia; ed era lo stato della
salute di mia madre. Essa poteva poco occuparsi di noi, ma
per fortuna nostra potè darci, coll'esempio, un tesoro[53] più
importante dell'istruzione: l'educazione del cuore.[54]

---

[38] **belle lettere** literature. [39] **mi ci conducevano** they took me there. [40] **fra**
here = during the. [41] **porre** (*p.p.* **posto**) to put. [42] **scatola** box. [43] **torrone**
(Italian) nougat. [44] **piano** plane, shelf. [45] **libreria** bookcase. [46] **difetto** lack.
[47] **collegio** boarding school. [48] **piccino** small. [49] **antico** old. [50] **impiegato**
employee, clerk. [51] **vivace** vivacious. [52] **felicità** happiness. [53] **tesoro**
treasure. [54] **l'educazione del cuore** how to be considered.

4

I miei volevano per prima cosa far di me un uomo, e
sapevano che l'educazione deve cominciar colla vita; essere,
per dir così,[55] piccina quando siamo piccini, e grande quando
siamo grandi; sapevano che i veri germi[56] dell'uomo futuro
5 stanno nelle prime impressioni* dell'infanzia[57]; sapevano
finalmente che l'orgoglio[58] e la vanità* possono essere pei
figliuoli una pessima[59] lezione ed un pessimo regalo.

Essi perciò non m'ammiravano,* onde[60] non darmi orgoglio e vanità. Neppure[61] mi dicevano spesso: *Bada! sta*
10 *attento! puoi cadere, puoi farti male!* E se cadevo e mi
facevo un poco male, non si mostravano turbati; mi dicevano
sorridendo[62] e affettuosi[63]: *Via! via![64] non sarà nulla!* In
una parola, volevano avvezzarmi[65] alla *vita* quale si presenta
poi nel corso degli anni. E quest'avvezzarsi consiste tutto
15 nell'imparare a soffrire. Non v'è bene possibile se l'uomo
non è abituato a soffrire.

Le nostre occupazioni* nella giornata erano regolate,* per
Metilde e per me, da un ordine[66] del giorno scritto. Così ci
avvezzavano all'ordine, a non far aspettar nessuno per nostro
20 comodo: difetto bruttissimo[67] nei piccoli come nei grandi.

Mi ricordo un giorno che Metilde, uscita in compagnia
della signora Teresina, si fece aspettare ed arrivò tardi a
pranzo. Era d'inverno e nevicava.[68] Le due signorine
sedettero un po' confuse,* e venne[69] loro portata la
25 minestra,[70] indovini[71] dove? Sul terrazzino![72] Non solo
faceva freddo, ma avevano per coperta[73] un dito di neve!

5

A tavola, ben inteso,[74] non aprivamo bocca, aspettando il
pranzo senza osservazioni.* Bisognava stare composti[75] e

---

[55] **per dir così** so to speak.   [56] **germe** germ, seed.   [57] **infanzia** infancy,
childhood.   [58] **orgoglio** pride.   [59] **pessimo** very bad.   [60] **onde (non)** so as (not)
to.   [61] **neppure** nor.   [62] **sorridere** to smile.   [63] **affettuoso** affectionate.
[64] **Via! via!** Come! Come!   [65] **avvezzare** to accustom; **avvezzarsi** to become
accustomed.   [66] **ordine** order.   [67] **bruttissimo** very bad.   [68] **nevicare** to
snow.   [69] **venne** *here* = was.   [70] **minestra** soup, food.   [71] **indovinare** to
guess.   [72] **terrazzino** small terrace, balcony.   [73] **coperta** tablecloth.   [74] **ben
inteso** of course.   [75] **star composto** to sit properly.

non farsi sentire. Le prometto che con questo metodo* non
ci veniva in capo di crederci noi il centro* di tutto.

Queste lezioni non erano soltanto pel tempo del pranzo.
Era proibito[76] per noi, anche fuori, l'alzar la voce, l'in-
5 terrompere; e soprattutto metterci addosso le mani.[77] Se
poi talvolta[78] nell'andare a tavola io mi cacciavo[79] innanzi a
Metilde, mio padre mi prendeva per un braccio, e mi faceva
aspettare dicendomi:

— Non c'è ragione d'essere incivile[80] perché è tua sorella.

10 In un'altra occasione* mia madre mi diede una lezione che
non dimentico, come non dimentico il luogo dove accadde.
Nel gran prato[81] delle Cascine,† a Firenze, c'è un sentiero[82]
lungo[83] il bosco.[84] Eravamo appena entrati su questo
sentiero, con mia madre, seguiti da un vecchio servitore.[85]
15 Non mi ricordo il motivo,* ma mi ricordo che alzai una
piccola canna[86] che avevo in mano e credo (Dio me lo
perdoni[87]) che percossi[88] il vecchio servitore. Mia madre,
alla vista di[89] tutti quelli che passeggiavano, mi fece mettere
in ginocchio[90] ai piedi del servitore e domandargli per-
20 dono.[91]

Un'altra delle lezioni che ci dava continuamente nostro
padre era di non temere il dolore, e quando si presentava
l'occasione sempre ce ne dava l'esempio. Se talvolta ci
lagnavamo di qualche dolore, diceva un poco in ischerzo[92]
25 ma anche seriamente.[93]

— Un Piemontese, dopo che ha gambe e braccia rotte e
due ferite[94] attraverso[95] il corpo, allora, e non prima può dire:
« Veramente . . . sì . . . mi pare di non sentirmi bene. »

Mi ricordo del primo dente che mi fece cavare; ché
30 nell'andar per la strada, di dentro mi sentivo morire, e di
fuori facevo il bravo[96] e mi mostravo indifferente.*

---

[76] **proibire** to forbid.   [77] **mettersi addosso le mani** to lay hands on each other.
[78] **talvolta** sometimes.   [79] **cacciarsi** *here* = to step out.   [80] **incivile**
discourteous.   [81] **prato** meadow, lawn.   [82] **sentiero** path.   [83] **lungo** along.
[84] **bosco** woods.   [85] **servitore** servant.   [86] **canna** stick, cane.   [87] **perdonare** to
forgive.   [88] **percuotere** (*p.a.* percossi) to strike.   [89] **alla vista di** in sight of,
before.   [90] **mettersi in ginocchio** to get down on one's knees.   [91] **perdono**
forgiveness.   [92] **scherzo** jest; **in ischerzo** in jest, jokingly.   [93] **seriamente**
seriously.   [94] **ferita** wound.   [95] **attraverso** through.   [96] **fare il bravo** to put on
a bold front.

6

Era fra i principali pensieri di nostro padre il farci comprendere, non solo a me ma anche a Metilde, che la paura[97] è brutta cosa, e più brutta il mostrare la paura. Talvolta ci metteva a qualche prova.[98] Per esempio, qualche
5 volta ci conduceva, lui solo con noi due, pei boschi la notte. Come ognuno sa, all'oscuro[99] gli oggetti,* alberi, ecc. si presentano sotto forme strane. Egli, quando vedeva qualche forma strana, ci fermava, ce la faceva considerare da lontano, e ci diceva:
10   — Guardate se non pare un animale.
    Spesso ci ripeteva allora il proverbio* « La paura non è fatta di niente ». Ci prendeva per la mano e ci conduceva vicino all'oggetto, e si trovava che non era nulla di strano.
    Nelle famiglie, i primi nati generalmente* hanno molti
15 balocchi,[1] che poi sembrano inutili; perciò chi vien dopo per solito[2] non ne vede nemmeno uno. Io che ero l'*ottavo*, non ebbi mai un balocco, e mi divertivo colle sedie, colle granate,[3] in una parola, come potevo. La sola eccezione* a questa regola venne[4] fatta ai Bagni di Lucca.[5] Un giorno
20 vedemmo in una bottega parecchie carrozzette[6] a uno, a due o quattro cavalli, e, non so veramente in onor di che santo,* mi comprarono una delle più modeste.[7] Non avevo mai avuto tanto di bello ed ero felicissimo.

7

Veniva talvolta a far il chiasso[8] con me un altro bambino,
25 figlio del conte Cinzano, e siccome neppur lui non era guastato con troppi balocchi (bisogna ricordarsi che tutte le nostre famiglie allora erano al verde[9]), la mia carrozzetta gli

---

[97] **paura** fear. [98] **mettere a una prova** to put to a test. [99] **all'oscuro** in the dark. [1] **balocco** toy. [2] **per solito** usually. [3] **granata** broom. [4] **venne** *here* = was. [5] **Bagni di Lucca** *a small town near Florence.* [6] **carrozzetta** small carriage. [7] **modesto** modest, moderate. [8] **chiasso** noise; **far il —** to play. [9] **al verde** "broke" (in the red).

faceva venir l'acquolina in bocca.[10] Mi fece una tal pietà,[11]
udendo da lui che non aveva nulla per divertirsi, che subito
gli diedi la carrozzetta. E lui, senz'aspettar la seconda
parola, via colla carrozzetta, tutto contento. Io rimasi lì che
5 quasi me ne pentivo.[12] Però quando lo seppero i miei, ne
furono contentissimi. E non basta: il giorno dopo mi
comprarono la più bella fra le carrozze di quella bottega
dove avevano comprato la prima.

La mia infanzia passava dunque assai felice e tranquilla, in
10 quella bella e simpatica[13] Firenze, che per ciò m'è sempre
parsa la mia città nativa* più di Torino.

Quando cominciarono ad insegnarmi a leggere e scrivere,
io non ne volevo sapere[14] in nessun modo. Ma la migliore
istruzione era quella che trovavo in casa, avendo per maestra
15 la signora Teresina e per compagna mia sorella. In questo
tempo venne proibito ai Piemontesi di mandar figli al-
l'estero[15] in collegio, e mio padre dovette richiamare i miei
tre fratelli dal collegio Tolomei a Siena, che era considerato
l'estero. La famiglia tornò a Torino.

8

20 Quando penso che ho passato cinque o sei anni a studiare il
latino in quell'età che è la migliore per imparare le lingue! e
che invece di saper poco e male latino e greco, che, si può
dire, non mi servono,[16] potrei saper bene tedesco[17] ed
inglese, che tanto mi servirebbero!

25 Ma così era l'educazione di quei tempi; un giovane
arrivava ai venti anni studiando sempre, e sempre cose che
gli servono poco o nulla per formarsi carattere, intelligenza,*
e giudizio[18] da uomo. Infatti, la mia educazione e quel poco

---

[10] **far venir l'acquolina in bocca** to make one's mouth water. [11] **Mi fece una
tal pietà** I felt so sorry for him. [12] **pentirsi** to regret. [13] **simpatico** charming. [14] **non ne volevo sapere** I would not have anything to do with
it. [15] **all'estero** abroad. [16] **servire** to be of use. [17] **tedesco** German.
[18] **giudizio** judgment.

d'istruzione che ho potuto mettere insieme, ho dovuto farla
da me, poi, lavorando il doppio.[19]

La storia, come le lingue, è lo studio principale ed il più
utile per ogni classe d'uomini. Però mi misero in mano la
5 storia antica, e sapevo bene quel che era accaduto duemila
anni fa. Ma di quel che era accaduto in Italia più tardi non
ne sapevo nemmeno una parola.

Ma neppur di quel benedetto latino non cavavo[20] gran
frutto; perciò fui mandato alla scuola del signor Bertone, che
10 insegnava retorica.[21]   Eravamo tre scolari![22] Un Perrier,
francese, un Fascini, piemontese, ed io.   Non incontrai mai
più dopo allora questi miei compagni, dei quali serbo[23] cara
memoria.

In questo corso fui sempre il più asino dei tre. Il fatto è
15 che non ebbi mai voglia di far nulla fin che[24] mi stettero
addosso[25] per farmi studiare. Appena mi lasciarono in pace,
mi misi a studiare e ho sempre studiato, più o meno, sino ad
oggi.

9

Ma venne l'epoca[26] degli esami e una bella mattina mi trovai
20 in scuola coi miei due compagni a tre tavolini[27] separati, onde
scrivere un componimento[28] in greco! Lavoravo come un
asino e lentamente cavavo fuori, parola per parola, questo
componimento in greco. Il maestro ogni tanto ci faceva una
visita. Dava un'occhiata[29] a Perrier e a Fascini, e restava
25 contento. Poi veniva al mio tavolino, dava un'occhiata al
mio greco, e subito si turbava.

Il lettore[30] capirà subito perché si turbava. Io ero nipote
del conte Prospero Balbo, rettore[31] dell'Università! ed è
chiaro come il sole che il nipote del rettore non doveva
30 assolutamente essere un asino.

---

[19] doppio double.   [20] cavare *here* = to derive.   [21] retorica rhetoric, style.
[22] scolare pupil.   [23] serbare to keep, have.   [24] fin che as long as.   [25] stare
addosso (a) to keep after (*someone*).   [26] epoca period, time.   [27] tavolino little
table, desk.   [28] componimento composition.   [29] dare un'occhiata to cast a
glance, to glance.   [30] lettore reader.   [31] rettore president.

Il nostro maestro scomparì per mezz'ora, poi ritornò. Aveva preso una di quelle risoluzioni* che salvano[32] i nipoti ed anche, talvolta, persone più alte di loro. La risoluzione fu di fare lui quello che non sapevo far io, e lasciarmene[33] 5 l'onore. In un attimo[34] mi levò d'innanzi il mio lavoro e vi lasciò un foglio sul quale stava il componimento greco bello e fatto,[35] e che soltanto dovevo copiare.

Capii subito il suo motivo, e debbo confessare che mi sentii umiliato.* Ma debbo anche confessare, a mia vergo-10 gna,[36] che non ebbi il coraggio di rifiutare.[37]

Accettai dunque e copiai il componimento greco, che fu trovato, com'era naturale, buonissimo. E lo zio Balbo, parlando con mio padre, diceva che gli pareva impossibile ch'io fossi[38] così bravo nel greco. Si figuri[39] se pareva 15 possibile a me!

10

Venne il giorno dei premi, e ricevetti in pubblico, dalle mani del conte Balbo, un bel libro come premio. Questo volume* è ancora fra i miei libri, e penso lasciarlo ad una biblioteca[40] pubblica* come restituzione* (è un po' dura a pronunziare la 20 parola, ma ci vuol pazienza) di cosa rubata.

Io certo ebbi torto, ma ebbe più torto di me quel maestro (Dio lo perdoni), e mi diede un cattivissimo esempio; i cattivi esempi dati dagli adulti* ai bambini, sono un vero delitto.[41]

Io ero verso i sedici anni, alto e robusto come ne avessi 25 avuto venti. Qui bisogna risolversi ad una gran confessione e raccontare un altro fatto che mi fa poco onore.

Solevamo[42] passare le vacanze scolastiche* in una villa sulla collina[43] dietro Moncalieri.[44] Là studiavamo appena tanto da non dimenticare quel che avevamo imparato. Del 30 resto si passava la giornata a correre, saltare,[45] andare a

---

[32] **salvare** to save. [33] **lasciarmene** (lasciar + me + ne) leave me. [34] **attimo** moment. [35] **bello e fatto** all written out, all done. [36] **vergogna** shame. [37] **rifiutare** to refuse. [38] **fossi** (past' subjve.) I should be. [39] **figurarsi** to imagine. [40] **biblioteca** library. [41] **delitto** crime. [42] **solere** to be accustomed. [43] **collina** hill. [44] **Moncalieri** *a town near Torino.* [45] **saltare** to jump.

caccia,[46] ecc. Io avevo trovato in casa un vecchio schioppo,[47] e coll'aiuto d'olio,* di varie altre cose, e più di tutto d'olio di gomiti,[48] l'avevo ben pulito e potevo sparare.[49] E ogni tanto, di nascosto,[50] me ne andavo col prete di casa, Don Andreis, e coi miei fratelli a caccia. Quel benedetto schioppo aveva il difetto di darmi un terribile colpo[51] sulla guancia[52] ogni volta che sparavo. Perciò ebbi presto sulla guancia destra un livido[53] tale che finalmente se ne accorse mio padre. Però questa volta non disse quasi nulla. Anzi il giorno della mia nascita[54] mi regalò uno schioppo abbastanza buono e pulito, il quale non mi diede più quel terribile colpo alla guancia.

11

In una di queste benedette cacce mi trovai solo col povero don Andreis. Non mi ricordo per qual motivo, certo per una cosa da nulla,[55] cominciai ad attaccar lite[56] con lui. Cominciammo ad alzar la voce, poi a gridare, poi a riscaldarci,[57] poi, non so in verità chi fosse il primo, probabilmente fui io, tutti e due a pugni[58] e a calci.[59] E siccome[60] io ero assai alto, forte, e svelto[61] come un gatto, non domandi quanti pugni e calci si prese il povero prete! M'uscì di mano in cattivo stato.

Col ritorno* di Vittorio Emanuele I in Piemonte, mio padre fu scelto come suo rappresentante* presso il papa in Roma. Bisognò partire subito e partimmo in due carrozze: egli, io, e Prospero. Arrivammo a Roma a notte tarda, verso la metà di giugno.

Secondo[62] il sistema* d'educazione di mio padre, non si doveva mai perder tempo. In questa occasione certo la miglior cosa era imparare a conoscer Roma. Con questo scopo[63] si fece il giro[64] della città, prima con un signor

---

[46] andare a caccia to go hunting.   [47] schioppo gun, rifle.   [48] gomito elbow; olio di — "elbow grease."   [49] sparare to shoot.   [50] di nascosto secretly.
[51] colpo blow.   [52] guancia cheek.   [53] livido bruise.   [54] nascita birth.   [55] una cosa da nulla a mere trifle.   [56] attaccar lite to pick a quarrel.   [57] riscaldarsi to get excited.   [58] pugno fist, punch.   [59] calcio kick.   [60] siccome since.
[61] svelto quick.   [62] secondo according to.   [63] scopo purpose.   [64] fare il giro to make a tour.

Visconti, poi con un pittore, il signor Malvotti. Dal signor
Visconti imparavo soltanto fatti già conosciuti. Ma io amavo
le cose nuove e non le cose antiche, ed il signor Malvotti era
appunto l'uomo che ci voleva. Il Visconti era un vecchio dai
capelli bianchi, in calzoni[65] corti, tutto vestito di nero, con un
gran cappello a tre punte[66]; era sempre serio. Il Malvotti
invece era sui[67] trenta, allegro, matto[68] come generalmente
erano tutti gli artisti prima dell'invenzione* degli *uomini
seri;* e parlava di tutto. Con lui si fece il secondo giro della
città. Si visitarono tutti i musei di statue, tutte le gallerie di
quadri, tutte le chiese, i palazzi, tutte le cose importanti.
Questo secondo giro m'interessò più del primo.

12

Durante il mio soggiorno[69] in Roma nel 1814 cominciò
quell'inclinazione* per la pittura[70] che m'è poi durata[71] sino
al giorno d'oggi.[72] Il mio primo maestro fu un calabrese[73]
chiamato don Ciccio De Capo.† Ma questo don Ciccio, col
suo nome da bambino, aveva ottanta anni. Sotto la sua
direzione[74] cominciai a dipingere a olio ed a prendere un po'
di pratica[75] di colori.

Oltre la pittura ripresi con maggior piacere la musica, che
avevo studiata sotto un maestro di Torino. Non avevo però
mai potuto nominare[76] le sette note* senza sbagliarne
parecchie. A Roma invece, anche per questo bel ramo[77]
delle arti cominciai a sentir inclinazione.

Ho sempre avuto poi passione* per la musica. Mio padre
la conosceva a fondo[78]; leggeva facilmente e conosceva bene
tutte le chiavi. La sua voce era di basso,* piena ed
espressiva,* fatta proprio per la musica antica, che molto
amava. Prospero era più innanzi di tutti gli altri di casa.
Non soltanto conosceva a fondo la musica, ma era anche

---

[65] **calzoni** trousers. [66] **cappello a tre punte** three-cornered hat. [67] **sui** *here*
= about. [68] **matto** crazy. [69] **soggiorno** stay. [70] **pittura** painting. [71] **durare**
to last. [72] **giorno d'oggi** this very day. [73] **calabrese** Calabrian. [74] **direzione**
guidance, direction. [75] **pratica** practice. [76] **nominare** to name, mention.
[77] **ramo** branch. [78] **a fondo** thoroughly.

compositore. Scrisse pezzi di musica sacra*; e poteva dirsi bravissimo suonatore[79] di piano, per quei tempi, ben inteso, poiché ora v'è stato un progresso* immenso* in questa come in cento altre cose.

5   Quanto a me, non seppi mai a fondo la musica, ma ebbi dalla natura una voce quasi piacevole[80] e un certo gusto[81] di canto.[82] Ci fu un tempo nel quale non pensavo ad altro che alle note di musica; ma vedendo poi che mi facevano perdere troppo tempo inutilmente,[83] le mandai al diavolo insieme
10   coll'allegra compagnia che m'aiutava a passar la vita cantando.

13

Di tutte le opere dell'uomo, la più meravigliosa, ed insieme la sola che non mi possa spiegare, è la musica. Capisco la poesia, capisco la pittura, la scultura, capisco le scienze. Ma
15   dove mai siamo andati a prender la musica? Questo è quello che non capisco. La musica è un mistero.*

Eppure[84] la musica c'è; è nella nostra natura. (Non in tutte, è vero.) Mi ricordo che ad un concerto* un amico mi disse all'orecchio: — Non ho mai capito che cosa sia questo
20   rumore[85] che chiamano musica.

Non ha mai provato Lei, a certe melodie, sentirsi umidi[86] gli occhi come ad una cara voce, come ad una dolce memoria? Non ha mai provato sentirsi diventar migliore, trovarsi l'anima più nobile, il cuore più generoso? Non
25   sarebbe la musica una lingua perduta? della quale abbiamo dimenticato il senso, e serbata soltanto l'armonia? Non sarebbe la lingua di prima? e forse anche la lingua di dopo?

La mia educazione continuò per parecchi anni sotto l'ottima guida del professore e amico Bidone. A diciassette
30   anni l'idea della gloria* mi faceva battere[87] più rapidi i polsi.* Bidone, che se n'accorgeva, mi ripeteva che colla buona volontà avrei potuto far molto. Così mi veniva

---

[79] **suonatore** player.   [80] **piacevole** pleasing.   [81] **gusto** taste, flair.   [82] **canto** singing.   [83] **inutilmente** uselessly.   [84] **eppure** and yet.   [85] **rumore** noise.   [86] **umido** wet.   [87] **battere** to beat.

l'acquolina in bocca, colla speranza[88] di andare forse . . . chi
sa . . . persino[89] sui giornali. Cominciavo a pensare nella mia
mente a tutte le vie, a tutti i modi di arrivarvi. Restava da
decidere che cosa fare.

5   Di scienze* era inutile parlarne, e lo sapeva bene il povero
Bidone, che non era riuscito a insegnarmi neppure le cose
più facili. Rimanevano però tante altre cose; ed egli, quando
gli dicevo: — Che cosa debbo fare? Mi rispondeva: —
Faccia! *Impara l'arte e mettila da parte*[90] era proverbio che
10   pareva inventato* da lui.

14

Così decisi di darmi alle arti, alle quali già mi sentivo
l'inclinazione. Ma bisognò prima fare una grande e ferma*
risoluzione. Dall'oggi al domani, mutazione[91] completa.
Lasciai tutte le compagnie di prima; lasciai amici, amiche,
15   caffè, teatri; e mutai abitudini, luoghi, ecc. Mutai tutto.
Cominciai coll'alzarmi la mattina prima di giorno,[92] e
subito a studiare, leggere, disegnare,[93] fino a colazione; dopo
colazione studiavo e lavoravo, meno un'ora di passeggiata,
fino al pranzo, e la sera daccapo.

20   Per un giorno, due giorni, nessuno ci fece caso[94]: poi i
compagni cominciarono a domandarsi: — E Massimo? — Hai
visto Massimo? — Nessuno ne sapeva nulla. Mi pare di aver
dato ordine in casa che non ricevevo visite. Ma era forse
inutile, ché pochi, per non dir nessuno, di quegli amici
25   avrebbe osato[95] venire dove abitava mio padre.
Non avendo direzione e volendo pur studiare il paese[96] a
olio, chiesi consiglio a un bravo pittore, il cavaliere[97] Bagetti.
Egli mi consigliò di copiare due quadri che aveva un nostro
amico nella sua galleria. Bei quadri, non so di chi, o non me
30   ne ricordo. L'amico non soltanto mi diede il permesso di

---

[88] **speranza** hope.   [89] **persino** even.   [90] **Impara l'arte e mettila da parte**
Learn art and set it aside (i.e. for future use).   [91] **mutazione** change.
[92] **prima di giorno** before daybreak.   [93] **disegnare** to draw.   [94] **farci caso** to
pay attention to it.   [95] **osare** to dare.   [96] **paese** landscape.   [97] **cavaliere**
knight, chevalier (*do not translate here*).

copiarli, ma me li fece portare in una camera dove potevo
lavorare a mio comodo.

Mentre lavoravo su questi quadri, mi venne a trovare uno
dei miei antichi amici (o meglio, nemici). Entrò sorridendo,
5 ma mi accorsi che mi diede un'occhiata come quando uno si
avvicina ad un animale sospetto.[98]

— Insomma,[99] non ti vediamo più . . . si può sapere . . . che
cosa t'abbiamo fatto? . . . che è successo?

15

— Non m'avete fatto niente, e non è successo niente, —
10 risposi anch'io ridendo. — M'è venuto voglia di studiare la
pittura e di copiare questi quadri.

Questa risposta e niente era lo stesso; e così l'intese
l'amico. Dopo qualche altra parola se n'andò e non vidi mai
più nessuno di quella compagnia.

15 Se di tante cose d'allora mi vergogno[1] e vorrei di-
menticarmi, di questa ne sento orgoglio. Via[2] . . . dica la
verità, caro lettore! Non le pare che per un giovane come
me, fare una mutazione completa dall'oggi al domani, ci
vuole una certa forza di volontà, e che il caso non è tanto
20 comune?

Ed ecco già comparso un frutto dell'educazione, del-
l'esempio di mio padre e di mia madre; come pure un
frutto dell'amicizia di Bidone. Egli mi diceva:

— Negli atti della vita, s'avvezzi a fare dei sacrifici
25 ignorati[3] da tutti; si avvezzi, senza che nessuno lo sappia, a
rifiutare cosa che le piaccia, come ad accettare cosa che le
dispiaccia; cominciando da piccole cose e poi via via[4]
facendo dei sacrifici maggiori.

Io prego i giovani, li prego in nome di quello che hanno di
30 più caro al mondo, li prego, ripeto, a mettere in pratica quel
che diceva Bidone, più e meglio che non lo misi in pratica io.

Cominciavo dunque da piccoli sacrifici; per esempio,

---

[98] **sospetto** suspicious.   [99] **insomma** in short.   [1] **vergognarsi** to feel ashamed.
[2] **Via!** Come!   [3] **ignorare** to ignore, not to know.   [4] **via via** gradually.

duravo in un lavoro mezz'ora di più, anche quando ero stanco, mi alzavo un'ora prima, e via via[5]; e sempre senza che nessuno lo sapesse.

Intanto l'amore dell'arte sempre più mi cresceva. Avevo
5 grandissima voglia di tornare a Roma. Ne cominciai a parlare con mia madre, e lo dissi tante volte che quella cara e santa donna, che per me avrebbe fatto ogni cosa, ne parlò a mio padre. La cosa fu decisa e mia madre ed io partimmo per Roma.

16

10 Al principio della primavera prendemmo una villa a Castel Gandolfo,[6] da[7] certi contadini. Mio padre ci venne a trovare. Vide i miei lavori e se ne mostrò abbastanza[8] contento.

I miei studi d'arte progredivano abbastanza bene; a Roma nello studio di Martino Verstappen, ed in villa dal vero.[9]
15 Martino Verstappen era uno dei migliori artisti di quell'epoca. Egli mancava della mano destra e dipingeva colla sinistra. Fu tanto il suo amore del vero che giunse a far quadri bellissimi, coi quali guadagnò tanto da poter vivere comodamente.[10]
20 Quest'uomo era ottima persona, ma viveva solo, lontano da tutti. S'alzava la mattina prima di giorno, lavorava fin che ci vedeva, e poi la sera faceva miglia e miglia per Roma, sempre solo, coll'unico scopo di far lavorare le gambe. Per non perder tempo il giorno, camminava la sera, anche nella
25 pioggia.[11]

Nessuno lo vedeva, non trattava[12] nessuno, neppure i suoi scolari, che erano soltanto due, un giovane romano ed io. Il detto giovane era figlio del padrone di casa, e fu accettato, credo io, soltanto perché era impossibile dirgli di no. Io fui
30 accettato quasi per la stessa ragione, ma il Verstappen ci vedeva con quel piacere con cui gli occhi vedono il fumo.[13]

Noi due lavoravamo in una camera che serviva da studio, e

---

[5] **e via via** and so on.   [6] **Castel Gandolfo** *a place near Rome.*   [7] **da** *here* = with.   [8] **abbastanza** quite, sufficiently.   [9] **vero** *here* = life.   [10] **comodamente** comfortably.   [11] **pioggia** rain.   [12] **trattare** to be intimate with.   [13] **fumo** smoke.

il maestro dipingeva in un altro studio nella camera vicina. Ogni tanto il buon Martino veniva fuori mentre noi copiavamo qualche punto dei suoi quadri. Egli veniva dietro la nostra sedia e guardava senza dir parola per cinque
5   minuti, mentre noi aspettavamo qualche buon consiglio.

— Un poco duro, — e passava all'altro scolare. Di nuovo cinque minuti e poi:

— Un poco pesante, — e via per i fatti suoi.[14]

17

Egli intendeva le relazioni da maestro a scolare come
10 l'intendevano gli antichi pittori. Se accettavano scolari, questi dovevano fare anche un po' da servitori. Quest'idea non mi dispiaceva poi tanto. A me pareva d'essere uno dei tanti scolari delle antiche scuole, i quali erano di casa del maestro, facevano ogni cosa per lui, e lo consideravano come
15 padre, ed anche come padrone.

Per due o tre anni ho aperto l'uscio[15] di casa quando bussavano, ho portato quadri, ho fatte tante altre piccole cose che generalmente le fa un servitore.

Per essere fedeli alle tradizioni artistiche, di quando in
20 quando prendevamo delle piccole vendette[16] contro il maestro. Se, per esempio, non compariva[17] per parecchi giorni — ché alle volte ci dimenticava completamente — veniva deciso[18] fra noi due che bisognava dare un esempio. Mettevamo allora sedie, tavole, e tante altre cose l'una sopra
25 l'altra, e poi una spinta,[19] e giù tutto per terra, con un terribile rumore. Il povero Martino vedeva già i suoi quadri tutti rovinati[20] e subito usciva dal suo studio. Naturalmente[21] la risposta era preparata e tutto andava a finire bene.

Nel 1820 eravamo di nuovo a Torino. L'estate la passai in
30 gran parte in villa, seguitando[22] i miei studi dal vero. Ero in villeggiatura col conte Benevello, che amava moltissimo l'arte. Lo ricordo come uno dei migliori e più simpatici

---

[14] **per i fatti suoi** about his own business.   [15] **uscio** door.   [16] **vendetta** vengeance.   [17] **comparire** to appear.   [18] **veniva deciso** it was decided.   [19] **spinta** push.   [20] **rovinare** to ruin.   [21] **naturalmente** naturally.   [22] **seguitare** to continue.

amici. Egli disegnava e dipingeva, ora persone, ora paese:
dipingeva un po' di tutto. La sua casa era aperta agli uomini
di tutte le scienze e tutte le culture.[23] Egli preparò studi per
pittori all'ultimo piano della sua casa, studi in cui c'era molta
5 luce e spazio. Benevello s'occupava soprattutto dei giovani
che si mettevano nella lunga e dolorosa[24] via dell'arte.

18

Il conte Benevello fece in quel tempo molto bene pel suo
paese. La nostra società si burlava di lui perché infatti aveva
talvolta in arte, in letteratura,* idee piuttosto strane. Ma solo
10 chi non fa niente è certo di non sbagliare e di non far pur
ridere talvolta; e questo era appunto il caso di quelli che si
burlavano di quel mio ottimo amico. Era ricchissimo, ma
faceva una vita molto semplice. Egli non sentiva bisogni,
mangiava ogni cosa, era indifferente al freddo, al caldo, ai
15 comodi,[25] e dormiva poco.

Mio padre e mia madre, com'è naturale, avevano applaudito la mia risoluzione di lasciare le compagnie
allegre e di mettermi a fare qualche cosa. La mia risoluzione
di farmi pittore non cambiava.[26] I miei parenti pensavano
20 alla mia età e non volevano mandarmi solo in una città come
Roma a studiare la pittura. Finalmente, però, mia madre
arrivò a convincere mio padre. Questi mi chiamò un giorno
e mi disse che ero libero di partire per Roma quando volevo.
Soltanto m'avvertiva[27] che non era disposto[28] a darmi nulla.
25 Questo *nulla* mi parve poco. Gli alzai gli occhi in viso,
meravigliato. Egli seguitò spiegandomi che per *nulla*
intendeva nulla di più di quello che mi dava mentre vivevo
in famiglia. Non era molto certamente; tanto più per la città
di Roma, dove tutto era più caro che a Torino.
30 Ma io ero così risoluto[29] di andare che sarei andato con
niente. Prima avevo due o tre cavalli e un servitore. Ora

---

[23] **cultura** culture, accomplishment.   [24] **doloroso** painful.   [25] **comodo**
comfort.   [26] **cambiare** to change.   [27] **avvertire** to warn.   [28] **disposto**
disposed.   [29] **risoluto** (*p.p. of* **risolvere**) determined.

stavo per trovarmi senza cavalli, senza servitori, e fuori di casa mia. Ma ripeto, sarei andato con *niente*.

19

Arrivai a Roma e andai ad abitare con la famiglia Orengo, che mio padre conosceva bene. Mi accolsero[30] come un
5 figliuolo, e subito cominciai a sistemare[31] le mie cose. La prima cosa da sistemare era di non fare il passo più lungo della gamba.[32] Il mio avere[33] non arrivava a venticinque scudi[34] romani. Circa quindici se ne andavano per mangiare, dormire, bucato,[35] ecc. Altri sei se ne andavano
10 per lo studio. Ne rimanevano due o tre per colori, modelli,* vestiario,[36] teatro, e piccoli piaceri.

La prima volta ero venuto in Roma con mio padre. Avevo una bella ed elegante uniforme, andavo a cavallo ed in carrozza, e vivevo come tutti i signori e principi[37] romani,
15 con servitori, cavalli, ecc. Ora coi miei tre scudi di vestiario, modelli, colori, teatro, e piccoli piaceri, non potevo certo far il principe.

Bisogna cambiare il modo di vivere, pensai. A questo punto voglio fare un'osservazione importante. Ognuno deve
20 saper vivere del suo[38]; e chi[39] fa debiti* vive più o meno dell'altrui.[40] Io ebbi, ed ho, debbo dirlo, l'orrore* dei debiti. Perciò, avendo poco, invece di far debiti, imparai a vivere con quel che avevo. E così ho sempre fatto e sempre farò.

Evitai[41] dunque di far visite ai miei antichi amici. Trovai
25 uno studio in una casetta[42] in piazza[43] di Monte d'Oro. Con un po' di denaro portato da Torino per le prime spese comprai quanto[44] m'occorreva, e diedi principio al mio nuovo sistema di vita.

---

[30] **accogliere** (*p.a.* accolsi) to receive, welcome.   [31] **sistemare** to arrange.
[32] **fare il passo più lungo della gamba** *cf.* to bite off more than one can chew.
[33] **avere** possessions.   [34] **scudo** crown, dollar.   [35] **bucato** laundry.
[36] **vestiario** clothing.   [37] **principe** prince.   [38] **del suo** on his own resources.
[39] **chi** he who.   [40] **dell'altrui** on the resources of others, at the expense of others.   [41] **evitare** to avoid.   [42] **casetta** little house.   [43] **piazza** square.
[44] **quanto** whatever.

20

Era d'inverno, perciò non si poteva studiare dal vero. Feci altre cose, dividendo così la mia giornata. M'alzavo un paio d'ore prima di giorno ed andavo da un maestro che riceveva scolari ed insegnava a lume di candela.* A lume di sole gli
5 scolari avevano altro lavoro. A levata di sole[45] la lezione finiva, ed ognuno se ne andava alle sue faccende.

Io m'ero fatto amico con uno che insegnava ad andare a cavallo, e con pochi soldi potevo andare a cavallo per un'ora. Dopo me n'andavo allo studio e lavoravo fino all'ora di
10 pranzo, disegnando, dipingendo dal modello, studiando disegni e modelli di uomini e cavalli. Dopo pranzo andavo a studiare sul nudo,[46] con un bravissimo uomo chiamato Antonio per modello. Lo studio del nudo finiva alle nove di sera; ora, per chi si alza presto, d'andare a casa e a letto.
15 Questo si chiamava lavorare!

La padrona che m'affittava[47] lo studio era vedova[48] di un architetto. Essa era brutta, ma buonissima donna. Rimasta sola e con pochi mezzi, dovette vendere tutti gli abiti del marito. Siccome questi era stato alto come me, comprai
20 parecchi dei suoi abiti con poca spesa. Ma siccome egli era molto più grosso,[49] negli stivali[50] c'entravo tre volte. I miei amici, vedendomi i piedi in quegli stivali, ridevano; e per molti anni, quando volevamo ricordare quei primi tempi nell'arte, dicevamo l'epoca degli stivali.
25 In tutto ciò v'era sacrificio che per molti sarebbe doloroso. Però a ventun anno, in buona salute, e solo, il sacrificio non era poi tanto. Mi pareva proprio d'essere un artista sul serio,[51] quando mi trovavo senza quattrini.[52] E non si può negarlo; tutti i pittori in quel tempo si trovavano al verde.
30 Parlo dei pittori italiani.

21

Così sempre studiando, sempre da me o con qualche altro pittore, sempre lontano dalle società, dai teatri, e da tutti i

---

[45] **a levata di sole** at sunrise.   [46] **nudo** nude.   [47] **affittare** to rent.   [48] **vedova** widow.   [49] **grosso** stout.   [50] **stivale** boot.   [51] **artista sul serio** a real artist. [52] **quattrini** money.

piccoli piaceri — il perché già lo sa — passai l'inverno. Al principio della primavera avevo già finito il mio primo quadro e lo mandai a Torino.

Poi cominciai a cercar luogo dove abitare senza troppa
5 spesa, per continuare i miei studi sul vero. Benché non stessi[53] più con Verstappen, non l'avevo abbandonato, e quando potevo riuscire a vederlo, cercavo di tenermelo[54] amico. Per mezzo di un suo parente, venni a sapere che egli aveva in mente d'andare in maggio a Castel Sant'Elia.
10 Benché buon artista e uomo sui cinquant'anni, egli soleva passare ogni estate tre o quattro mesi a studiare dal vero come un principiante.[55]   Per me che ero davvero principiante e che avevo bisogno di vederlo lavorare, l'unica cosa fu di andarmene anch'io a Castel Sant'Elia.
15 Il cognato[56] di Vestappen, col quale mi ero trovato parecchio tempo nel suo studio a lavorare, scelse anche lui il medesimo soggiorno per le medesime ragioni. Eravamo tutti e due principianti, tutti e due giovani, e tutti e due con pochissimi quattrini. Buonissime ragioni d'andar insieme.
20 Ci mettemmo d'accordo[57] di fare una sorpresa a Martino.

Dopo due giorni di viaggio arrivammo a Castel Sant'Elia nel pomeriggio d'una bella giornata di maggio. Io a piedi e il cognato di Verstappen sull'asino che egli possedeva e sul quale era stato portato, senza fretta, per le trentadue miglia[58]
25 di strada che ci separavano da Roma.

22

La prima visita fu, come è naturale, dedicata a Verstappen, il quale, credendo ignorata da tutti in Roma la sua villeggiatura, s'era addormentato in pace. Quando ci presentammo noi e dovette destarsi,[59] non ebbe la forza di
30 mostrarsi felice, come fanno tutti gli altri; quei suoi grandi occhi mostrarono chiaramente[60] che era seccato[61] del nostro

---

[53] stessi (past subjve. of stare) I was.   [54] tenermelo to keep him.
[55] principiante beginner.   [56] cognato brother-in-law.   [57] mettersi d'accordo to come to an agreement, agree.   [58] miglio (pl. miglia, f.) mile.   [59] destarsi to wake up.   [60] chiaramente clearly.   [61] seccato annoyed.

arrivo. Gli domandammo invano se sapeva come potessimo[62] trovar casa, o albergo,[63] ecc. Lui non sapeva
niente di niente,[64] e pregava certo Iddio in cuor suo che non
trovassimo luogo. Non c'era in paese né albergo, né case, né
5 camere a pigione,[65] e quel ch'è peggio, nemmeno botteghe;
appena un fornaio,[66] se ben mi ricordo.

Finita la nostra visita, che non durò molto, ci mettemmo in
cerca[67] di case, bussando a tutti gli usci, cercando almeno
una camera a pigione, e non trovando nulla in quel benedetto
10 paese. Finalmente però, dopo molte domande, ci indi-
carono[68] una casaccia[69] senza porte o vetri,[70] disabitata[71]
e abbandonata da molti anni. Siccome non c'era altro, e via
non volevamo andare, accettammo la casa abbandonata.
Cercammo il padrone, e subito ci mettemmo d'accordo per
15 pochi soldi. Non ci fu nemmeno bisogno di prenderci le
chiavi, per la semplice ragione che non ce n'erano.

Andammo dunque alla nostra casaccia disabitata. Di tutti i
mobili era rimasta solo una vecchia sedia. Quanto a[72] letti e
ogni altra cosa, è detto in una parola, *niente*. Ma a tutto c'è
20 rimedio fuorché[73] alla morte. Trovammo due grandi sacchi[74]
e comprammo tanta paglia[75] da empirli.[76] Un paio di
lenzuola[77] le avevamo. Mettemmo i sacchi in terra, li
coprimmo colle lenzuola bianche, e la camera da letto era
pronta. Cercammo una tavola, tanto per non[78] mangiare in
25 terra. E così le nostre stanze furono complete.

23

Rimaneva però un gran problema, quello di mettere l'asino
in luogo chiuso per la notte, poiché Castel Sant'Elia non era
paese di soli galantuomini.[79] Ma anche a questo si trovò
rimedio. Io presi l'asino davanti, ed il suo padrone lo prese

---

[62] **potessimo** (*past subjve.*) we could. [63] **albergo** hotel. [64] **niente di niente**
nothing whatever. [65] **pigione** rent. [66] **fornaio** baker. [67] **cerca** search.
[68] **indicare** to point out. [69] **casaccia** hut, shack. [70] **vetro** glass, window
pane. [71] **disabitato** uninhabited. [72] **quanto a** as for. [73] **fuorché** except.
[74] **sacco** sack, bag. [75] **paglia** straw. [76] **empire** to fill. [77] **lenzuolo** (*pl.*
lenzuola,*f.*) sheet. [78] **tanto per non** just not to. [79] **galantuomo** honest man.

per la coda[80] e gli dava spinte di dietro. Gli facemmo salire gli scalini[81] che conducevano al piano superiore,[82] e lo lasciammo in salotto, con l'erba per mangiare. Noi ce ne andammo nella camera vicina a dormire sui nostri sacchi di
5 paglia.

Il giorno dopo mettemmo alla meglio[83] un po' di carta su quelle finestre senza vetri tanto per non dormire sempre coll'umido[84] della notte addosso.[85] Poi bisognò pensare alla cucina. Facemmo una gita[86] a Nepi, il paesello[87] vicino, e
10 tornammo con gli attrezzi[88] necessari.

Il secondo giorno eravamo già accomodati[89] tutti e tre, noi due in casa e l'asino nella stalla.[90] Una volta per uno, ognuno di noi dovette andar sempre ogni due giorni al paesello coll'asino per avere pane,[91] un po' di brodo,[92] ed
15 altre cose necessarie. La cucina[93] si faceva un poco per uno.

Preparata la casa, il secondo giorno dopo il nostro arrivo potemmo cominciare il nostro lavoro a levata di sole. Io non possedevo asino: i miei mezzi non lo permettevano. Presi invece un ragazzo di quindici o sedici anni, il quale si faceva
20 prete e andava vestito da prete. Cioè intendiamoci: in quei paesi e con quei caldi tutti vanno sempre in maniche di camicia.[94] Perciò l'abito da prete si conosceva solo da calzoni e calze nere. Questo ragazzo mi portava gli attrezzi, mi lavava i pennelli,[95] ed era un ottimo ragazzo.

24

25 Noi che eravamo venuti a Castel Sant'Elia per veder lavorare dal vero Verstappen, vuole crederlo? Non riuscimmo mai a vederlo lavorare; si può dire, nemmeno a vederlo. La sera andavamo in casa sua, ma quasi sempre era già a letto. Per buona fortuna, dopo i primi tempi quella gente cominciò ad
30 accettarci, a salutarci, e poi finalmente a farsi amici.

---

[80] **coda** tail. [81] **scalino** step. [82] **al piano superiore** to the upper floor. [83] **alla meglio** the best we could. [84] **umido** dampness. [85] **addosso** on us. [86] **fare una gita** to take a trip. [87] **paesello** little town. [88] **attrezzo** utensil, tool. [89] **accomodato** settled. [90] **stalla** stable. [91] **pane** bread. [92] **brodo** broth, soup. [93] **cucina** cooking. [94] **maniche di camicia** shirt sleeves. [95] **pennello** paintbrush.

Io nascondevo sempre la mia origine, che però si veniva a scoprire[96] per qualche caso. Ecco come si venne a scoprire a Castel Sant'Elia.

Bisogna sapere[97] che nell' Italia centrale* e meridionale,[98]
5 a ognuno dei figli si dà sempre il titolo* del padre. Mio padre era marchese[99]; dunque marchese anch'io. Un giorno avevo scritto a casa per non so quali panni.[1] Me li mandarono in un involto,[2] coll'indirizzo[3] *Al Marchese Massimo d'Azeglio — Nepi*. Intanto me ne avvisavano per
10 lettera. Io andai in persona, vestito come ero di solito: maniche di camicia, giacca gettata su una spalla,[4] e senza calze perché faceva caldo. Entro, e dico:

— Ci deve essere un involto per Azeglio.

— C'è, ma è per il marchese.

15 — Ebbene, sono qua per prenderlo. Quanto devo?

— Eh, abbiate pazienza, non ve lo posso dare; bisogna che venga il signor marchese per firmare[5] la ricevuta.[6]

— Ma son io il marchese, — dissi io perdendo la pazienza.

— Voi siete il marchese?

20 Ancora rido a ricordarmi l'occhiata[7] che mi diede quell'impiegato. Non mi ricordo ora come dovetti fare, ma mi ricordo che non fu facile portarmi a casa i miei panni. Per fortuna mi trovavo alla fine della mia villeggiatura. Era di luglio, cominciava l'aria cattiva e bisognava ritornare a Roma.

25

25 Tornato a Roma, non vi feci lungo soggiorno. In luglio si può andare soltanto nei monti[8]: altrove[9] c'è la febbre.[10] Io scelsi per mio soggiorno Rocca di Papa,† e subito vi cercai casa per mezzo del mio compagno di studi, che possedeva una villa lì vicino.

30 Il modo in cui entrai in Rocca di Papa, solo, a piedi, con un

---

[96] **scoprire** to discover. [97] **bisogna sapere** it must be understood. [98] **meridionale** southern. [99] **marchese** marquis. [1] **panno** cloth; *pl.* clothes. [2] **involto** package. [3] **indirizzo** address. [4] **spalla** shoulder. [5] **firmare** to sign. [6] **ricevuta** receipt. [7] **occhiata** look. [8] **monte** mountain. [9] **altrove** elsewhere. [10] **febbre** fever.

asino che portava le mie poche robe,[11] non poteva tradire[12] la mia origine. Generalmente i ragazzi mi seguivano quando vedevano gli attrezzi di pittura, i colori, ecc.; ma questa volta ero arrivato verso sera e non mi seguì nessuno. Cominciai la
5 mia vita di lavoro e feci conoscenza[13] con parecchi del paese, i quali mi credevano un povero artista e nient'altro.

Sulla piazza v'era un piccol caffè tenuto da un giovane chiamato Carluccio[14] Castri, e da sua moglie Carolina,* una delle più belle fra le donne di quel paese. Qui s'in-
10 contravano tutti i migliori[15] del paese dopo calato il sole,[16] e restavano fino ad un'ora di notte[17] a chiacchierare.[18] Qui andavo anch'io, e talvolta colla chitarra* cantavo canzoni che mi diedero presto una gran popolarità.* La mia popolarità fu maggiore quando per la festa del paese dipinsi
15 per loro una Madonna.

Strinsi amicizia[19] con Carluccio, padrone del caffè. Egli è uno degli uomini ai quali ho voluto più bene.

Povero Carluccio, la mia venuta[20] fu la mala venuta per lui, come presto dovrò dire. Ma chi legge nel futuro? Era un
20 uomo molto simpatico, e a poco a poco si strinse amicizia. Eravamo sempre insieme; alle feste, alle fiere[21] de' castelli, della montagna, uno non andava senza l'altro. La Carolina anch'essa, senza che nessuno di noi pensasse a male,[22] mi mostrava molta amicizia.

26

25 Ad un mezzo miglio dalla Rocca v'era una cappella[23] alla Madonna, alla quale si andava per una bella strada che era la passeggiata del paese. Su questa strada cominciai uno dei primi studi ch'io feci alla Rocca. Il primo giorno mentre lavoravo, vidi comparire la Carolina col grazioso vestiario[24]
30 delle donne del paese.

---

[11] **roba** goods, belongings. [12] **tradire** to betray. [13] **conoscenza** acquaintance. [14] **Carluccio** Charlie. [15] **i migliori** *here* = the best people. [16] **dopo calato il sole** after sundown. [17] **un'ora di notte** eight or nine o'clock (one hour after sundown). [18] **chiacchierare** to chatter, gossip. [19] **stringere amicizia** to make friends. [20] **venuta** arrival. [21] **fiera** fair. [22] **pensare a male** to think evil. [23] **cappella** chapel. [24] **vestiario** costume.

Carolina si fermò un momento a vedere quel che facevo, e
poi seguitò la sua strada verso la cappella. Il giorno dopo
ritornò allo stesso modo, e finché durò lo studio in codesto[25]
luogo, ogni giorno essa visitò la cappella della Madonna.
5 Il paese subito cominciò a chiacchierare.
Un giorno me la vidi comparire in casa, e mi disse che in
paese si chiacchierava, che ciò le dispiaceva molto, che se,
Dio ne guardi,[26] se n'accorgeva Carluccio, ecc., ecc. Io
volevo studiare, lavorare, e non fare all'amore.[27] Poi
10 Carluccio mi era amico; io gli volevo bene. Non dissi
dunque parola, non feci nessun atto verso di lei, e Carolina
uscì com'era venuta.
Fin qui non v'era nulla di male, come non vi fu mai nulla di
male fra quella buona Carolina e me. Ma non serve in certi
15 casi essere buoni e onesti e avere la coscienza* netta.[28]
Come nel mondo vi sono le vipere,* e non sempre si possono
evitare, così vi sono anime che sembrano avvelenare[29] tutto
quel che c'è di bello, di felice e d'onesto.

27

Una signora romana era venuta in villeggiatura alla Rocca;
20 viveva sola con un bambino. Io avevo fatto la sua
conoscenza in Roma dove, in quei tempi, uomini e donne dai
quindici ai sessant'anni non s'occupavano d'altro che di fare
all'amore. E la signora Erminia,† donna oltre i trenta, non
aveva mai perduto tempo in questa carriera.* Un mio amico
25 era padrone del suo cuore in questo momento. Buon
giovane, mezzo pittore, mezzo cantante, che era stato anche
attore, ma aveva abbandonato tutto per un buon impiego.[30]
Il suo impiego però lo teneva a Roma, lontano, ora, dalla
signora Erminia.
30 Era una di quelle donne per le quali è assolutamente
impossibile star un mese senza far all'amore in qualche
modo, o poco o molto, o da lontano o da vicino. Se devo dire
la verità, da certi modi e da certe parole credo che avesse

---

[25] codesto that. [26] Dio ne guardi Heaven forbid! [27] fare all'amore to make
love. [28] netto clear. [29] avvelenare to poison. [30] impiego position.

scelto me a riempire il vuoto[31] che codesta villeggiatura stava
per lasciare nella sua carriera. Ma io non volevo far
all'amore (e poi essa non mi piaceva). Perciò non ne volli
sapere.[32] Questo destò nella signora un dispetto[33] terribile.
5 Intanto io seguitavo i miei studi. La mia amicizia con
Carluccio non cambiava. Nessun sospetto turbava la sua
mente, poiché in verità non v'era nulla di male.
Ma ci entrò di mezzo[34] l'Erminia; e Carluccio seppe che il
paese aveva chiacchierato.
10 Venne il giorno della mia partenza,[35] ed egli mi volle
accompagnare. Quando siamo lontani dal paese, comincia a
parlare d'Erminia, e a poco a poco riscaldandosi, dice di lei
quel che meritava* e anzi un po' di meno. Finisce col
fermarsi guardandomi in viso, e mi dice:
15 — E sai che m'ha voluto far capire? . . . Che tu facevi il
caro[36] con mia moglie!

28

In ogni paese una tal parola, in tal caso, può essere seguita da
gravi fatti; ma in quei paesi più che altrove il coltello è
sempre pronto. Perciò gli tenevo gli occhi alle mani.
20 Ognuno può sentire quanto sia difficile in tal caso trovare
una risposta, trovare un viso, uno sguardo, un suono di voce
che sia naturale. Però la coscienza netta è sempre un buon
aiuto, ed ha valore nel trattare cogli uomini.
— Carluccio mio, — gli risposi, — la signora Erminia può
25 dire quel che vuole, ma io ti giuro da galantuomo che non
solo non le ho fatto il caro, ma non le ho mai detto una parola
né fatto un atto che te ne potessi lagnare.[37]
Questo bravo giovane, che voleva soltanto levarsi una
pietra d'in sullo stomaco,[38] e non farmi dispiacere, conobbe
30 ch'io dicevo la verità. Mi guardò e disse:

---

[31] vuoto void.   [32] non ne volli sapere I would have nothing to do with it.
[33] dispetto feeling of vengeance, spite.   [34] di mezzo into the matter.
[35] partenza departure.   [36] fare il caro to become too affectionate.   [37] lagnarsi
to complain.   [38] levarsi una pietra d'in sullo stomaco to take a weight off
one's chest.

— Eh, ti credo senza che ci giuri!... è quella brutta
Erminia. ...

Seguitammo la nostra via, passando da un discorso[39] ad un
altro. Ci lasciammo in ottima armonia. Io seguitai verso
5 Roma, e lui verso la Rocca.

Non ho mai potuto saper bene che cosa accadesse[40] quella
sera tra lui, Erminia, la Carolina, e forse altri. Molto tempo
dopo seppi questo solo: che verso notte Carluccio incontrò
Erminia per la strada; la quale, saputo ch'egli tornava
10 dall'avermi accompagnato, diede in una gran risata,[41]
dicendogli:

— Anche l'accompagnamento!* ah! ah! ah!

Cieco dalla rabbia,[42] il povero Carluccio andò a casa. La
mattina dopo fu trovato morto.

15 Sempre m'è rimasta cara la memoria di quell'oscuro,[43] ma
onesto giovane, che mi si mostrò così vero amico. Ho sentito
un vero dolore d'essere stato io causa indiretta della sua
morte e della sventura di tutta la sua famiglia.

EXERCISES

1

A. *Choose the expression that best completes each statement:*

1. Suo padre si vestì (il meglio che possibile, in un vestito
   negletto).
2. La famiglia di sua madre rimase (meravigliata, molto felice).
3. Lo sposo cavò di tasca (dei dolci, un foglio di carta).
4. Sul foglio di carta c'era (una lista di difetti, una lista di libri).
5. Diede il foglio (alla signorina, ai parenti della signorina).
6. Dopo aver letto la lista dei difetti, la signorina (voleva
   sposarlo, stava per dir di no).
7. I parenti dissero allo sposo che (avevano fiducia in lui, la
   figlia non lo voleva).
8. I genitori ebbero otto figli, (cinque maschi e tre femmine, sei
   maschi e due femmine).

---

[39] **discorso** topic.   [40] **accadesse** (*past subjve.*) took place.   [41] **dare in una
risata** to burst into laughter.   [42] **rabbia** rage.   [43] **oscuro** obscure.

B. *In the following sentences change the verbs in italics to the past absolute (You will find all the forms in Part 1):*

1. *Vuole* presentarsi come ogni marito dopo sposato.
2. Tutti *rimangono* meravigliati.
3. Mio padre *si cava* di tasca un foglio di carta.
4. *Dà* il foglio a mia madre per farsi conoscere.
5. La giovane *è* sul punto di dir di no.
6. I suoi parenti *si burlano* del foglio e di lei.
7. Il matrimonio *si fa.*
8. *Hanno* sei maschi e due femmine.

2

A. *Rewrite the following statements completely in Italian:*

1. *I was born* a Torino nella *yellow room.*
2. La casa nostra era *rather wealthy,* ma era diventata *poor.*
3. In ogni *war* i signori seguivano l'esempio *of the king.*
4. Davano le cose *of value* per supplire alle *expenses* della guerra.
5. Mio padre badava *to the finances* e *the education* di sua moglie.
6. Le giovani sapevano *French,* ma quasi *nothing else.*
7. Cesare godeva *to assemble* gli amici alla sua *dinner table.*
8. Quattro ore furono *devoted* agli studi per *five years.*

B. *Answer the following questions with complete Italian sentences:*

1. Quando nacque Massimo d'Azeglio?
2. Come era diventata la sua casa dopo tante guerre?
3. Chi badava agli interessi di casa?
4. Chi aveva ricevuto un'ottima educazione?
5. A quei tempi si badava molto all'istruzione delle donne?
6. Che lingua sapevano bene le signorine?
7. Il padre in che modo consacrava molte ore all'educazione di sua moglie?
8. A che cosa consacrava il tempo che gli rimaneva?

3

A. *Use each of the following expressions in a short sentence in Italian:*

1. da bambino
2. la domenica mattina
3. una scatola di torroni
4. i tre maggiori fratelli

5. un antico impiegato
6. un carattere dolcissimo
7. lo stato della salute
8. per fortuna

B. *Correct the following statements based on the material in Part 3:*

1. La domenica mattina andavamo spesso dai nonni.
2. La Contessa ascoltava i versi imparati da me un mese prima.
3. Dopo i versi mi dava sempre un libro.
4. Massimo d'Azeglio è diventato un gran poeta.
5. I tre maggiori fratelli sono andati a studiare a Firenze.
6. Massimo era a Torino con la nonna.
7. La figlia di un vecchio impiegato era maestra di Massimo.
8. Lo stato della salute del padre turbava la famiglia.

True-False Test

Mark each of the following statements **T** *(true) or* **F** *(false) according to the text. Check with the key at the end of the exercise when you have finished:*

1. Nella prima visita di sposo suo padre si vestì bene.
2. Fece una buona impressione sulla giovane.
3. Lo sposo presentò alla giovane una lista dei suoi difetti.
4. La giovane fu quasi sul punto di non sposarlo.
5. La famiglia era molto contraria al matrimonio.
6. Gli sposi prima ebbero due femmine.
7. In tutto ebbero dieci figli.
8. Massimo d'Azeglio nacque a Torino.
9. I signori non davano niente al re in tempo di guerra.
10. Il padre si occupava dell'istruzione della famiglia.
11. La madre era molto intelligente di natura.
12. Cesare non voleva amici in casa di sera.
13. Cesare e sua moglie facevano buone letture e traduzioni.
14. La Contessa dava il torrone al bambino.
15. Massimo d'Azeglio diventò gran poeta e pittore.
16. I tre fratelli maggiori andarono a studiare a Siena.
17. Una sorella era a Torino con la nonna.
18. La figlia di un antico impiegato abitava con loro.

19. Il padre non stava bene.
20. La madre non voleva occuparsi dei figli.

(Key to the preceding exercise: 1. F; 2. F; 3. T; 4. T; 5. F; 6. F; 7. F; 8. T; 9. F; 10. T; 11. T; 12. F; 13. T; 14. T; 15. F; 16. T; 17. T; 18. T; 19. F; 20. F.)

4

A. *Rewrite the following sentences, changing the verbs in italics to the imperfect tense:*

1. I miei genitori *vogliono* far di me un uomo.
2. *Sanno* che l'orgoglio e la vanità sono un pessimo regalo.
3. Essi perciò non *mi ammirano.*
4. Se *cado* non si *mostrano* turbati.
5. Delle volte mi *faccio* male.
6. Ci *avvezzano* all'ordine.
7. D'inverno *nevica* molto.
8. *Hanno* per coperta un dito di neve.

B. *Complete the following with an infinitive and then translate:*

1. Non si faceva _____ da nessuno.
2. Mi faccio _____ la colazione.
3. Fece _____ gli amici a casa.
4. Faremo _____ la macchina.
5. Le fecero _____ sul terrazzino.
6. Ci facevano _____ con la signorina Teresina.
7. Perché non lo farai _____ dalla nonna?
8. La maestra lo fa _____ dopo la classe.

5

A. *Explain in Italian the meaning of each of the following expressions:*

1. non aprivamo bocca
2. non ci veniva in capo
3. era proibito alzar la voce
4. se mi cacciavo innanzi a Metilde
5. in un'altra occasione
6. non mi ricordo il motivo
7. gli domandai perdono
8. di fuori facevo il bravo

B. *Answer the following questions with complete Italian sentences:*

1. Come bisognava stare a tavola?
2. Che cosa era proibito a casa e anche fuori?
3. Quando Massimo si cacciava innanzi a Metilde, che faceva il padre?
4. In quale città sono le Cascine?
5. Chi percosse il vecchio servitore?
6. Che gli fece fare sua madre?
7. Che cosa non si deve temere?
8. Come si sentiva Massimo quando si fece cavare un dente?

6

A. *Rewrite the following sentences completely in Italian:*

1. *Our* padre diceva che *fear* è una brutta cosa.
2. *Sometimes* ci metteva *to the test.*
3. *For example,* tutto sembra strano *in the dark.*
4. Ci prendeva *by the hand* e ci conduceva *near the object.*
5. *I used to enjoy myself* con le sedie e con *the brooms.*
6. *The only exception* a questa *rule* fu ai Bagni di Lucca.
7. *In a shop* vedemmo parecchie *carriages.*
8. Mi comprarono *a modest one* ed ero *very happy.*

B. *Use each of the following expressions in a complete sentence in Italian:*

1. mostrare la paura	5. per la mano
2. all'oscuro	6. vicino a
3. da lontano	7. a quattro cavalli
4. nulla di strano	8. in onore di

True-False Test

*Mark each of the following statements **T** (true) or **F** (false) according to the text. Check with the key at the end of the exercise when you have finished:*

1. Il padre diceva che l'orgoglio è un pessimo regalo.
2. Se io cadevo, si mostravano turbati.
3. Secondo il padre, l'uomo deve abituarsi a soffrire.
4. Il padre non li avvezzava all'ordine.

5. Non dovevano far aspettare nessuno per il loro comodo.
6. La minestra fu portata sul terrazzino alle due signorine.
7. Solo a tavola era permesso di parlare.
8. I bambini si credevano il centro di tutto.
9. Insegnavano ai bambini di essere cortesi.
10. Le Cascine sono a Torino.
11. Metilde percosse il vecchio servitore con una canna.
12. La madre domandò perdono al vecchio servitore.
13. Quando Massimo si fece cavare il dente, cominciò a piangere.
14. Talvolta la madre li metteva alla prova.
15. La madre li conduceva pei boschi la notte.
16. All'oscuro gli alberi sembrano forme strane.
17. I primi nati generalmente hanno molti balocchi.
18. Massimo ebbe anche molti balocchi.
19. Ai Bagni di Lucca gli comprarono una carrozzetta.
20. Era la più modesta delle carrozzette.

(Key to the preceding exercise: 1. T; 2. F; 3. T; 4. F; 5. T; 6. T; 7. F; 8. F; 9. T; 10. F; 11. F; 12. F; 13. F; 14. F; 15. F; 16. T; 17. T; 18. F; 19. T; 20. T.)

7

A. *Use each of the following expressions in a short sentence in Italian and then translate the sentence:*

1. far il chiasso
2. essere al verde
3. far venire l'acquolina in bocca
4. fare pietà
5. la città nativa
6. la migliore istruzione
7. mandar all'estero
8. venne proibito

B. *Change the verbs in italics to the present tense:*

1. *Veniva* a far il chiasso con me.
2. Le nostre famiglie *erano* al verde.
3. La mia carrozzetta gli *faceva* venire l'acquolina in bocca.
4. Subito gli *diedi* il mio regalo.
5. Io *rimasi* lì molto turbato.
6. I miei ne *furono* contentissimi.
7. *Cominciarono* ad insegnarmi a leggere e a scrivere.
8. Mio padre *dovette* richiamare i miei fratelli dal collegio.

8

A. *Answer the following questions with complete Italian sentences:*

1. Quanti anni studiò Massimo il latino?
2. Quali corsi sono molto utili per tutti?
3. Quale storia aveva studiato?
4. Con chi studiò retorica?
5. Quanti scolari c'erano in quella classe?
6. Che memoria serba di quei compagni?
7. Quando si mise a studiare?

B. *Give Italian cognates for the following words:*

1. to serve
2. intelligence
3. principal
4. fruit
5. native
6. annual
7. memory
8. character
9. education
10. rhetoric

9

A. *Tell* **who** *is indicated:*

1. _____ lavorava come un asino per scrivere il componimento in greco.
2. _____ ogni tanto dava un'occhiata ai componimenti.
3. _____ era il rettore dell'università.
4. _____ del rettore non doveva essere un asino.
5. _____ scomparì per una mezz'ora.
6. _____ scrisse il componimento per Massimo.
7. _____ non ebbe il coraggio di rifiutare e lo copiò.
8. _____ disse che il ragazzo era così bravo nel greco.

B. *Rewrite the following sentences completely in Italian:*

1. Io e *my companions* dovevamo scrivere *a composition* in greco.
2. Il maestro *once in a while* veniva a dare *a glance.*
3. *The nephew* del rettore non scriveva bene *in Greek.*
4. *The teacher* scomparì *for half an hour.*
5. Mi diede il componimento *all written out,* che dovevo *to copy.*

6. Debbo *to confess* che mi sentii *humiliated.*
7. A mia *shame,* non ebbi *the courage* di rifiutare.
8. Fu trovato *very good* e io *quite good* nel greco.

Review of 7–9

A. *Explain these expressions using other Italian words:*

1. Erano al verde.
2. la mia città nativa
3. Egli dovette richiamarli.
4. Era l'epoca degli esami.
5. Fui il più asino.

6. Il professore dava un'occhiata.
7. in un attimo
8. Lasciò il componimento bello e fatto.

B. *Correct the following statements, based on the text:*

1. Veniva a far chiasso con me la figlia del Conte Cinzano.
2. Anche lui era guastato con troppi balocchi.
3. Io non gli diedi la mia carrozzetta.
4. Il Conte Cinzano me ne comprò un'altra più bella.
5. La migliore istruzione era quella che trovavo a scuola.
6. A Massimo sembrava utile lo studio del latino e del greco.
7. In quell'epoca si studiava la storia moderna.
8. Il signor Bertone insegnava il tedesco.
9. In questo corso Massimo era il più bravo.
10. Appena mi lasciarono in pace, non studiai più.
11. Per l'esame dovette scrivere un componimento in inglese.
12. I tre scolari erano seduti a un tavolino.
13. Il maestro dava un'occhiata a Perrier e a Fascini e si turbava.
14. Gli lasciò un componimento in latino bello e fatto.
15. Massimo ebbe il coraggio di rifiutare.

C. *Give the Italian verb that corresponds to each of the following nouns:*

EXAMPLE: incontro — **incontrare**

1. lavoro
2. studio
3. servo
4. visita
5. ritorno

6. bisogno
7. lettura
8. voglia
9. parola
10. vergogna

10

A. *Change the verbs in italics to the past absolute:*

1. *Viene* il giorno dei premi.
2. *Ricevo* dalle mani del Conte Balbo un bel libro.
3. *Ha* più torto di me quel maestro.
4. Mi *dà* un cattivissimo esempio.
5. *Ho* sulle guance un livido.
6. Finalmente *se ne accorge* mio padre.
7. Però questa volta non *dice* quasi nulla.
8. Il giorno della mia nascita mi *regala* uno schioppo.

B. *Tell* **who** *is indicated:*

1. _____ ricevette in pubblico un premio.
2. _____ pensa lasciarlo ad una biblioteca come restituzione.
3. _____ gli diede un cattivissimo esempio.
4. _____ soleva passare le vacanze scolastiche dietro Moncalieri.
5. _____ passavano la giornata a correre, saltare, andare a caccia.
6. _____ aveva trovato un vecchio schioppo.
7. _____ andava a caccia con Massimo e i suoi fratelli.
8. _____ s'accorse che Massimo aveva un livido.
9. _____ decise di comprargli uno nuovo.
10. _____ rimase felice perché il nuovo non gli diede più quel colpo.

11

A. *Use each of the following expressions in a sentence in Italian and then translate the sentence:*

1. per qual motivo
2. una cosa da nulla
3. attaccar lite
4. in verità
5. a pugni e calci
6. svelto come un gatto
7. a notte tarda
8. un vecchio dai capelli bianchi
9. era sui trenta
10. fare il giro

B. *Choose the statement that best completes each sentence:*

1. In una di queste cacce mi trovai solo con (mio padre, don Andreis).
2. Cominciai ad attaccar lite con (don Andreis, mia sorella).

3. (Il fratello, Don Andreis) diede pugni e calci a Massimo.
4. (Il povero prete, Metilde) m'uscì di mano in cattivo stato.
5. (Mio padre, Lo zio Balbo) fu scelto come rappresentante presso il papa.
6. Arrivarono a Roma (nel pomeriggio, a notte tarda).
7. Per conoscere Roma fecero un giro (della città, dei teatri).
8. Il vecchio Visconti era (molto allegro, molto serio).
9. Il Malvotti invece era (matto, vecchio dai capelli bianchi).
10. (Il primo giro, Il secondo giro) con Malvotti l'interessò di più.

12

A. *Rewrite the following sentences completely in Italian:*

1. La sua inclinazione per *painting* cominciò durante *his stay* in Roma.
2. Sotto *the guidance* di don Ciccio cominciai a *to paint in oils*.
3. *Besides* la pittura ripresi *with greater pleasure* la musica.
4. Prospero conosceva *thoroughly* la musica, ed era anche *a composer*.
5. *For those days* (**tempi**), era un bravissimo *piano player*.
6. *As for me*, ebbi dalla natura *a pleasing voice*.
7. *I wasn't thinking* ad altro che alle *musical notes*.
8. Non volendo perder tempo *uselessly*, mandò *to the devil* l'allegra compagnia.

B. *Change the verbs in italics to the future tense:*

1. L'inclinazione mi *è durata* per sempre.
2. Il mio maestro *è stato* molto bravo.
3. Sotto la sua direzione *ho cominciato* a dipingere.
4. Prospero *ha scritto* pezzi di musica sacra.
5. Vi *è stato* un progresso immenso nella musica.
6. Non *seppi* mai a fondo la musica.
7. I compagni mi *facevano* perder tempo.
8. La compagnia mi *aiutava* a passar la vita cantando.

Review of 10–12

Answer the following questions in Italian:

1. Che ricevette Massimo dalle mani del Conte Balbo?
2. Chi ebbe più torto, Massimo o il maestro?

3. Come sono i cattivi esempi dati dagli adulti ai bambini?
4. Dove solevano passare le vacanze scolastiche?
5. Come si passava la giornata sulla collina?
6. Che trovò Massimo in casa?
7. Che ebbe presto sulla guancia destra?
8. Che gli regalò il padre per il giorno della sua nascita?
9. Con chi andò Massimo a caccia?
10. Chi cominciò ad attaccar lite?
11. Quale dei due ricevette più pugni e calci?
12. Chi fu scelto come rappresentante di Vittorio Emanuele I?
13. Quali dei figli portò con sé a Roma?
14. Con chi fecero il giro di Roma?
15. Di questi due signori, quale preferiva Massimo?
16. Chi fu il suo primo maestro nella pittura?
17. Sotto la sua direzione, che cominciò a fare?
18. Chi era il più bravo della famiglia per la musica?
19. Chi aveva la voce di basso?
20. Perché non continuò a studiare la musica Massimo?

13

A. *Rewrite these sentences, changing the noun objects in italics to pronoun objects:*

EXAMPLE: Non posso capire *la scultura.*
Non posso capirla.

1. Massimo non capisce *la musica.*
2. Dove siamo andati a prender *la musica*?
3. Disse tante cose *a un amico.*
4. Cerca tutte *le vie.*
5. Doveva imparare *la poesia* a memoria.
6. Il giocattolo fece venire l'acquolina in bocca *al bambino.*
7. Impara l'arte e metti *l'arte* da parte!
8. Bidone insegnava bene *le scienze.*
9. Non abbiamo capito mai *una cosa.*
10. Ripeteva *a noi ragazzi* che dovevamo lavorare.

B. *Complete the following sentences:*

1. Di tutte le opere dell'uomo la musica è _____.
2. Capisco la poesia, la _____ e le _____.
3. Per molte persone la musica è bella; per altre è _____.

4. A certe melodie mi sento _____.
5. La mia educazione continuò per _____.
6. L'idea della gloria mi faceva _____.
7. Restava di decidere che _____.
8. Bidone non era riuscito a insegnarmi _____.

14

A. *Use each of the following expressions in a sentence in Italian and then translate your sentence:*

1. darmi alle arti
2. fare una ferma risoluzione
3. prima di giorno
4. fino a colazione
5. farci caso
6. chiedere consiglio
7. a mio comodo
8. dare un'occhiata

B. *Choose the expression that best completes each sentence:*

1. Massimo decise di darsi (alle scienze, all'arte).
2. Cominciò coll'alzarsi (a mezzogiorno, prima di giorno).
3. Studiava, leggeva e disegnava (tutto il giorno, solo la mattina).
4. (Prospero, Massimo) lasciò amici, amiche, caffè e teatri.
5. Per un giorno, due giorni (nessuno ci fece caso, un'amica lo cercò).
6. (La sorella, Massimo) aveva dato ordine che non ricevesse nessuno.
7. Nessuno avrebbe osato venire dove abitava (Metilde, il padre).
8. Per studiare il paese a olio chiese consiglio a (Bagetti, sua madre).
9. Il pittore gli consigliò di copiare due quadri (nella sua galleria, nel museo).
10. Un amico venne a domandare (sei ammalato? che cosa ti abbiamo fatto?)

15

A. *Answer the following questions with complete Italian sentences:*

1. Perché non lo vedevano più gli amici?
2. Massimo ha visto più i compagni di prima?

3. Di che cosa sentiva orgoglio?
4. Che ci vuole per fare una mutazione completa?
5. A chi doveva questa forza di volontà?
6. A che cosa lo voleva avvezzare Bidone?
7. Che consiglia di fare Massimo ai giovani?
8. Dove aveva grandissima voglia di tornare?
9. Con chi comincia a parlarne?
10. Che cosa decise il padre?

B. *Mark each of the following statements* **T** *(true) or* **F** *(false) according to the text:*

1. Massimo disse all'antico amico che non lo voleva vedere più.
2. L'amico se ne andò e non lo vide mai più.
3. Sentiva orgoglio di aver fatto una mutazione completa.
4. Non ci vuole una forza di volontà per fare una mutazione.
5. Deve questa forza di volontà ai genitori e a Bidone.
6. Bidone gli diceva: — Non s'avvezzi a fare sacrifici.
7. Massimo prega i giovani di mettere in pratica quel che diceva Bidone.
8. Massimo faceva sacrifici senza che nessuno lo sapesse.
9. Aveva grande voglia di tornare a Firenze.
10. Partì per Roma con suo padre.

16

A. *Change the verbs and pronouns in italics to the third person plural:*

1. *Prendemmo* una villa a Castel Gandolfo.
2. *Egli* ci *venne* a trovare.
3. *Vide* i *miei* lavori.
4. *Era* fra i migliori artisti di quell'epoca.
5. *Giunse* a far quadri bellissimi.
6. *Fui* a Roma dal Verstappen.
7. *S'alzava* la mattina prima di giorno.
8. La sera *faceva* miglia e miglia per Roma.
9. *Dipingevamo* in un altro studio.
10. *Aspettavamo* qualche buon consiglio.

B. *Correct each of the following statements:*

1. Nell'autunno prendemmo una villa a Castel Gandolfo.
2. Quando vide i miei lavori, mio padre rimase turbato.
3. Verstappen era uno dei peggiori artisti di quell'epoca.
4. Martino Verstappen mancava della mano sinistra.
5. Il maestro guadagnava poco coi suoi quadri.
6. La sera Verstappen andava a passeggio con i suoi scolari.
7. I suoi scolari erano Massimo e tre Romani.
8. A Verstappen gli piaceva insegnare agli scolari.
9. Il maestro dipingeva nello stesso studio con gli scolari.
10. Gli scolari ricevevano molti consigli dal maestro.

17

A. *Write sentences in Italian using the following expressions and then translate your sentences:*

1. le relazioni da maestro a scolare
2. fare da servitore
3. l'uscio di casa
4. dare un esempio
5. dare una spinta
6. in villeggiatura
7. un po' di tutto
8. all'ultimo piano

B. *Answer the following questions with complete Italian sentences:*

1. Come intendeva Verstappen le relazioni da maestro a scolare?
2. Dispiaceva a Massimo l'idea di fare ogni cosa per il maestro?
3. Che cosa ha fatto Massimo per due o tre anni?
4. Se Verstappen non compariva per parecchi giorni, che facevano gli scolari?
5. Quando Verstappen sentive il rumore, come vedeva tutti i suoi quadri?
6. Come passò l'estate Massimo nel 1820?
7. Come ricorda Massimo il conte Benevello?
8. Che dipingeva il conte?
9. Che preparò nella sua casa per incoraggiare i pittori?
10. Chi si occupava di più dei giovani, Verstappen o Benevello?

18

A. *Rewrite the following sentences completely in Italian:*

1. Benevello *did a great deal* pel suo *country.*
2. La gente *made fun of him* perché aveva idee *rather strange.*

3. Solo *he who does nothing* è certo di non *make a mistake*.
4. Il mio *excellent friend* era *very rich*.
5. Egli era indifferente *to the cold*, al caldo e *to comforts*.
6. I miei *applauded* la mia risoluzione *to become a painter*.
7. Mio padre *warned me* che non poteva darmi *nothing more*.
8. Massimo era *so determined* che sarebbe andato *with nothing*.

B. *Change the following adjectives or adverbs to the absolute superlative:*

EXAMPLE: Il quadro era bello.
Il quadro era bellissimo.

1. Il conte era ricco.
2. L'inverno fu freddo.
3. La casa era comoda.
4. Benevello mangiava poco.
5. Il paese era verde.
6. La risoluzione fu difficile.
7. I miei erano felici.
8. Faceva una vita semplice.

19

A. *Rewrite each sentence using a personal pronoun in place of the words in italics:*

1. Mio padre conosceva bene *la famiglia*.
2. Cominciai a sistemare *le mie cose*.
3. La prima volta ero venuto con *mio padre*.
4. Non potevo fare più *il principe*.
5. Bisogna cambiare *il modo di vivere*.
6. Vuole fare *l'osservazione* adesso?
7. Cercai di non far *debiti* con gli amici.
8. Trovai *il mio studio* in una casetta.
9. Avevo portato *il denaro* da Torino.
10. Diedi tutto *il denaro* per le prime spese.

B. *Answer the following questions with complete Italian sentences:*

1. Con chi andò ad abitare Massimo a Roma?
2. Come l'accolsero gli amici del padre?
3. Quanti scudi aveva con sé?
4. Come ha sistemato le sue cose?
5. Com'era vestito quando era venuto con suo padre?
6. Come vivevano tutti i signori e principi romani?

7. Ora che aveva poco denaro, che cosa poteva fare Massimo?
8. Di che cosa aveva orrore?

20

A. *Write sentences in Italian using the following expressions:*

1. studiare dal vero
2. a lume di candela
3. a levata di sole
4. andare a cavallo
5. farsi amico con
6. fino all'ora di pranzo
7. studiare sul nudo
8. avere pochi mezzi
9. a ventun anno
10. un artista sul serio

B. *Choose the expression that best completes each sentence:*

1. Non si può studiare dal vero (senza luce del giorno, senza pioggia).
2. Aveva un maestro che insegnava (con la luce elettrica, a lume di càndela).
3. Durante il giorno gli scolari avevano (altro lavoro, poco da fare).
4. Massimo andava a cavallo (tutta la giornata, per un'ora).
5. Dopo pranzo (andava a studiare sul nudo, usciva con i compagni).
6. La padrona che gli affittava lo studio era (bella, brutta).
7. Massimo comprò gli abiti del marito perché era (basso come lui, alto come lui).
8. Tutti i pittori di quel tempo si trovavano (al verde, con molto denaro).

21

A. *Change the verbs in italics to the present perfect tense, keeping the same person:*

1. *Passai* l'inverno studiando.
2. *Cominciò* a cercar luogo dove abitare.
3. Però non *aveva abbandonato* Verstappen.
4. *Venimmo* a sapere i suoi piani per l'estate.
5. *Fecero* i piani per andarci anche loro.
6. *Mi ero trovato* col cognato di Verstappen.
7. *Ci mettemmo* d'accordo di fare una sorpresa a Martino.
8. L'asino l'*aveva portato* per trentadue miglia di strada.

B. *Rewrite the following statements completely in Italian:*

1. *At the beginning* della primavera avevo già pronto *my first picture.*
2. *Without much expense* non si trovava *easily* luogo dove abitare.
3. Anche *the brother-in-law* di Verstappen faceva studi *on real life.*
4. *Through* un suo parente *I happened to find out* che era a Castel Sant'Elia.
5. Io ero *a beginner* e avevo bisogno di *see him* lavorare.
6. Eravamo *both* principianti con *very few* quattrini.
7. *We agreed* di fare *a surprise* a Martino.
8. Arrivammo io *on foot* e il cognato *on the donkey.*

22

A. *Use the following expressions in complete sentences in Italian:*

1. in pace
2. seccato del nostro arrivo
3. niente di niente
4. in cuor suo
5. una camera a pigione
6. in cerca di case
7. mettersi d'accordo
8. quanto a
9. da molti anni
10. fuorché alla morte

B. *Answer the following questions with complete Italian sentences:*

1. A chi fecero la prima visita i due giovani?
2. Come si mostrò Verstappen quando si presentarono?
3. Aiutò i giovani a trovare un luogo dove abitare?
4. Era facile trovare una casa in paese?
5. Finalmente che tipo di casa trovarono?
6. Che mobili c'erano nella casa?
7. Siccome non c'erano letti, che fecero i giovani per dormire?
8. Che cosa dovettero cercare per non mangiare in terra?

23

A. *Change the verbs in italics to the imperfect tense:*

1. *Rimane* un gran problema.
2. Castel Sant'Elia non *è* paese di soli galantuomini.
3. La cucina *si fa* un poco per uno.

4. Io non *possiedo* asino.
5. I miei mezzi non lo *permettono.*
6. Il ragazzo *va* vestito da prete.
7. L'abito da prete *si conosce* solo da calzoni e calze nere.
8. Questo ragazzo mi *porta* gli attrezzi.
9. Ogni sera mi *lava* i pennelli.
10. *Bisognò* pensare alla cucina.

B. *Translate the following sentences:*

1. Il padrone lo prese per la coda.
2. Egli gli dava spinte di dietro.
3. Gli facemmo salire gli scalini.
4. Noi dormivamo sui sacchi di paglia.
5. Mettemmo alla meglio un po' di carta sulle finestre.
6. Tornammo con gli attrezzi necessari.
7. Il ragazzo si faceva prete.
8. Tutti vanno in maniche di camicia.

24

A. *Complete each of the following sentences with a suitable preposition or contraction:*

1. Noi eravamo venuti _____ Castel Sant'Elia.
2. Volevamo vederlo lavorare _____ vero.
3. Quasi sempre era già _____ letto.
4. Dopo cominciò _____ accettarci.
5. A ognuno dei figli si dà sempre il titolo _____ padre.
6. Avevo scritto a casa _____ non so quali panni.
7. Andai a prendere l'involto _____ maniche di camicia.
8. _____ fortuna tutto andò bene.

B. *Mark each of the following statements* **T** *(true) or* **F** *(false) according to the text:*

1. I giovani vennero a Castel Sant'Elia in villeggiatura.
2. Riuscirono a vedere lavorare Verstappen.
3. Quasi sempre trovavano Verstappen a letto la sera.
4. La gente cominciò a salutarli.
5. Massimo voleva nascondere la sua origine.
6. Non si venne mai a scoprire che fosse marchese.
7. Aveva scritto a casa per più denaro.

8. Gli mandarono un involto con i suoi panni.
9. Fu facilissimo portarsi a casa l'involto.
10. Bisognava tornare a Roma perché cominciava l'aria cattiva.

25

A. *Write original sentences in Italian using the following expressions:*

1. fare lungo soggiorno
2. andare nei monti
3. per mezzo di
4. attrezzi di pittura
5. verso sera
6. tutti i migliori del paese
7. dopo calato il sole
8. stringere amicizia
9. suonare la chitarra
10. fino ad un'ora di notte

B. *Answer the following questions with complete Italian sentences:*

1. Perché si poteva andare soltanto sui monti in luglio?
2. Chi possedeva una villa vicino a Rocca dei Papi?
3. Generalmente perché seguivano i ragazzi?
4. Che c'era sulla piazza?
5. Verso che ora s'incontravano tutti nel caffè?
6. Fino a che ora restavano a chiacchierare?
7. Con chi strinse amicizia Massimo?
8. Come si chiamava la moglie di Carluccio?

26

A. *Translate the italicized words into Italian:*

1. C'era *a chapel* alla Madonna in *which* si pregava.
2. Ho visto *appear* la Carolina col grazioso *costume* del paese.
3. Si fermò *for a moment* a vedere *what* facevo.
4. La gente *of the town* cominciò a *to gossip*.
5. Io volevo *work* e non *make love*.
6. Poi *I was fond of* Carluccio; non feci nessun atto *toward* her.
7. *Up to this point* non ho fatto *nothing wrong (bad)*.
8. Delle volte *it's of no use* essere onesti e avere *a clear conscience*.
9. *The vipers* non si possono sempre *avoid*.
10. Ci sono *persons* che *poison* tutto quel che c'è di bello.

B. *Answer the following questions with complete Italian sentences:*

1. Dov'era la cappella alla Madonna?
2. Qual era la strada che era la passeggiata del paese?
3. Un giorno chi vide comparire Massimo mentre lavorava?
4. Dove andava Carolina?
5. Dove si fermava Carolina ogni giorno?
6. Che cominciò a fare la gente?
7. C'era nulla di male fra Massimo e Carolina?
8. Di che cosa aveva paura Carolina?

27

A. *Complete each of the following sentences with the appropriate preposition:*

1. La signora Erminia era venuta _____ vivere alla Rocca.
2. Le donne si occupavano _____ fare la cucina.
3. Aveva abbandonato tutto _____ un buon impiego.
4. Il suo lavoro lo teneva lontano _____ Rocca dei Papi.
5. La mia amicizia _____ Carluccio non cambiava.
6. In verità non v'era nulla _____ male.
7. Cominciò _____ parlare di Erminia.
8. Egli mi guardò _____ viso.

B. *Change the verbs in italics to the future tense:*

1. Io *avevo fatto* la sua conoscenza a Roma.
2. Il suo impiego lo *teneva* lontano.
3. Io *seguitavo* i miei studi.
4. La mia amicizia con Carluccio non *cambiava*.
5. *Venne* il giorno della mia partenza.
6. Quando *siamo* lontani dal paese.
7. *Dice* di lei molte cose strane.
8. *Fai* capire tutto a Carluccio.

28

A. *Tell who is indicated:*

1. _____ disse che Massimo faceva il caro con Carolina.
2. _____ teneva gli occhi alle mani di Carluccio.

3. _____ aveva la coscienza netta.

4. _____ disse: — Ti giuro che non ho mai fatto nulla di male.

5. _____ rispose: — Eh, ti credo senza che ci giuri.

6. _____ incontrò Erminia per la strada verso notte.

7. _____ diede in una gran risata e disse: — Anche l'accompagnamento.

8. _____ cieco dalla rabbia tornò a casa.

9. _____ fu trovato morto la mattina dopo.

10. _____ ha sentito d'essere stato la causa indiretta della morte.

B. *Answer the following questions with complete Italian sentences:*

1. Chi voleva levarsi una pietra d'in sullo stomaco?
2. Che valore ha la coscienza netta?
3. Che cosa ha giurato Massimo a Carluccio?
4. Chi fu la causa di tutte queste chiacchiere?
5. Come si lasciarono i due amici?
6. Chi incontrò Carluccio mentre tornava a Rocca?
7. Che gli disse Erminia?
8. Come fu trovato Carluccio la mattina dopo?

Idioms Used in the Text

(Listed in order of their occurrence)

a colpo d'occhio at a glance

mutar pensiero to change one's mind

per dir così so to speak

Via! via! Come! Come!

ben inteso of course

star composto to sit properly

mettersi addosso le mani to lay hands on each other

mettersi in ginocchio to get down on one's knees

fare il bravo to put on a bold front

mettere a una prova to put to a test

all'oscuro in the dark

per solito usually

far venire l'acquolina in bocca to make one's mouth water

all'estero abroad

stare addosso a uno to keep after someone

dare un'occhiata to cast a glance

andare a caccia to go hunting

olio di gomiti "elbow grease"

di nascosto secretly

una cosa da nulla a mere trifle

attaccar lite to pick a quarrel

fare il giro to make a tour

cappello a tre punte three-cornered hat

a fondo thoroughly

farci caso to pay attention to it

(andarsene) **per i fatti suoi** (to go) about one's own business

fare il passo più lungo della gamba to bite off more than one can chew

a levata di sole at sunrise

mettersi d'accordo to come to an agreement, agree

alla meglio the best one can

fare una gita to take a trip

dopo calato il sole after sundown

stringere amicizia to make friends

pensare a male to think evil thoughts

fare all'amore to make love, court

levarsi una pietra d'in sullo stomaco to take a weight off one's chest

dare in una risata to burst into laughter

5 Il ventaglio

CARLO GOLDONI

IL VENTAGLIO[1]

Personaggi[2]

IL SIGNOR EVARISTO

LA SIGNORA GERTRUDE, vedova

LA SIGNORA CANDIDA, sua nipote

IL BARONE DEL CEDRO

IL CONTE DI ROCCA MARINA

TIMOTEO, speziale[3]

GIANNINA, giovane contadina

LA SIGNORA SUSANNA, merciaia[4]

CORONATO, oste[5]

CRESPINO, calzolaio[6]

MORACCHIO, contadino, fratello di Giannina

LIMONCINO,[7] garzone[8] di caffè

TOGNINO, servitore delle due signore

SCAVEZZO, servitore d'osteria[9]

La scena è una villa del milanese[10] delle Case nuove.

---

[1] **ventaglio** fan. [2] **personaggio** character (in a play). [3] **speziale** druggist.
[4] **merciaia** storekeeper. [5] **oste** innkeeper. [6] **calzolaio** shoemaker.
[7] **Limoncino** *lit.* little lemon. [8] **garzone** helper, waiter. [9] **osteria** inn.
[10] **villa del milanese** a village in the province of Milan. (**Villa** now means
country home.)

ATTO PRIMO

SCENA I

(1*)

CONTE, TIMOTEO, CRESPINO, CORONATO, SCAVEZZO, MORACCHIO, GIANNINA, SUSANNA, EVARISTO, BARONE, GERTRUDE, CANDIDA.

(Il barone ed Evaristo finiscono di bere il caffè. Tutti e due vogliono pagare. Il barone paga ed Evaristo lo ringrazia. Limoncino con le tazze[11] e i denari[12] va in bottega. In questo tempo Timoteo pesta[13] forte.)

CON.	*(grave)* Eh! signor Timoteo.
TIM.	Che mi comanda?
CON.	Questo vostro pestare m'annoia.
TIM.	*(pestando)* Perdoni.
5 CON.	Non posso leggere, mi rompete la testa.[14]
TIM.	*(seguita a pestare)* Perdoni, or ora ho finito.[15]
CRE.	*(lavorando e ridendo)* Ehi, Coronato!
COR.	Cosa volete, maestro[16] Crespino?
CRE.	*(batte forte sulla forma[17])* Il signor conte non vuole
10	che si batta.
CON.	Non la volete finire questa mattina?
CRE.	Signor illustrissimo,[18] non vede cosa faccio?
CON.	*(con sdegno[19])* E cosa fate?
CRE.	Accomodo le sue scarpe vecchie.
15 CON.	Zitto[20] là, impertinente.[21] *(si mette a leggere.)*
CRE.	*(ridendo batte, e Timoteo batte)* Coronato!
CON.	*(movendosi sulla sedia)* Non ne posso più.[22]
SCA.	*(chiamandolo e ridendo)* Moracchio!
MOR.	Cosa c'è, Scavezzo?
20 SCA.	*(ridendo e burlandosi del conte)* Il signor conte!
MOR.	Zitto, zitto, che finalmente[23] è un signore.

---

* The numbers in parentheses indicate the sections in the Exercises.

[11] **tazza** cup. [12] **denaro** (*sometimes used in the plural*) money. [13] **pestare** to pound. [14] **mi rompete la testa** you are giving me a headache. [15] **or ora ho finito** I'll be through in a minute. [16] **maestro** master. [17] **forma** last. [18] **illustrissimo** most illustrious. [19] **sdegno** anger. [20] **zitto** hush, quiet. [21] **impertinente** impudent (one). [22] **Non ne posso più.** I can't stand it any longer. [23] **finalmente** after all.

SCA. Affamato.[24]

GIA. Moracchio (*chiamandolo*).

MOR. Cosa vuoi?

GIA. Cosa ha detto Scavezzo?

5 MOR. Niente, niente; bada a te,[25] e fila.[26]

GIA. Oh è gentile veramente il mio signor fratello! Mi tratta sempre così. (Non vedo l'ora di[27] maritarmi.)

SUS. Cos'è Giannina? Che cosa avete?

GIA. Oh se sapeste, signora Susanna! Non credo che ci sia

10 al mondo un uomo più cattivo di mio fratello.

MOR. Ebbene! Son quel che sono. Cosa vorresti dire? Finché stai sotto di me . . .

GIA. Sotto di te? Oh spero che ci starò poco.

CRE. (*da sé, lavorando*) Povera Giannina! (Quando sarà

15 mia moglie non la tormenterà più.)

COR. (Sì, la voglio sposare, almeno[28] per levarla da suo fratello.)

EVA. (*accostandosi*[29] *al barone*) Ebbene, signor barone, volete che andiamo?

20 BAR. Per dirvi la verità, questa mattina non ho voglia d'andar a caccia. Sono stanco.

EVA. Fate come vi piace. Mi permettete che ci vada io?

BAR. Accomodatevi.[30] (Tanto meglio per me. Potrò tentare[31] la mia sorte[32] colla signora Candida.)

25 EVA. Moracchio?

MOR. Signore?

EVA. Il cane ha mangiato?

MOR. Signor sì.

EVA. Prendete lo schioppo, e andiamo.

30 MOR. Vado a prenderlo subito.

EVA. (*al barone*) Pensate voi di restar qui per oggi?

BAR. Sì, mi riposerò all'osteria.

EVA. Fate apparecchiare; verrò a pranzo con voi.

---

[24] **affamato** starving. [25] **bada a te** mind your own business. [26] **filare** to spin.
[27] **Non vedo l'ora di**... I just can't wait to... [28] **almeno** at least.
[29] **accostarsi** to approach. [30] **accomodarsi** to go right ahead. [31] **tentare** to try. [32] **sorte** luck.

BAR.   Ben volentieri, vi aspetto. (*alle signore*) Signore, con permesso. (*da sé*) Partirò per non dar sospetto. (*a Cornato*) Vado nella mia camera ed oggi apparecchiate per due.

5   COR.   S'accomodi, sarà servita.[33]

SCENA II

(2)

MORACCHIO, EVARISTO, GERTRUDE, CANDIDA, TOGNINO.

MOR.   (*collo schioppo, esce di casa*)   Eccomi, signore, (*ad Evaristo*) sono con Lei.

EVA.   (*alle signore*)   Signore mie, se me lo permettono.

GER.   S'accomodi, e si diverta bene.

10   EVA.   (*a Moracchio*)   Tutto è all'ordine[34]: andiamo. (*saluta le due signore in atto di partire*) Servitor umilissimo[35] di lor signore.[36]

GER.   (*si alza per fargli riverenza*[37])   Serva.

CAN.   (*s'alza anche ella per far riverenza e il ventaglio va*
15   *nella strada*)   Serva umilissima.

EVA.   (*raccoglie il ventaglio*)   Oh!

CAN.   Niente, niente.

EVA.   Il ventaglio si è rotto; me ne dispiace moltissimo.

CAN.   Eh, non importa, è un ventaglio vecchio.

20   EVA.   Ma io sono la cagione che si è rotto. Permettano che abbia l'onore . . . (*vorrebbe portarlo in casa*).

GER.   Non s'incomodi. Lo dia al servo. (*chiama*) Tognino. Prendete quel ventaglio.

EVA.   Quando non mi vogliono permettere . . . tenete . . . (*dà*
25   *il ventaglio a Tognino, che lo prende e va dentro*).

CAN.   (*a Gertrude*)   Guardate quanta pena[38] si prende, perché si è rotto il ventaglio!

---

[33] **sarà servita** at your service (**servita** *agrees with* **Vossignoria**, *understood, which is equivalent to* Your Lordship).   [34] **all'ordine** in order.
[35] **umilissimo** most humble.   [36] **lor signore** Your Ladyships.   [37] **far riverenza** to bow, curtsey.   [38] **pena** trouble: **quanta pena si prende** how upset he is.

SCENA III

EVARISTO, SUSANNA, *e detti*.

EVA.   (Mi dispiace che quel ventaglio si sia rotto per causa
mia; ma voglio tentare di rimediarvi.[39]) (*piano a Susanna*)
Signora Susanna. Vorrei parlarvi. Entriamo in bottega.

SUS.   (*s'alza*) S'accomodi.

5 EVA.   Moracchio, andate innanzi. Aspettatemi all'entrata[40]
del bosco, che or ora vengo.[41] (*entra con Susanna*.)

SCENA IV

EVARISTO *e* SUSANNA *escono dalla bottega*. CANDIDA, SUSANNA, *e detti*.

CAN.   (*da sé*) (Come! Ancor qui il signor Evaristo! Non è
andato a caccia? Son ben curiosa di sapere il perché.)

SUS.   (*a Evaristo*) L'assicuro[42] che Le ho dato il ventaglio
10   a buonissimo prezzo.[43]

EVA.   Mi dispiace che non ci sia qualche cosa di meglio.

SUS.   Non ne ho, né di meglio, né di peggio: questo è il
solo, questo è l'ultimo che m'era restato in bottega.

EVA.   Benissimo; lo prenderò.

15 SUS.   M'immagino che ne vorrà fare un presente.

EVA.   Certo ch'io non l'avrò comprato[44] per me.

SUS.   Alla signora Candida?

EVA.   (*da sé*) (È un poco troppo curiosa la signora
Susanna!) — Perché credete voi ch'io voglia darlo alla
20   signora Candida?

SUS.   Perché ho veduto che si è rotto il suo.

EVA.   No, no, il ventaglio l'ho destinato[45] diversamente.[46]

SUS.   (*si siede e lavora*) Bene, bene, lo dia a chi vuole. Io
non cerco i fatti degli altri.[47]

---

[39] **rimediare** to remedy: **rimediarvi** to make up for it.   [40] **entrata** entrance.
[41] **che or ora vengo** and I'll come right along.   [42] **assicurare** to assure.
[43] **prezzo** price: **a buonissimo prezzo** very cheap.   [44] **Certo ch'io non l'avrò
comprato** ... I surely can't have bought it ...   [45] **destinare** to destine, plan.
[46] **diversamente** otherwise.   [47] **Io non cerco i fatti degli altri.** I don't try to
find out other people's business.

EVA. (*da sé*) Non li cerca, ma li vuol sapere. Questa volta però non ci è riuscita.

CAN. (*si avanza*[48] *un poco*) (Segreti colla merciaia. Sarei curiosa di sapere qualche cosa.)

5 EVA. (*piano, accostandosi a Giannina*) Giannina?

GIA. (*sedendo e filando*) Signore?

EVA. Vorrei pregarvi d'un favore.

GIA. Oh, cosa dice! Comandi, se La posso servire.

SUS. (*da sé*) Che avesse comprato il ventaglio per Gian-
10 nina? Non credo mai.

(*Coronato e Crespino si mostrano curiosi di sentire quel che dice Evaristo a Giannina ed allungano*[49] *il collo per sentire.*)

CAN. (*da sé, e si avanza sulla terrazza*[50]) (Interessi[51] colla
15 merciaia, interessi con Giannina! Non capisco niente.)

EVA. Sapete che la signora Candida ha rotto il ventaglio?

GIA. Signor sì.

EVA. Ne ho comprato uno dalla merciaia.

GIA. Ha fatto bene.

20 EVA. Ma non vorrei che lo sapesse la signora Gertrude.

GIA. Ha ragione.

EVA. E vorrei che voi glielo deste segretamente.

GIA. Non La posso servire.

EVA. Perché non volete farmi questo piacere?[52]

25 GIA. Perché non ho ancora imparato questo bel mestiere.[53]

EVA. Voi prendete la cosa a male.[54] La signora Candida ha tanto amore per voi.

GIA. È vero, ma in queste cose . . .

(3)

EVA. Mi ha detto che vorreste maritarvi con Crespino.
30 (*dicendo così si volta*[55] *e vede Coronato e Crespino che ascoltano.*) Che fate voi altri?

CRE. Io lavoro, signore. (*torna a sedere.*)

---

[48] **avanzarsi** to come forward. [49] **allungare** to stretch. [50] **terrazza** terrace, balcony. [51] **interesse** business. [52] **piacere** favor. [53] **mestiere** art, profession. [54] **prendere a male** to misunderstand, take wrong. [55] **voltarsi** to turn around.

COR.   Non posso scrivere, e passeggiare? (*torna a sedere.*)

CAN.   (*da sé*) Hanno dei segreti importanti.

SUS.   (Che diavolo ha costei,[56] che tutti gli uomini le corrono dietro?[57])

5   GIA.   Se non ha altro da dirmi, torno al lavoro.

EVA.   Sentite: mi ha pregato la signora Candida ch'io m'interessi per voi, per farvi avere della dote,[58] e che Crespino sia vostro marito.

GIA.   (*cambia tuono*) Vi ha pregato?

10 EVA.   Sì, ed io mi sono impegnato[59] per voi.

GIA.   Dove avete il ventaglio?

EVA.   L'ho qui in tasca.

GIA.   Date qui, date qui: ma che nessuno veda.

EVA.   Eccolo. (*glielo dà di nascosto.*)

15 CRE.   (*da sé, allungando il collo*) Le dà qualche cosa.

COR.   (*come sopra*) Cosa mai le ha dato?

SUS.   (*da sé*) Certo le ha dato il ventaglio.

CAN.   (Ah sì, Evaristo mi tradisce. Il conte ha detto la verità.)

20 EVA.   (*a Giannina*) Ma vi raccomando il silenzio.

GIA.   Lasci fare a me e non dubiti[60] niente.

EVA.   (*vuol partire, si volta e vede Candida sulla terrazza*) (Oh eccola un'altra volta sulla terrazza! Se potessi parlarle!) (*da sé, guarda intorno, e le vuol parlare*)

25 Signora Candida?

CAN.   (*gli volta le spalle, e parte senza rispondere.*)

EVA.   Che vuol dire questa novità?[61] So che mi ama ed è sicura ch'io l'adoro. Capisco ora cosa sarà. Sua zia l'avrà veduta. Sì, sì, è così, non può essere altrimenti. Ma

30 bisogna rompere questo silenzio, bisogna parlare alla signora Gertrude, ed ottenere da lei la mano di sua nipote. (*parte.*)

COR.   (*si alza e si accosta a Giannina*) Grand'interessi, gran[62] segreti col signor Evaristo!

---

[56] **costei** that woman: **che diavolo ha costei** what in the world does that woman have.   [57] **dietro** behind: **le corrono dietro** run after her.   [58] **dote** dowry.   [59] **impegnarsi** to assume responsibility.   [60] **dubitare** to fear, worry about.   [61] **novità** novelty, strange behavior.   [62] **gran** *here* = **grandi**.

GIA.   E cosa ci entrate voi?[63] e cosa v'interessa a voi?

COR.   Se non fossero fatti miei,[64] non parlerei.

CRE.   (*s'alza pian piano dietro Coronato per ascoltare.*)

GIA.   Voi non siete niente del mio.

5 COR.   Se non sono ora niente del vostro, lo sarò quanto prima.[65]

GIA.   (*con forza*)   Chi l'ha detto? mio fratello forse?

COR.   Sì, vostro fratello, e gli dirò i segreti, le confidenze,[66] i regali.

10 CRE.   Alto,[67] alto, padron mio! (*entra fra i due*) Che pretensione[68] avete voi sopra questa ragazza?

COR.   A voi non debbo rendere questi conti.[69]

CRE.   (*a Giannina*)   E voi, che confidenza avete col signor Evaristo?

15 GIA.   Lasciatemi star tutti e due, e non mi rompete la testa.[70]

CRE.   (*a Giannina*)   Voglio saperlo assolutamente.

COR.   Cos'è questo voglio?   Andate a comandare a chi v'appartiene.   Giannina m'è stata promessa da suo fratello.

20 CRE.   Ed io ho la parola da lei; e val[71] più una parola della sorella, che cento parole di suo fratello.

COR.   (*a Crespino*)   Su questo siamo d'accordo.

CRE.   (*a Giannina*)   Cosa vi ha dato il signor Evaristo?

GIA.   Un diavolo che vi porti.[72]

25 COR.   (*a Giannina*)   Cosa vi ha dato il signor Evaristo?

GIA.   Vi dico che non sono fatti vostri.

CRE.   (*accostandosi a lei*)   Ditelo a me, Giannina.

GIA.   (*si accosta alla porta di casa*)   Signor no!   (*entra in casa.*)

30 COR.   (*con forza*)   Giannina deve esser mia.

CRE.   No, non lo sarà mai.   E se questo fosse, giuro al cielo . . .

COR.   Cosa sono queste minacce?[73]   Con chi credete di parlare?

---

[63] **cosa ci entrate voi?** how do you come in on this?   [64] **fatti miei** (any of) my business.   [65] **quanto prima** very soon.   [66] **confidenza** confidence, secret.   [67] **alto** halt.   [68] **pretensione** claim.   [69] **conto** account.   [70] **non mi rompete la testa** don't bother me.   [71] **valere** to be worth.   [72] **Un diavolo che vi porti.** May the devil take you (*lit.* A devil to carry you off).   [73] **minaccia** threat.

CRE.   Io sono un galantuomo[74] e son conosciuto.

COR.   Ed io cosa sono?

CRE.   Non so niente.

COR.   Sono un oste onorato.[75]

5 CRE.   Onorato?

COR.   Come? ci avreste voi qualche dubbio?

CRE.   Non sono io che lo metto in dubbio.[76]

COR.   E chi dunque?

CRE.   Tutto questo villaggio.

10 COR.   Eh, amico, non è di me che si parla. Io non vendo il cuoio[77] vecchio per il cuoio nuovo.

CRE.   Né io vendo l'acqua per vino, né vado di notte a rubar gatti per venderli per agnelli.[78]

COR.   (*alza la mano*) Giuro al cielo . . .

15 CRE.   (*fa lo stesso*) Ehi!

COR.   (*mette la mano in tasca*[79]) Perbacco!

CRE.   (*corre al banchetto*[80] *per qualche ferro*[81]) La mano in tasca!

COR.   (*corre e prende una sedia*) Non ho coltello . . .

20 CRE.   (*lascia i ferri sul banchetto e prende anche lui una sedia dello speziale, e si vogliono dare.*[82])

SCENA V

(4)

TIMOTEO *dalla sua bottega*, LIMONCINO *dal caffè*, SCAVEZZO *dall'osteria*.

CON.   (*dalla casa di Gertrude, per dividere*[83]) Alto, alto, fermate, ve lo comando. Sono io, bestie, sono il conte di Roccamonte; ehi, bestie, fermatevi, ve lo co-

25   mando. (*temendo*[84] *però di dividerli.*)

CRE.   (*a Coronato*) Hai ragione che porto rispetto[85] al signor conte.

---

[74] **galantuomo** honorable man. [75] **onorato** respected. [76] **metter in dubbio** to cast a doubt on. [77] **cuoio** leather. [78] **agnello** lamb. [79] *i.e. as if looking for a knife.* [80] **banchetto** workbench. [81] **ferro** tool. [82] **darsi** to hit each other. [83] **dividere** to separate. [84] **temere** to fear, be afraid. [85] **rispetto** respect: **hai ragione che porto rispetto** you should be glad I respect.

COR.   Sì, ringrazia il signor conte, altrimenti t'avrei rotto le ossa.[86]

CON.   Andiamo, basta così. Voglio saper la contesa.[87]

COR.   (da sé)   (Il conte in questo caso mi potrebbe essere
5   utile.)

CON.   Ebbene, cosa è stato? cos'avete? qual'è il motivo della vostra contesa?

CRE.   Dirò, signore. Non ho paura di dirlo in faccia[88] di tutto il mondo. Amo Giannina.

10   COR.   E Giannina dev'esser mia.

CON.   Ah, ah, ho capito. Amanti[89] e rivali (ridendo).

CRE.   Se Ella[90] crede di voler ridere (vuol partire).

CON.   (lo ferma)   No. Venite qui.

COR.   La cosa è seria, glie l'assicuro.

15   CON.   Sì, lo credo. Siete amanti e siete rivali.

CRE.   Se mi permette, vado a terminar[91] di accomodare le sue scarpe.

CON.   Oh, sì, andate a terminare, e che siano finite per domattina.[92]   (a Coronato) Siete voi dunque amante di
20   Giannina?

COR.   Sì, signore, ed anzi volevo raccomandarmi alla di Lei[93] protezione.

CON.   Alla mia protezione?   (con aria[94]) Bene, si vedrà. Siete voi sicuro ch'ella vi ami?

25   COR.   Veramente dubito ch'ella ami più colui,[95] che me.

CON.   Male.

COR.   Ma io ho la parola di suo fratello. Moracchio me l'ha promessa sicuramente.

CON.   (con forza) Questo va bene, ma non si può andar
30   contro il desiderio di una donna.

COR.   Suo fratello può disporre[96] di lei.

CON.   (con caldo[97]) Non è vero; il fratello non può disporre di lei. La mia protezione è bella e buona; la mia

---

[86] osso (pl. ossa) bone.   [87] contesa quarrel.   [88] faccia face: in faccia di before.
[89] amante lover, person in love.   [90] Ella = Lei.   [91] terminare to finish.
[92] domattina tomorrow morning.   [93] di Lei your.   [94] con aria assuming
importance.   [95] colui that fellow.   [96] disporre to dispose, speak for,
influence.   [97] caldo warmth, excitement.

protezione vale molto; la mia protezione è potente.[98]   Ma un galantuomo, come son io, non può disporre del cuore di una donna.

COR.   Finalmente è una contadina.

5 CON.   Che importa questo?   La donna è sempre donna; ed io le porto sempre rispetto.

COR.   (Ho capito, la sua protezione non val niente.)

CON.   Come state di[99] vino?   Ne avete del buono?

COR.   Ne ho del perfetto, dell'ottimo.[1]

10 CON.   Verrò ad assaggiarlo.[2]   Il mio, quest'anno, è riuscito[3] male.

COR.   (*da sé*)   (Son due anni che l'ha venduto.)

CON.   Ditemi una cosa.   S'io parlassi alla giovane, e con buona maniera la disponessi?

15 COR.   Mi raccomando alla sua protezione.

CON.   Stiate sicuro, ve la prometto.

COR.   Se volesse farmi l'onore di venir ad assaggiare il mio vino . . .

CON.   Ben volentieri.   In casa vostra ci vengo volentieri.

20 COR.   Resti servita.[4]

CON.   Buon galantuomo!   (*gli mette la mano sulla spalla*) Andiamo.   (*entra.*)

COR.   Due o tre barili[5] di vino non saranno mal impiegati.[6] (*parte.*)

---

[98] **potente** powerful.   [99] **Come state di** . . . ?   How are you fixed for . . . ? [1] **ottimo** excellent.   [2] **assaggiare** to taste.   [3] **riuscire** to turn out.   [4] **Resti servita.**   At your service.   [5] **barile** keg.   [6] **impiegare** to use, employ.

ATTO SECONDO

SCENA I

(5)

SUSANNA *sola, che esce dalla bottega e accomoda la roba della vetrina.*

Pochi affari si fanno in questo villaggio! Non ho venduto
che un ventaglio fin ora... Le persone che possono
spendere, vanno in città. Dai poveri vi è poco da
guadagnare.[7] Quella impertinente[8] di Giannina poi, perché
5 ha un poco di protezione, si crede di essere qualche cosa di
grande. Le hanno dato un ventaglio! Che cosa vuol farne
una contadina di quel ventaglio? Sono cose da ridere.

SCENA II

CANDIDA, *che esce dal palazzino,[9] e detta.*

CAN. Non son quieta,[10] se non capisco qualche cosa. Ho
veduto Evaristo uscire dalla merciaia, e poi andar da
10 Giannina, e qualche cosa certo le ha dato. Voglio veder se
Susanna sa dirmi niente. Povera me se lo trovassi
infedele![11] Non ho amato altri[12] che lui. (*a poco a poco si
avanza verso Susanna.*)

SUS. Oh, signora Candida, serva umilissima. (*si alza.*)

15 CAN. Buon giorno, signora Susanna, che cosa lavorate di
bello?[13]

SUS. Mi diverto.[14] Vuol accomodarsi qui un poco? (*le
offre la sedia.*)

CAN. Sedete anche voi, lavorate.

20 SUS. Mi fa grazia[15] a degnarsi[16] della mia compagnia.
(*siede.*) Chi è ben nato si degna di tutti. E questi villani[17]
sono tutti superbi[18]... e quella Giannina poi...

---

[7] **guadagnare** to earn.   [8] **impertinente (di)** "sassy."   [9] **palazzino** mansion.
[10] **quieto** at ease.   [11] **infedele** unfaithful.   [12] **altri** anyone else.   [13] **che cosa
lavorate di bello?** pardon me, what are you working on?   [14] **Mi diverto.** I
while away the time.   [15] **Mi fa grazia.** You do me honor.   [16] **degnarsi (di)** to
condescend, honor.   [17] **villano** country person, commoner.   [18] **superbo**
haughty.

CAN. A proposito di[19] Giannina, avete osservato quando le
parlava il signor Evaristo?

SUS. Se ho osservato? e come! Sa dopo cosa è succeduto?
Sa la contesa che ci è stata?

5 CAN. Mi hanno detto che Coronato e Crespino si volevano
dare. Ma perché?

SUS. Per gelosia fra di loro, per gelosia del signor Evaristo.

CAN. Credete voi che il signor Evaristo abbia qualche
affetto[20] per Giannina?

10 SUS. Io non so niente, ma se l'oste e il calzolaio sono gelosi
di lui, avranno le loro ragioni.

CAN. (Povera me! Se lo trovassi infedele . . .)

SUS. Perdoni, non vorrei commettere qualche sbaglio.

CAN. A proposito di che?

15 SUS. Credevo quasi, che fra Lei e il signor Evaristo vi fosse
qualche cosa . . . onesta[21] certo . . . Ma dopo che è stato
da me questa mattina . . .

CAN. È stato da voi questa mattina?

SUS. Sì, signora; Le dirò. È venuto a comprar un
20 ventaglio.

CAN. (con premura[22]) Ha comprato un ventaglio?

SUS. Sì, certo; e come io avevo veduto che Ella aveva rotto
il suo, dissi subito fra me: lo comprerà per darlo alla
signora Candida.

25 CAN. L'ha dunque comprato per me?

SUS. O signora, no . . .

CAN. E che cosa ne ha fatto di quel ventaglio?

SUS. Cosa ne ha fatto? L'ha regalato a Giannina.

CAN. (agitata[23]) (Ah son perduta, son disperata!)

30 SUS. (Povera me, l'ho fatta![24]) Signora, si calmi,[25] la cosa
non sarà così.

CAN. Credete voi che egli abbia dato a Giannina il
ventaglio?

SUS. Oh, in quanto a questo, l'ho veduto io con questi
35 occhi.

---

[19] a proposito di speaking of, regarding.   [20] affetto affection.   [21] onesto
honorable.   [22] premura anxiety.   [23] agitato excited.   [24] l'ho fatta I've done it
now.   [25] calmarsi to calm oneself.

CAN.   E cosa dunque mi dite, che non sarà così?

SUS.   Non so . . . non vorrei vederla per causa mia . . .

SCENA III

GERTRUDE *sulla porta del palazzino, e dette.*

SUS.   (*a Candida*) Oh, ecco la sua signora zia.

CAN.   (*a Susanna*) Per²⁶ amor del cielo non dite niente.

5   SUS.   Non vi è pericolo. (*da sé*) (E voleva dirmi di no.
Perché non dirmi la verità?)

GER.   Che fate qui, nipote? (*Candida e Susanna si alzano.*)

SUS.   Mi fa grazia a degnarsi della mia compagnia. S'accomodi qui, favorisca. (*dà la sua sedia a Gertrude, ed
10   entra in bottega.*)

GER.   (*a Candida*) Avete saputo niente di quella contesa
che è stata qui fra l'oste ed il calzolaio? (*siede*)

CAN.   Dicono per amore, per gelosie. (*siede*) Dicono che
sia stata causa Giannina.

15   GER.   Mi dispiace, perché è una buona ragazza.

CAN.   Oh signora zia, scusatemi; ho sentito delle cose di lei,
che sarà bene che non la facciamo più venire in casa.

GER.   Perché? Cosa hanno detto?

CAN.   Vi racconterò poi. Fate a modo mio, signora, non la
20   ricevete più, ché farete bene.

GER.   Siccome ella veniva più da voi che da me, vi lascio in
libertà di trattarla come volete.

SCENA IV

(6)

IL CONTE *ed* IL BARONE *escono insieme dall'osteria, e dette.*

CON.   Ho piacere che mi abbiate fatto la confidenza.²⁷

BAR.   So che siete amico della signora Gertrude.

25   CON.   Ella è una donna a cui piace la letteratura. Io amo la

---

²⁶ per for the.   ²⁷ mi abbiate fatto la confidenza you have confided in me.

letteratura; mi diverto con lei più volentieri che con un'altra.

BAR.   Mi farete dunque il piacere.

CON.   Non dubitate, le parlerò, le domanderò la nipote per
5   un galantuomo mio amico; e quando gliela domando io,
son sicuro che non avrà coraggio di dire di no.

BAR.   Ditele chi sono.

CON.   Che serve? Quando gliela domando io.

BAR.   (Oh, come sarei contento se non avessi bisogno di
10   lui.)

CON.   (con premura) Oh, collega amatissimo![28]

BAR.   Cosa c'è?

CON.   Ecco la signora Gertrude con sua nipote.

BAR.   Quando le parlerete?

15 CON.   Subito, se lo volete.

BAR.   Non è bene ch'io ci sia. Parlatele, io andrò dallo
speziale. Mi raccomando a voi.

CON.   (lo abbraccia) Collega amatissimo!

BAR.   Addio, collega carissimo! (da sé) (È il più bel pazzo[29]
20   di questo mondo.) (entra nella bottega dello speziale.)

CON.   (chiama) Signora Gertrude. Ho qualche cosa da dirvi
segretamente. Scusate l'incomodo.[30]

GER.   La servo subito.[31]

SCENA V

CORONATO esce dall'osteria con SCAVEZZO, che porta un barile di vino in
spalla, e dette.

COR.   Illustrissimo, questo è un barile che viene a lei.

25 CON.   E l'altro?

COR.   Dopo questo si porterà l'altro; dove vuol che si porti?

CON.   Al mio palazzo.

COR.   Benissimo, andiamo.

GER.   (si avanza verso il conte, Susanna siede e fila. Can-
30   dida resta a sedere, e parlano piano fra di loro.) Eccomi da Lei, signor conte. Cosa mi comanda?

---

[28] amatissimo dearest.   [29] pazzo lunatic.   [30] incomodo inconvenience,
disturbance, trouble.   [31] La servo subito. I'll be right with you.

CON.   In poche parole. Mi volete dar vostra nipote?

GER.   Dare? Cosa intendete per questo dare?

CON.   Diavolo! non capite? In matrimonio.

GER.   A Lei?

5   CON.   Non a me, ma a una persona che conosco io, e che vi propongo[32] io.

GER.   Son certa che il conte non è capace di proporre altro che un soggetto[33] onorato; ma spero che mi farà l'onore di dirmi chi è.

10   CON.   È un mio collega.

GER.   Come un suo collega?

CON.   Non ci mettete difficoltà.[34]

GER.   Mi lasci dire, se vuole, e se non vuole, Le leverò l'incomodo e me n'andrò.

15   CON.   Via, via, siate buona; parlate, vi ascolterò.

GER.   In poche parole Le dico il mio sentimento.[35] Un titolo di nobiltà fa il merito[36] di una casa,[37] ma non quello di una persona.

CON.   Quello che io vi propongo è il barone del Cedro.

20   GER.   Il signor barone è innamorato[38] di mia nipote?

CON.   Sì, signora.

GER.   Lo conosco ed ho tutto il rispetto per lui.

CON.   Vedete che pezzo[39] ch'io vi propongo! Cosa mi rispondete?

25   GER.   Adagio,[40] adagio, signor conte; non si decidono queste cose così sul momento.[41] Il signor barone avrà la bontà di parlare con me.

CON.   Quando lo dico io, scusatemi, non si mette in dubbio; io ve la domando per parte sua,[42] e si è raccomandato, e mi ha pregato; e mi ha supplicato[43]; ed io vi parlo, vi supplico; non vi supplico, ma ve la domando.

30   GER.   Via, la cosa è certa. Il signor barone la vuole.

---

[32] **proporre** to propose. [33] **soggetto** individual. [34] **Non ci mettete difficoltà.** Do not put difficulties in the way. [35] **sentimento** feeling, opinion. [36] **merito** worth, merit. [37] **casa** household, family. [38] **innamorato di** in love with. [39] **pezzo** important man, "big shot." [40] **adagio** slow, slowly. [41] **così sul momento** on the spur of the moment. [42] **per parte sua** for him, on his behalf. [43] **supplicare** to entreat, beg.

Vossignoria[44] la domanda. Bisogna che si senta quel che dice Candida.

CON.   Non lo saprà se non glielo dite.

GER.   (*ironica*) Abbia la bontà di credere che glielo dirò.

5 CON.   Eccola lì, parlatele. Vi aspetto qui.

SCENA VI

(7)

GIANNINA *di casa, e* IL CONTE.

GIA.   Oh, via, il desinare[45] è preparato; quando verrà quell'animale di Moracchio, non griderà.[46] Nessuno mi vede: è meglio che vada ora a portar il ventaglio alla signora Candida. Se posso darglielo senza che la zia se ne

10   accorga, glielo do; se no, aspetterò un altro incontro.[47]

CON.   Oh, ecco Giannina. Ehi, quella giovane![48] (*va verso il palazzino.*)

GIA.   (*dove si trova, voltandosi*) Signore!

CON.   (*la chiama a sé*) Una parola.

15 GIA.   Ci mancava questo ora.[49] (*si avanza.*)

CON.   (Non bisogna che io mi scordi[50] di Coronato. Gli ho promesso la mia protezione e la merita.)

GIA.   Son qui, cosa mi comanda?

CON.   Vi volete voi maritare?

20 GIA.   Signor sì.

CON.   Brava, così mi piace.

GIA.   Oh, io quel che ho in cuore ho in bocca.[51]

CON.   Volete che io vi mariti?

GIA.   Signor no.

25 CON.   Come no?

GIA.   Come no? perché no. Perché per maritarmi non ho bisogno di Lei.

CON.   Non avete bisogno della mia protezione?

---

[44] **Vossignoria** You.   [45] **desinare** lunch.   [46] **gridare** to scold, shout.   [47] **incontro** meeting, occasion.   [48] **Ehi, quella giovane!** Hello there, young lady!   [49] **Ci mancava questo ora.** That's all I needed.   [50] **scordarsi (di)** to forget.   [51] **in bocca** on my lips.

GIA.   No, in verità[52] niente affatto.

CON.   Voi siete innamorata di Crespino.

GIA.   Oh, per me va bene.

CON.   E lo preferite a quel galantuomo, a quell'uomo ricco,
5   a quell'uomo di proposito[53] di Coronato.

GIA.   Oh, lo preferirei anche ad altri che a Coronato.
Comanda altro da me?

CON.   Vostro fratello ha la mia protezione, vostro fratello ha
dato parola per voi a Coronato, e voi dovete maritarvi con
10   Coronato.

GIA.   Mio fratello ha dato parola a Coronato?

CON.   Sicuramente.[54]

GIA.   Oh, quando è così . . .

CON.   Ebbene?

15   GIA.   Mio fratello sposerà Coronato.

CON.   Giuro al cielo, Crespino non lo sposerete.

GIA.   No? perché?

CON.   Lo farò mandar via da questo villaggio.

GIA.   Andrò a cercarlo dove sarà.

20   CON.   Cosa fareste s'egli fosse morto?

GIA.   Non so.

CON.   Ne prendereste un altro?

GIA.   Potrebbe darsi di sì.[55]

CON.   Fate conto[56] ch'egli sia morto.

25   GIA.   Signore, non so né leggere, né scrivere, né far di
conti.[57]   Mi comanda altro?

CON.   Andate al diavolo.

GIA.   M'insegni la strada.   (*ridendo corre nel palazzino.*)

CON.   (*da sé*) Non so cosa fare; se non vuol Coronato io
30   non la posso obbligare.[58]   Cosa si è messo in capo colui di
volere una moglie che non lo vuole!   Mancano donne al
mondo?   Gliene troverò una io.   Una meglio di questa.
Vedrà l'effetto della mia protezione.

---

[52] **in verità** really.   [53] **uomo di proposito** suitable man.   [54] **sicuramente**
certainly.   [55] **Potrebbe darsi di sì.** It could be.   [56] **fate conto** assume.   [57] **far
di conti** to keep accounts (*a pun on the words* **conto** *and* **conte**).   [55] **obbligare**
to force, oblige.

SCENA VII

GERTRUDE, e CANDIDA *fuori della bottega della merciaia, e detto.*

CON.   E così, signora Gertrude?
GER.   Signore, mia nipote è una giovane di giudizio.[59]
CON.   E così? alle corte.[60]   Cosa dice la saggia signora
       Candida?
5 GER.   Supposto che il signor Barone . . .
CON.   Supposto: maledetti i vostri supposti.
GER.   Dato, concesso, assicurato, concluso,[61] come comanda
       Vossignoria.   Accordate[62] le condizioni mia nipote è
       contenta di sposare il signor barone.
10 CON.   (*a Candida*) Brava, bravissima.   (*da sé*) (Questa
       volta almeno ci sono riuscito.)
CAN.   (*da sé*) (Sì, per vendicarmi[63] di quell'infedele
       d'Evaristo.)
GER.   (*da sé*)   (Non credevo certo ch'ella dicesse di sì.)

SCENA VIII

GIANNINA *sulla terrazza, e detti.*

15 GIA.   (Non c'è, non la trovo in nessun luogo.)   Oh eccola lì!
CON.   Così dunque la signora Candida sposerà il signor
       barone del Cedro.
GIA.   (Cosa sento?   Cosa risponderà?)
GER.   (*al conte*) Ella lo farà, accordate le condizioni . . .
20 CON.   (*a Candida*)   Quali condizioni ci mettete voi?
CAN.   (*al conte*) Nessuna, signore, lo sposerò in ogni
       modo.[64]
CON.   Brava la signora Candida, così mi piace.   (*da sé*) (Eh,
       quando mi metto io negli affari, tutto va a meraviglia.[65])
25 GIA.   (Questa è una cosa terribile.   Povero signor Evaristo!
       È inutile che io le dia il ventaglio.)   (*parte.*)

---

[59] giudizio (good) sense.   [60] alle corte let's get to the point.   [61] p.p. of
concludere to conclude.   [62] accordare to grant, agree upon.   [63] vendicarsi
(di) to take vengeance (on).   [64] in ogni modo in any case.   [65] a meraviglia
marvelously.

CON.   Se mi permettete, vado a dare questa buona notizia al barone, al mio caro amico, al mio caro collega. Mi aspetta dallo speziale. Andate a casa ed io ve lo conduco immediatamente.

5 GER.   Cosa dite, nipote?

CAN.   (al conte) Mi rimetto[66] a quello che farà la signora zia. (da sé) (Morirò, ma mi vendicherò.)

CON.   Vado subito. Aspettateci. Verremo da voi. (a Gertrude) Siccome l'ora è un poco avanzata, non sarebbe
10   male che gli offriste di tenerlo a pranzo.[67]

GER.   Oh, per la prima volta!

CON.   L'accetterà volentieri, m'impegno io; e per obbligarlo ci resterò anche io. (parte ed entra dallo speziale.)

SCENA IX

(8)

GIANNINA dal palazzino, e dette.

GIA.   Oh, signora Candida!

15 CAN.   (in collera[68]) Cosa fate voi qui? Andate via; e in casa nostra non ardite[69] più di mettervi il piede.

GIA.   Come! A me quest'affronto?[70]

CAN.   Che affronto? Non siete degna,[71] e non debbo e non posso più tollerarvi. (entra nel palazzino.)

20 GER.   (È un poco troppo, veramente.)

GIA.   (Io resto di sasso.[72]) Signora Gertrude . . .

GER.   Mi dispiace, Giannina, ma mia nipote è una giovane di giudizio, e se vi ha trattato male, avrà le sue ragioni per farlo.

25 GIA.   (forte) Che ragioni può avere? Mi meraviglio di lei.

GER.   Ehi, portate rispetto.[73] Non alzate la voce.

GIA.   (in atto di partire) Voglio andare a parlarle.

GER.   No, no, fermatevi. Ora non serve, lo farete poi.

---

[66] rimettersi (a) to abide (by).   [67] tenerlo a pranzo have him for dinner.   [68] collera anger.   [69] ardire to dare.   [70] affronto effrontery.   [71] degno worthy.   [72] restare di sasso to be dumbfounded.   [73] portate rispetto mind whom you are talking to.

GIA.   (*vuol andare*) Ed io Le dico che voglio andare adesso.

GER.   (*si mette alla porta*) Non ardirete di passare per questa porta.

SCENA X

IL CONTE, *ed* IL BARONE *dallo speziale per andar al palazzino, e dette.*

5 CON.   (*al barone*) Andiamo, andiamo.

GIA.   (*a Gertrude*) Ci verrò per forza.

GER.   Impertinente! (*a Giannina, poi entra e chiude la porta nell'atto che si presentano il conte ed il barone, non veduti da lei.*)

10 GIA.   (*arrabbiata*[74] *s'allontana.*)

CON.   (*resta senza parlare, guardando la porta.*)

BAR.   Come, ci chiude la porta in faccia?

CON.   In faccia? Non è possibile.

BAR.   Non è possibile? Non è possibile quel che è vero?

15 GIA.   (*da sé, passeggiando arrabbiata*) A me un affronto?

CON.   (*al barone*) Andiamo a battere,[75] a vedere, a sentire.

GIA.   (*da sé*) S'entrano essi, entrerò anch'io.

BAR.   No, fermatevi, non ne voglio saper altro. Non voglio espormi[76] a nuovi insulti. Ho fatto male a servirmi di voi.

20 Hanno posto in ridicolo[77] me per cagion vostra.

CON.   (*in collera*) Che maniera di parlare è codesta?[78]

BAR.   E ne voglio soddisfazione.

CON.   Come?

BAR.   Colla spada alla mano.

25 CON.   Colla spada? Sono vent'anni che sono in questo villaggio e che non adopero[79] più la spada.

BAR.   Colla pistola dunque.

CON.   Sì, colle pistole. Andrò a prendere le mie pistole. (*vuol partire.*)

30 BAR.   No, fermatevi. Eccone due. (*le leva di tasca.*) Una per voi, e una per me.

---

[74] **arrabbiato** angry.   [75] **battere** to knock.   [76] **esporsi** to expose oneself.   [77] **porre in ridicolo** to expose to ridicule.   [78] **codesto** that.   [79] **adoperare** to use.

GIA.   Pistole? Ehi gente! Aiuto! Pistole! Si ammazzano. (*corre in casa.*)

SCENA XI

GERTRUDE *sulla terrazza e detti, poi* LIMONCINO *e* TOGNINO.

GER.   Signori miei, cos'è questa novità?

CON.   (*a Gertrude*) Perché ci avete serrata la porta in
5   faccia?

GER.   Io? Scusatemi. Non sono capace[80] di un'azione villana con nessuno. Molto meno con voi, e col signor barone, che si degna di favorir[81] mia nipote.

CON.   (*al barone*) Sentite?

10   BAR.   Ma, signora mia, nell'atto che volevamo venir da voi, ci è stata serrata la porta in faccia.

GER.   Vi dico che non vi avevo veduti, ed ho serrato la porta per impedire[82] che entrasse quell'impertinente di Giovannina. Se vogliono favorire, darò ordine di lasciar
15   passare. (*parte.*)

CON.   (*al barone*) Cosa volete fare di quelle pistole? Se lo sanno che avete quelle pistole, sapete cosa sono le donne, non vorranno che entriate.

BAR.   Avete ragione, e per segno[83] di buona amicizia ve ne
20   faccio un presente.

CON.   (*con paura*) Un presente a me?

BAR.   Sì, spero che le accetterete.

CON.   Le accetterò perché vengono dalle vostre mani. Sono cariche?[84]

25   BAR.   Che domanda! Volete che io porti pistole vuote?[85]

CON.   Aspettate. Ehi, dal caffè ... Prendete queste pistole, e accorto, ché sono cariche.

LIM.   (*prende le pistole del barone*) Sarà servito.

CON.   Vi ringrazio, caro collega. (Domani le venderò.)

30   TOG.   (*dal palazzino*) Signori, la padrona Li aspetta.

---

[80] **capace** capable.   [81] **favorire** to favor; come in.   [82] **impedire** to prevent.
[83] **segno** sign, token.   [84] **carico** loaded.   [85] **vuoto** empty, unloaded.

SCENA XII

EVARISTO *di strada collo schioppo in spalla.* MORACCHIO *collo schioppo in mano ed il cane.*

EVA.   Tenete, portate il mio schioppo da voi. Vi raccomando il cane.

MOR.   (*ad Evaristo*) Non dubiti.[86] (*a Giannina*) Il desinare è pronto?

5   GIA.   (*arrabbiata*) È pronto.

MOR.   Cosa diavolo hai? Sei sempre in collera con tutto il mondo. Via, andiamo a desinare, che è l'ora.

GIA.   Sì, sì, va' avanti, che poi verrò. (Voglio parlare col signor Evaristo.)

10   MOR.   Se vieni, vieni; se non vieni, mangerò io. (*entra in casa.*)

EVA.   (*vedendo Giannina*) Ebbene, Giannina. Avete dato il ventaglio?

GIA.   Eccolo qui il suo maledetto[87] ventaglio.

15   EVA.   Che vuol dire? non avete potuto darlo?

GIA.   Ho ricevuto mille insulti e mi hanno cacciata di casa come una ladra.[88]

EVA.   Si è forse accorta la signora Gertrude?

GIA.   Eh, non è stata solamente la signora Gertrude. I

20   maggiori insulti me li ha detti la signora Candida.

(9)

EVA.   Perché? Cosa le avete fatto?

GIA.   Io non le ho fatto niente, signore.

EVA.   Le avete detto che avevate un ventaglio per lei?

GIA.   Come potevo dirglielo, se non mi ha dato tempo; e mi

25   hanno cacciata come una ladra?

EVA.   Ma ci dev'essere il suo perché.[89]

GIA.   Per me so di non averle fatto niente. (*ironica*) Andate, andate a ritrovare[90] la vostra bella, la vostra cara.

EVA.   E perché non vi posso andare?

30   GIA.   Perché il posto è preso.

---

[86] **Non dubiti.** Don't give it a thought.   [87] **maledetto** cursed.   [88] **ladra** thief.
[89] **ci dev'essere il suo perché** there must be a reason for it.   [90] **ritrovare** visit.

EVA.   (*affannato*[91]) Da chi?

GIA.   Dal signor barone del Cedro.

EVA.   Giannina, voi sognate,[92] sognate, vi dico; voi non fate che dire degli spropositi.[93]

5 GIA.   Non mi credete? Andate a vedere, e saprete se io dico la verità.

EVA.   Non può essere, voi sognate.

GIA.   (*cantando*) Andate, vedete, sentite; e vedrete se io dico degli spropositi.

10 EVA.   Subito, immediatamente. (*corre al palazzino e batte.*)

TOG.   (*apre e si fa vedere sulla porta*) Perdoni, io non posso lasciar entrare nessuno.

EVA.   Avete detto chi sono io?

15 TOG.   L'ho detto.

EVA.   E la signora Gertrude non vuole che io entri?

TOG.   Anzi la signora Gertrude aveva detto di lasciarla entrare, e la signora Candida non ha voluto.

EVA.   Non ha voluto? Ah, giuro al cielo! Entrerò. (*vuole
20 entrare per forza. Tognino gli serra la porta in faccia.*)

GIA.   Ah! cosa Le ho detto io?

EVA.   Son fuori di me.[94] Non so in che mondo mi trovi. Chiudermi la porta in faccia.

GIA.   Oh, non si meravigli. L'hanno fatto anche a me
25 questo affronto.

EVA.   Ancora non lo credo, non lo posso credere mai. No; vi sarà qualche sbaglio, qualche mistero, conosco il cuore di Candida; non è capace.

GIA.   Bene, si consoli così. Tenga![95]

SCENA XIII

CORONATO *e* SCAVEZZO *vengono da dove sono andati.* SCAVEZZO *va
diretto*[96] *all'osteria.* CORONATO *resta in disparte*[97] *ad ascoltare, e detti, poi*
CRESPINO.

30 EVA.   Cosa volete darmi?

---

[91] **affannato** anxiously.   [92] **sognare** to dream.   [93] **sproposito** nonsense.
[94] **fuori di me** beside myself.   [95] **Tenga!** Take it!   [96] **diretto** straight,
directly.   [97] **in disparte** aside.

GIA. Il ventaglio.

EVA. Tenetelo, non mi tormentate.

GIA. Me lo dona[98] il ventaglio?

EVA. Sì, tenetelo, ve lo dono. (Sono fuor di me stesso.)

5 GIA. Quand'è così, la ringrazio.

COR. (Oh, oh, ora ho saputo cos'è il regalo. Un ventaglio.)
(senza esser veduto entra nell'osteria.)

CRE. *(va per andare alla sua bottega, vede i due, e si ferma ad ascoltare.)*

10 GIA. Caro signor Evaristo, Ella mi fa pietà,[99] mi fa compassione.[1]

EVA. Voi conoscete il mio cuore, voi siete testimonio[2] dell'amor mio.

CRE. *(da sé)* (Buono, sono arrivato a tempo.)

15 EVA. Vado al caffè, Giannina, vado e vi vado tremando.[3] Conservatemi[4] l'amor vostro e la vostra bontà. *(le dà la mano ed entra nel caffè.)*

GIA. Da una parte mi fa ridere dall'altra mi fa compassione. Oh, ecco Crespino. Dove siete stato sin ora?

20 CRE. Non vedete? a prendere delle scarpe d'accomodare.[5]

GIA. Ma voi non fate che accomodar delle scarpe vecchie. Quando sarò vostra moglie . . .

CRE. Eh!

GIA. Eh, cos'è questo eh? cosa vuol dir questo eh?

25 CRE. Vuol dire che la signora Giannina ha delle idee vaste e grandiose.

GIA. Siete pazzo, o avete bevuto questa mattina?

CRE. Non son pazzo, non ho bevuto; ma non sono né cieco né sordo.[6]

30 GIA. *(si avanza)* E che diavolo volete dire? Spiegatevi, se volete che io vi capisca.

CRE. Vuol che mi spieghi? mi spiegherò. Credete che io sia sordo? Credete che non abbia sentito le belle parole col signor Evaristo?

---

[98] **donare** to give.   [99] **mi fa pietà** moves me to pity.   [1] **far compassione** to make one feel sorry.   [2] **testimonio** witness.   [3] **tremare** to tremble.   [4] **conservare** to keep.   [5] **da accomodare** *In Goldoni's time* da *could take an apostrophe.*   [6] **sordo** deaf.

GIA.   Col signor Evaristo?

CRE.   (*imitando Evaristo*) Sì, Giannina mia, voi conoscete il mio cuore, voi siete testimonio dell'amor mio.

GIA.   (*ridendo*) Oh matto!

5 CRE.   Io matto?

GIA.   Sì, voi, matto, stramatto, e di là di matto.⁷

CRE.   Ma come, non ho veduto io? Non ho sentito la bella conversazione col signor Evaristo?

GIA.   Matto.

10 CRE.   (*minacciando*⁸) Giannina, finite⁹ con questo matto, che farò da matto davvero.

GIA.   Ma credete voi che il signor Evaristo abbia della premura per me?

CRE.   Non so niente.

15 GIA.   E ch'io sia così bestia da averne per lui?

CRE.   Non so niente.

GIA.   Venite qua, sentite: (*dicendo presto presto*) il signor Evaristo è amante della signora Candida, e la signora Candida lo ha burlato,¹⁰ e vuole sposare il signor barone, e

20   il signor Evaristo è disperato, è venuto a parlare con me, ed egli si consolava con me, e mi faceva compassione. Avete capito?

CRE.   Neanche una parola.

GIA.   (*presto*) Quando è così, andate al diavolo. Sposerò

25   Coronato.

CRE.   Adagio, adagio. Non andate subito sulle furie.¹¹ Posso assicurarmi che dite la verità? Che non avete niente da fare col signor Evaristo?

GIA.   E non volete che vi dica matto? Caro il mio

30   Crespino, che vi voglio tanto bene (*accarezzandolo*¹²).

CRE.   (*dolcemente*) E cosa vi ha donato il signor Evaristo?

GIA.   Niente.

CRE.   Niente, sicuro? Niente?

---

⁷ **matto, stramatto, e di là di matto** crazy, extra crazy, and much more than crazy. ⁸ **minacciare** to threaten. ⁹ **finite** *here* = stop. ¹⁰ **lo ha burlato** has fooled him, has jilted him. ¹¹ **andare sulle furie** to get angry. ¹² **accarezzare** to caress.

GIA.   Quando vi dico niente, niente. (Non voglio che
sappia del ventaglio, ché subito sospetterebbe.)
CRE.   Mi volete bene?
GIA.   Sì, vi voglio bene.
5 CRE.   (le tocca la mano) Via, facciamo la pace.
GIA.   (ridendo) Matto.
CRE.   (ridendo) Ma perché matto?
GIA.   Perché siete un matto.

SCENA XIV

(10)

CORONATO che esce dall'osteria, e detti.

COR.   Finalmente ho saputo il regalo che ha avuto la signora
10 Giannina.
GIA.   Cosa c'entrate con me voi?
CRE.   (a Coronato) Da chi ha avuto un regalo?
COR.   Dal signor Evaristo.
GIA.   Non è vero niente.
15 COR.   (a Giannina) Sì, sì, e so che regalo è.
GIA.   Sia quel che sia,[13] a voi non deve importare; io amo
Crespino e sarò moglie del mio Crespino.
CRE.   (a Coronato) Ebbene, che regalo è?
COR.   Un ventaglio.
20 CRE.   (a Giannina, in collera) Un ventaglio?
GIA.   (Maledetto colui!)
CRE.   (a Giannina) Avete ricevuto un ventaglio?
GIA.   Non è vero niente.
COR.   Tanto è vero che lo avete ancora in tasca.
25 CRE.   Voglio veder quel ventaglio.
GIA.   (a Crespino) Signor no.
COR.   Troverò io la maniera di farvelo metter fuori.
GIA.   (a Coronato) Siete un impertinente.

---

[13] **Sia quel che sia** Whatever it may be.

SCENA XV

MORACCHIO *di casa con la salvietta,*[14] *mangiando, e detti.*

MOR. Cos'è questo baccano?[15]

COR. Vostra sorella ha avuto un ventaglio in regalo, lo ha in tasca, e nega di averlo.

MOR. (*a Giannina*) A me quel ventaglio.

5 GIA. (*a Moracchio*) Lasciatemi stare.

MOR. (*minacciandola*) Dammi quel ventaglio, ché giuro al cielo . . .

GIA. (*lo fa vedere*) Maledetto! Eccolo qui.

CRE. (*lo vorrebbe prendere*) A me, a me.

10 COR. (*con collera lo vuol prendere*) Lo voglio io.

GIA. Lasciatemi stare, maledetti.

MOR. Presto, da' qui, ché lo voglio io.

GIA. (*a Moracchio*) Signor no. Piuttosto lo voglio dare a Crespino.

15 MOR. Da' qui, dico.

GIA. A Crespino. (*dà il ventaglio a Crespino e corre in casa.*)

COR. Date qui.

MOR. Date qui.

20 CRE. Non l'avrete. (*tutti e due sono attorno*[16] *a Crespino per averlo, egli fugge via ed essi lo seguono. Crespino cade e perde il ventaglio. Coronato lo prende e lo porta via.*)

COR. (*a Moracchio*) Eccolo, eccolo; l'ho avuto io!

25 MOR. Ne ho piacere,[17] tenetelo voi. Giannina mi dirà da chi l'ha avuto. (*entra in casa.*)

CRE. Oh maledetti! (*entra in bottega.*)

---

[14] **salvietta** napkin. [15] **baccano** rumpus. [16] **attorno** around, after. [17] **Ne ho piacere** I am glad of it.

ATTO TERZO

SCENA I

IL CONTE *ed* IL BARONE *escono dal palazzino.*

BAR. M'immagino quel che potrebbe essere. Sospetto che vi sia qualche cosa fra la signora Candida ed Evaristo.

CON. Se fosse così, lo saprei. Io so tutto. Non si fa niente nel villaggio che io non sappia. E poi se fosse quello che 5 dite voi, credete ch'ella avrebbe detto di sì?

BAR. Questa è una buona ragione; ella ha detto di sì senza farsi pregare. Ma la signora Gertrude in certo modo ha mostrato piacere che ce ne andiamo.

CON. Vi dirò. Tutto quello di cui ci possiamo lagnare della 10 signora Gertrude è ch'ella non ci abbia invitati a restare a pranzo da lei.

BAR. Per questo non m'importa.

CON. Mi dispiace per voi. Dove pranzate oggi?

BAR. Ho ordinato all'oste il desinare per due.

15 CON. Per due?

BAR. Aspetto Evaristo ch'è andato a caccia.

CON. Se volete venire a pranzo da me.

BAR. Da voi?

CON. Ma il mio palazzo è mezzo miglio lontano.

20 BAR. Vi ringrazio, perché il pranzo è già ordinato. Ehi dall'osteria, Coronato? È venuto il signor Evaristo?

SCENA II

CORONATO *dall'osteria, e detti.*

COR. Non l'ho ancora veduto, signore. Mi dispiace che il pranzo sia già pronto.

CON. Evaristo è capace di divertirsi alla caccia fin a sera, e 25 farvi star senza pranzo.

BAR. Cosa volete che io faccia? Ho promesso di aspettarlo.

CON. Aspettarlo, va bene fino a un certo punto. Ma, caro amico, non siete fatto per aspettare.

BAR. Quasi quasi vi pregherei di venir a occupare il posto

del signor Evaristo. Caro conte, fatemi il piacere di venir
con me. (*a Coronato*) Ordinate che mettano in tavola.[18]

COR.   Subito, resti servita.

BAR.   Andrò a vedere che cosa mi hanno preparato da[19]
5   pranzo. (*entra.*)

COR.   (*al conte*) Ha parlato per me a Giannina?

CON.   Andiamo, andiamo, ché non voglio far aspettare il
barone. (*entra.*)

COR.   (Ci ho buona speranza. È un uomo che quando vi si
10   mette, qualche volta ci riesce.) Giannina! (*chiamando.*)

GIA.   (*fila e non risponde.*)

COR.   Almeno lasciatevi salutare.

GIA.   (*senza guardarlo e filando*) Farete meglio a ren-
dermi il mio ventaglio.

15 COR.   Sì (Uh, a proposito ho scordato il ventaglio in cantina.)
Sì, sì, parleremo poi del ventaglio. (Non vorrei che
qualcheduno[20] lo portasse via.) (*entra.*)

CRE.   (*ride forte.*)

SUS.   Avete il cuor contento, signor Crespino, ridete con
20   gusto.

CRE.   Rido, perché ho la mia ragione di ridere.

GIA.   (*a Crespino*) Voi ridete ed io mi sento tanta rabbia.[21]

CRE.   Rabbia? E di che sentite rabbia?

GIA.   Che quel ventaglio sia nelle mani di Coronato.

25 CRE.   (*ridendo*) Sì, è nelle mani di Coronato. (*si alza ed
entra in bottega.*)

GIA.   È un ridere veramente da sciocco.[22]

SUS.   (*lavorando*) Non credevo che il mio ventaglio
avesse da passare per tante mani.

30 GIA.   (*voltandosi con dispetto*) Il vostro ventaglio?

SUS.   Sì, dico il mio ventaglio perché è venuto dalla mia
bottega.

(11)

TIM.   (*uscendo dal palazzino, da sé*) In questa casa non ci
vado più. Che colpa ci ho io se queste acque[23] non

---

[18] **mettere in tavola** to serve the meal.   [19] **da** *here* = for, as.   [20] **qualcheduno**
someone.   [21] **sentir(si) rabbia** to feel angry.   [22] **sciocco** fool: **da sciocco** like a
fool, foolish.   [23] **acque** (medicinal) waters.

valgono niente? Io non posso dare che di quello che ho.
(*entra nella spezieria.*[24])

CRE. (*verso Giannina*) Ci dev'essere qualcheduno ammalato in casa della signora Gertrude.

5 GIA. (*con disprezzo*[25]) Sì, quella cara gioia della signora Candida.

SUS. (*forte*) Povera signora Candida!

CRE. Che male ha?

GIA. Che so io che male abbia? Pazzia.[26]

10 SUS. Eh, so io che male ha la signora Candida.

CRE. (*a Susanna*) Che male ha?

SUS. (Dovrebbe saperlo anche la signora Giannina.)

GIA. Io? Cosa c'entro io?

SUS. Sì, perché è ammalata per causa vostra.

15 GIA. (*balza*[27] *in piedi*) Per causa mia? Non siete capace che di dire delle bestialità.[28]

CRE. (*a Giannina*) Lasciatela dire.

GIA. (*a Susanna*) Con qual ragione potete dirlo?

SUS. Non ne parliamo di più.

20 GIA. No, no, parlate.

SUS. No, Giannina, non mi obbligate a parlare.

GIA. Se siete una donna d'onore, parlate.

SUS. Oh, quando è così, parlerò.

CRE. Zitto, zitto, viene la signora Gertrude, non facciamo

25 scene dinanzi a lei. (*ritorna al lavoro.*)

GIA. (*da sé, camminando verso la sua casa*) Oh voglio che mi renda ragione[29] di quel che ha detto.

SUS. (*siede e lavora*) (Vuol che si parli? Sì, parlerò.)

SCENA III

GERTRUDE *dal palazzino, e detti.*

GER. (*a Giannina*) Sapete dove sia il signor Evaristo?

30 GIA. (*con dispetto*) Non so niente. Serva sua. (*entra in casa.*)

---

[24] **spezieria** drugstore.   [25] **disprezzo** scorn: **con disprezzo** disparagingly.
[26] **pazzia** madness.   [27] **balzare** to jump up: **balza in piedi** she jumps to her feet.   [28] **bestialità** foolishness, stupid things.   [29] **rendere ragione** to render an account.

GER. (*da sé*) (Che maniera gentile!) Crespino, sapete voi
dove sia il signor Evaristo?

CRE. No, signora, in verità non lo so.

GER. Fatemi il piacere di andare a vedere se fosse
5   nell'osteria.

CRE. La servo subito. (*va nell'osteria.*)

SUS. (*sottovoce*[30]) Signora Gertrude!

GER. Che volete?

SUS. Una parola. Se vuole che io venga da Lei . . .

10   GER. Vorrei prima vedere il signor Evaristo.

SUS. O se vuol venire da me.

GER. Piuttosto. Ma aspettiamo Crespino.

SUS. Eccolo.

GER. (*a Crespino*) E così?

15   CRE. Non c'è, signora. L'aspettavano a pranzo e non è
venuto.

GER. Vedete[31] un poco. Il villaggio non è molto grande,
vedete se lo ritrovate.[32]

CRE. Vado subito per servirla.

20   GER. (*a Susanna*) Andiamo, sono ansiosa di sentire.
(*entra in bottega.*)

CRE. Quel ventaglio. Ho piacere di averlo io nelle mani.
Coronato non si è accorto che gli è stato portato via.
Manco male[33] che non sospetta di me. Nessuno gli avrà
25   detto che sono stato io a comprar del vino. Chi mai
avrebbe detto che io avrei trovato il ventaglio sopra una
botte?[34] Ma dove posso andar io per trovare il signor
Evaristo?

SCENA IV

LIMONCINO *dal caffè, e detto.*

CRE. (*a Limoncino*) Oh, mi sapreste dire dove sia il signor
30   Evaristo?

LIM. Io? Cosa sono? il suo servitore?

---

[30] **sottovoce** in an undertone.   [31] **Vedete** Look around.   [32] **ritrovare** to find.
[33] **Manco male (che)** Fortunately.   [34] **botte** barrel, keg.

CRE.   Non potrebbe essere nella vostra bottega?
LIM.   Se ci fosse, lo vedreste. (si avanza.)
CRE.   Vieni, vieni a farti accomodare le scarpe. (parte.)
LIM.   Birbante![35] Subito andrò a dirgli che il signor
5   Evaristo è nel nostro giardino.

SCENA V

IL CONTE, alla finestra dell'osteria, e detto, poi GIANNINA.

GIA.   (di casa) Ehi Limoncino. Venite qui, ditemi: il
signor Evaristo è ancora là.
LIM.   Dove là? La bottega è lì; se ci fosse lo vedreste.
GIA.   Puh! nel giardino.
10   LIM.   Puh! non so niente. (parte ed entra in bottega.)
GIA.   Birbante e pezzo d'animale.[36]

SCENA VI

EVARISTO, dal caffè correndo con allegria,[37] e detta, poi CORONATO.

EVA.   Oh, Giannina, son l'uomo più felice, il più contento
del mondo.
GIA.   Bravo, me ne consolo. Spero che mi farete dare
15   soddisfazione degli insulti che mi hanno fatto.
EVA.   Sì, tutto quel che volete. Sappiate, Giannina mia,
che voi eravate presa in sospetto.[38] La signora Candida ha
saputo che io vi avevo dato il ventaglio; credeva che lo
avessi comprato per voi; era gelosa di me, era gelosa di voi.
20   GIA.   Era gelosa di me?
EVA.   Sì, certo.
GIA.   (verso il palazzino) Ah, che ti venga la rabbia![39]
EVA.   Si voleva maritar con altri per[40] vendetta,[41] per

---

[35] **Birbante!** Scoundrel!   [36] **pezzo d'animale** stupid fool.   [37] **allegria** joy.
[38] **presa in sospetto** under suspicion.   [39] **che ti venga la rabbia** I hope you
choke (lit. I hope you get hydrophobia.)   [40] **per** here = out of.   [41] **vendetta**
revenge.

disperazione. Per fortuna, sua zia è uscita di casa. Candida è scesa nel suo giardino; io ho saltato il muro, mi son gettato ai suoi piedi, ho pianto, ho pregato, l'ho vinta, è mia, è mia. (*con grande allegria.*)

5   GIA.   Ne sono contenta, me ne consolo.

EVA.   Una sola condizione ella ha posto alla mia sicura, alla mia sincera felicità. È necessario che io le presenti il ventaglio.

GIA.   (*confusa*) Signore, io non ho più il ventaglio.

10   EVA.   Oh via, avete ragione. Ve l'ho donato, e non lo domanderei se non mi trovassi in questa grave necessità. Ve ne comprerò un altro meglio di quello; ma per amor del cielo datemi subito quello che vi ho dato.

GIA.   Vi dico sull'onor mio che non ho quel ventaglio.

15   EVA.   Oh cielo! Cosa dunque ne avete fatto?

GIA.   Hanno saputo ch'io avevo quel ventaglio, mi sono saltati attorno come tre cani arrabbiati . . .

EVA.   (*infuriato*) Chi? Ma chi lo ha? Chi lo ha? Presto.

GIA.   Lo ha quel birbante di Coronato.

20   EVA.   (*all'osteria*) Coronato? Subito. Coronato. Datemi quel ventaglio.

COR.   Signore, me ne dispiace molto. Ma il ventaglio non si trova più.

EVA.   Non si trova più?

25   COR.   Sono andato in cantina. L'ho messo sopra una botte. L'ho lasciato lì, son andato, son ritornato, non l'ho trovato più; qualcheduno l'ha portato via.

EVA.   Che si trovi.

COR.   Dove? Ho fatto di tutto.[42]

30   EVA.   Dieci, venti, trenta zecchini[43] lo potrebbero far ritrovare?

COR.   Quando non c'è, non c'è.

EVA.   (*contro Giannina*) Voi siete la mia rovina.[44]

GIA.   Io? Che colpa ci ho io?[45]

---

[42] **Ho fatto di tutto.** I have tried everything.   [43] **zecchino** sequin (*a gold coin*).   [44] **rovina** ruin.   [45] **Che colpa ci ho io?** How am I to blame?

SCENA VII

(12)

CANDIDA *sulla terrazza e detti.*

CAN.   (*lo chiama*) Signor Evaristo?
EVA.   (Eccola, eccola; son disperato.)
GIA.   Che diavolo! È finito il mondo per questo?
CAN.   (*torna a chiamarlo*[46]) Signor Evaristo?
5 EVA.   Ah, Candida mia dilettissima,[47] sono l'uomo più
triste, più infelice del mondo.
CAN.   Eh che sì, che il ventaglio non si può avere?
GIA.   (L'ha indovinata alla prima.[48])
EVA.   Sì, pur troppo è la verità: il ventaglio è perduto e non
10 è possibile ritrovarlo per ora. (*a Candida.*)
CAN.   Oh, so dove sarà.
EVA.   Dove? Dove? Se avete qualche modo di ritrovarlo.
CAN.   Il ventaglio sarà nelle mani di quella a cui l'avete
donato, e non vuol renderlo, ed ha ragione.
15 GIA.   (*a Candida*) Non è vero niente.
CAN.   Basta così. Mi meraviglio di voi che vi mettete con
una villana. (*parte.*)
GIA.   (*alla terrazza*) Cos'è questa villana?
EVA.   Giuro al cielo, voi siete cagione della mia rovina,
20 della mia morte.
GIA.   Oh, è meglio che vada via. Ho paura che questi
diventi matto. (*va piano piano verso la casa.*) Per causa
di quel maledetto ventaglio. (*entra.*)

SCENA VIII

CRESPINO, CONTE, GIANNINA.

CRE.   Maledetto ventaglio! L'avrò sentito nominare un
25 milione di volte. Qualche cosa farò; io non voglio che mi

---

[46] **torna a chiamarlo** calls him again.   [47] **dilettissimo** dearest, most cherished.
[48] **alla prima** right off.

mettano in qualche imbroglio.[49]   (*va al banco suo e prende il ventaglio.*)

CON. (*passeggia contento, mostrando aver ben mangiato*) Oh buon giorno, Crespino. Sono accomodate le
5   scarpe?

CRE. (*fa vedere il ventaglio*) Domani sarà servita.

CON. Che cosa avete di bello in quella carta?

CRE. È una cosa che ho trovato per terra.

CON. Oh, un ventaglio! Qualcheduno passando l'avrà
10   perduto. Cosa volete fare di questo ventaglio? Lo volete vendere?

CRE. Oh, venderlo! Io non saprei cosa domandarne. Lo crede di valore questo ventaglio?

CON. Non so, non me n'intendo.

15   CRE. Io avrei piacere che valesse assai, per avere il piacere di farne un presente a vossignoria illustrissima.

CON. (*contento*) A me? Me lo volete donare a me? Vi ringrazio caro.[50] (Ne farò un regalo e mi farò onore.)

CRE. La prego di non dire di averlo avuto da me. Se
20   Giannina sapesse che io avevo questo ventaglio e non l'ho donato a lei, se ne avrebbe a male.

CON. Avete fatto bene a non darglielo. Non è un ventaglio per una contadina. Non dubitate, non dirò niente di averlo da voi. Ma, a proposito, come vanno gli affari con
25   Giannina? Avete veramente volontà di sposarla?

CRE. Per dirle la verità, la sposerei volentieri.

CON. Quand'è così, non dubitate. Ve la faccio sposare questa sera, se voi volete.

CRE. Ma Coronato che la pretende?[51]

30   CON. Coronato? Coronato è uno sciocco. Vi vuol bene Giannina?

CRE. Assai.

CON. Bene dunque. Voi siete amato; Coronato non lo può soffrire; fidatevi della mia protezione.

35   CRE. Fin qui l'intendo anch'io. Ma il fratello?

CON. Che fratello? Che fratello? Quando la sorella è

---

[49] **imbroglio** mix-up.   [50] **caro** *here* = **molto.**   [51] **pretendere** to claim, lay claim to.

contenta, cosa c'entra[52] il fratello? Fidatevi della mia
protezione.

CRE. Mi raccomando dunque alla sua bontà. Vado a
terminare d'accomodar le sue scarpe.

5 CON. (*tira fuori il ventaglio e a poco a poco lo esa-
mina*) Se fosse qualche cosa di meglio, lo donerei alla
signora Candida, che questa mattina ha rotto il suo. Ma
perché no? Non è poi tanto cattivo.

GIA. (Oh! cosa vedo! Il ventaglio in mano del signor
10 Conte! Presto, presto, andiamo a chiamare il signor
Evaristo!) (*parte.*)

SCENA IX

BARONE *dall'osteria e detto, poi* TOGNINO.

BAR. Amico, mi avete lasciato lì.
CON. Ho veduto che non avevate volontà di parlare.
BAR. Sì, è vero. Non posso darmi pace.[53] Ditemi, vi pare
15 che possiamo ora tentar di rivedere[54] queste signore?
CON. Perché no? Mi viene ora in mente una cosa buona.
Volete che io vi faccia un regalo? un regalo, con cui vi
potete far onore colla signora Candida?
BAR. Cos'è questo regalo?
20 CON. Sapete che questa mattina ella ha rotto il suo
ventaglio?
BAR. È vero, m'è stato detto.
CON. Ecco un ventaglio. Andiamola a rivedere, e
presentateglielo voi colle vostre mani. (*lo dà al barone.*)
25 Guardate, guardate, non è cattivo.
BAR. Accetterò volentieri quest'occasione; ma mi permettete che vi domandi cosa vi costa?
CON. Oh, mi meraviglio. Voi mi avete donato quelle
pistole . . .
30 BAR. Non so che dire. Accetterò. (*da sé, guardandolo*)
(Dove diavolo ha trovato questo ventaglio? Mi pare
impossibile che egli l'abbia comprato.)

---

[52] **cosa c'entra?** how does he come in? [53] **Non posso darmi pace.** I am so
restless. [54] **rivedere** to see again.

CON. Ah, cosa dite? Non è venuto a tempo? Oh, io in queste occasioni so quel che ci vuole. Ho una camera piena di questi regali per le donne. Ora andiamo, non perdiamo tempo. (*corre e batte al palazzino.*)

5 TOG. (*sulla terrazza*) Cosa comanda?

CON. Si può riverire queste signore?

TOG. La signora Gertrude è fuori di casa e la signora Candida è nella sua camera che riposa.

CON. Subito che si sveglia avvisateci.[55]

10 TOG. Sarà servita. (*parte.*)

BAR. Bene, bisogna aspettare. Ho da scrivere una lettera a Milano, andrò a scriverla dallo speziale. (*va dallo speziale.*)

CON. Mi divertirò col mio libro. (*tira fuori il libro e siede.*)

SCENA X

(13)

EVARISTO *dalla casa di Giannina, e detti.*

15 EVA. (*da sé*) (Oh, eccolo qui.) Signor conte, permetta che io possa dirle una parola?

CON. (*leggendo*) Or ora son da voi.

EVA. (*da sé*) (Se non ha il ventaglio in mano, io non so come fare.)

20 CON. (*si alza*) Eccomi qui. Cosa posso fare per servirvi?

EVA. (*osservando se vede il ventaglio*) Perdonate, se vi ho disturbato.

CON. Niente, niente. (*si guarda*) Cosa guardate? ho qualche macchia[56] d'intorno?[57]

25 EVA. Scusatemi. Mi è stato detto che voi avevate un ventaglio.

CON. Un ventaglio (*confuso*). È vero, l'avete forse perduto voi?

EVA. Sì, signore, l'ho perduto io.

30 CON. Caro amico, mi dispiace che siete venuto un po' tardi.

EVA. Come tardi?

---

[55] avvisare to tell, inform. [56] macchia spot. [57] d'intorno here about me.

CON.   Il ventaglio non è più in mano mia. L'ho dato ad una persona.

EVA.   E a qual persona l'avete dato?

CON.   Questo è quello che io non voglio dirvi.

5 EVA.   Signor conte, mi preme[58] saperlo; mi preme aver quel ventaglio, e mi dovete dire chi l'ha.

CON.   Non vi dirò niente.

EVA.   (*trasportato*[59]) Giuro al cielo, voi lo direte.

CON.   Come? mi perdereste il rispetto?

10 EVA.   Voi non sapete quello che costa, ed io darei per riaverlo.[60] Sì, darei cinquanta zecchini.

CON.   (*da sé*) (Diavolo! bisogna che sia dipinto da Tiziano, o da Raffaello da Urbino.)

EVA.   Deh, signor conte, fatemi questa grazia, questo
15 piacere.

CON.   Vedrò se si potesse riavere; ma sarà difficile.

EVA.   Facciamo così, signor conte. Questa è una scatola d'oro che vale molto più di cinquanta zecchini. Non importa; per riavere quel ventaglio, la offro volentieri.
20 Tenete. (*gliela dà.*)

CON.   Ci sono dei diamanti in quel ventaglio? Io non ci ho badato.

EVA.   Non ci sono diamanti, non val niente; ma per me è prezioso.

25 CON.   Farò di tutto per soddisfarvi. E volete che io dia in cambio la tabacchiera?[61]

EVA.   Sì, datela pure.

CON.   (*per partire*) Aspettate qui (*voltandosi*). E se la persona mi rendesse il ventaglio e non volesse la ta-
30 bacchiera?

EVA.   Signore, la tabacchiera l'ho data a voi, è cosa vostra, fatene quel che vi piace.

CON.   (Il barone è un galantuomo, e poi è un mio amico.) Aspettate qui. (Se fossero i cinquanta zecchini, non li
35 accetterei; ma una tabacchiera d'oro? Sì, signore, è un presente da galantuomo.) (*va alla spezieria.*)

---

[58] **premere** to be very important (*to someone*).   [59] **trasportato** carried away.
[60] **riaverlo** to get it back.   [61] **tabacchiera** snuffbox.

SCENA XI

CRESPINO *dalla bottega della merciaia, e detto.*

CRE.   (Oh, eccolo qui.) Signore, la riverisco. La signora
Gertrude vorrebbe parlar con vossignoria. È qui in casa
della merciaia che l'aspetta.

EVA.   Dite alla signora Gertrude che la supplico d'aspettar
5   un momento, tanto ch'io veda se viene una persona che mi
preme vedere, e verrò subito da lei.

CRE.   Sarà servito. (*entra da Susanna.*)

CON.   (*sulla porta della spezieria, che torna.*)

EVA.   Ebbene, signor Conte?

10   CON.   Ecco il ventaglio. (*lo fa vedere.*)

EVA.   (*lo prende ansioso*) Oh, che piacere! Oh, quanto vi
sono obbligato!

CON.   E la tabacchiera?

EVA.   Non ne parliamo più. Vi sono obbligato. (*corre ed
15   entra dalla merciaia.*)

CON.   (*piglia la tabacchiera*) Evaristo non l'ha voluta
indietro. Il barone forse non l'avrebbe voluta ricevere. Si
è un poco disgustato⁶² veramente, ch'io gli abbia chiesto il
ventaglio; ma gli ho detto che lo presenterò in nome suo.
20   Ne comprerò un altro che farà la stessa figura.⁶³

CRE.   (*che torna dalla merciaia*) Oh! signor Conte, dunque Ella mi dà buone speranze?

CON.   Buonissime. Oggi è una giornata per me fortunata, e
tutte le cose mi vanno bene. Aspettate. Ehi, Giannina.

25   GIA.   (*di casa*) Signore, cosa vuole? (*in collera*) Cosa pretende?

CON.   Non tanta furia. Voglio farvi del bene e maritarvi.

GIA.   Io non ho bisogno di Lei.

CRE.   (*al conte*) Sente?

30   CON.   (*a Crespino*) Aspettate. (*a Giannina*) Voglio maritarvi a modo mio.

GIA.   Ed io Le dico di no.

CON.   E voglio darvi per marito Crespino.

---

⁶² **disgustarsi** to be displeased.   ⁶³ **fare la stessa figura** to cut the same figure,
be just as good.

GIA. (*contenta*) Crespino?
CON. (*a Giannina*) Ah! cosa dite?
GIA. Signor sì, con tutto il cuore.

SCENA XII

MORACCHIO *di casa, e detti.*

MOR. Cosa fate qui?
5 GIA. Cosa c'entrate voi?
CON. Giannina si deve maritare sotto la mia protezione.
MOR. Signor sì, son contento, e tu lo farai o per amore o per
forza.
GIA. Oh, lo farò volentieri. E per farti vedere che
10 obbedisco, do la mano a Crespino.
MOR. Signor conte?
CON. (*placidamente*[64]) Lasciate fare.
MOR. Non era Ella, signore conte, impegnata per Coronato?

SCENA XIII

CORONATO *dall'osteria, e detti.*

COR. Chi mi chiama?
15 MOR. Venite qui, vedete. Il signor conte vuol che mia
sorella si mariti.
CON. Io sono un Cavalier giusto, Giannina non vi vuole, ed
io non posso, non debbo, e non voglio usar violenza.
GIA. Signor sì, voglio Crespino a dispetto di tutto il
20 mondo.[65]
CON. (*a Moracchio*) Cosa dite voi?
MOR. (*a Coronato*) Cosa dite voi?
COR. Non me ne importa un fico. Chi non mi vuol non mi
merita.
25 GIA. Così va detto.[66]
CON. (*a Crespino*) Ecco l'effetto della mia protezione.

---

[64] **placidamente** placidly.   [65] **a dispetto di tutto il mondo** in spite of anyone
in the world.   [66] **Così va detto.** That's the way to say it.

SCENA XIV

(14)

BARONE *dalla spezieria, e detti.*

BAR.   Ebbene, signor conte, avete veduta la signora Candida? Le avete dato il ventaglio? Perché non avete voluto che io avessi il piacere di presentarglielo?

GIA.   (Come! non l'ha avuto il signor Evaristo?)

5 CON.   Io non ho ancora veduto la signora Candida; e circa il ventaglio, ne ho degli altri, e ve ne ho destinato⁶⁷ uno migliore. Oh, ecco qui la signora Gertrude.

SCENA XV

GERTRUDE, EVARISTO, *e* SUSANNA, *tutti e tre dalla bottega di Susanna.*

GER.   (*a Susanna*) Favoritemi di far scendere mia nipote; ditele che le ho da parlare, che venga qui.

10 SUS.   Sarà servita. (*va al palazzino, batte, aprono, ed entra.*)

GER.   (*piano ad Evaristo*) (Ne ho piacere che il signor conte ed il signor barone entrino in casa. A quest'ora possiamo parlare qui.)

15 CON.   Signora Gertrude, appunto il signor barone ed io volevamo farvi una visita.

GER.   Obbligatissima. Adesso è l'ora del passeggio,⁶⁸ prenderemo un poco di fresco.⁶⁹

BAR.   (*serio*) Ben tornato, signor Evaristo.

20 EVA.   (*brusco*⁷⁰) Vi sono servitore.

SCENA ULTIMA

CANDIDA *e* SUSANNA *dal palazzino, e detti.*

CAN.   Che mi comanda la signora zia?

GER.   Andiamo a far quattro passi.⁷¹

---

⁶⁷ **destinare** to destine, plan for.   ⁶⁸ **passeggio** daily walk.   ⁶⁹ **fresco** fresh air.
⁷⁰ **brusco** abrupt, bruskly.   ⁷¹ **far quattro passi** to take a stroll.

CAN.   (Ah, è qui quel perfido[72] d'Evaristo!)

GER.   (*a Candida*) Ma che vuol dire che non avete il
ventaglio!

CAN.   Non sapete che questa mattina si è rotto?

5 BAR.   (*piano al conte, urtandolo*[73] *con premura*) (Ora è il
tempo di darglielo.)

CON.   (*piano al barone*) (No, in pubblico, no.)

GER.   Signor Evaristo, ne avrebbe uno per caso?

EVA.   Eccolo a' vostri comandi. (*lo fa vedere a Gertrude,*
10 *ma non glielo dà.*)

CAN.   (*si volta dall'altra parte con dispetto.*)

BAR.   (*piano, urtando il conte*) (Il vostro ventaglio.)

CON.   (*al barone*) (No, ora no.)

GER.   Nipote, non volete ricevere le grazie[74] del signor
15 Evaristo?

CAN.   No, signora, scusatemi, non ne ho bisogno.

CON.   (*al barone*) (Vedete, non l'accetta.)

BAR.   (*al conte*) (Date a me, date a me il vostro.)

CON.   (*al barone*) (Volete far nascere[75] una disfida?[76])

20 GER.   Si potrebbe sapere perché non volete ricevere quel
ventaglio?

CAN.   (*a Gertrude*) Perché non è mio, perché non era
destinato a me.

GER.   Signor Evaristo, a voi tocca[77] a giustificarvi.

25 EVA.   Lo farò, se mi vien[78] permesso.

CAN.   (*vuol andar via*) Con permesso.

GER.   Restate qui, ché ve lo comando. (*Candida resta.*)

BAR.   (*al conte*) (Che imbroglio è questo?)

CON.   (*al barone*) (Io non so niente.)

30 EVA.   (*a Susanna*) Signora Susanna, conoscete voi questo
ventaglio?

SUS.   Sì, signore, è quello che avete comprato da me questa
mattina, e che io imprudentemente[79] ho creduto che
l'aveste comprato per Giannina.

---

[72] **perfido** unfaithful: **quel perfido di** that perfidious, faithless.   [73] **urtare** to
nudge.   [74] **ricevere le grazie** to accept the favor.   [75] **far nascere** to stir up.
[76] **disfida** duel.   [77] **a voi tocca** it's up to you.   [78] **se mi vien** = se mi è.
[79] **imprudentemente** rashly.

GIA.   (*a Susanna*) Oh, così mi piace: imprudentemente.

SUS.   (*a Giannina*) Sì, confesso il mio torto.[80] E poi io
avevo qualche ragione, perché il signor Evaristo ve l'aveva
dato.

5 EVA.   (*a Giannina*) Perché vi avevo dato io questo ventaglio?

GIA.   Per darlo alla signora Candida; ma quando volevo
darglielo, non mi ha lasciato parlare. Io poi volevo
rendervelo, voi non l'avete voluto, ed io l'ho dato a
10   Crespino.

CRE.   Ed io sono caduto e Coronato l'ha preso.

EVA.   Ma dov'è Coronato? Come poi è uscito dalle mani di
Coronato?

CRE.   Zitto, ché giacché non c'è, dirò io la verità. Sono
15   entrato nell'osteria per comprar del vino. L'ho trovato a
caso,[81] e l'ho portato via.

EVA.   E che cosa ne avete fatto?

CRE.   Un presente al signor conte.

CON.   Ed io un presente al signor barone.

20 BAR.   (*al conte con sdegno*) Voi l'avete riavuto!

CON.   Sì, e l'ho rimesso nelle mani del signor Evaristo.

EVA.   Ed io lo presento alle mani della signora Candida.

CAN.   (*prende il ventaglio e ridendo si consola.*)

BAR.   (*al conte*) Che scena è questa? Che imbroglio è
25   questo? Son io messo in ridicolo per cagione vostra?

GER.   Signor barone!

BAR.   (*a Gertrude*) E voi signora, vi prendete spasso di
me?[82]

GER.   Scusatemi; voi mi conoscete poco, signore. Non ho
30   mancato a nessuno dei miei doveri. Ho ascoltato le vostre
proposizioni; mia nipote le aveva ascoltate ed accettate, ed
io vi acconsentivo.[83]

BAR.   (*a Candida*) E voi signora, perché prendervi spasso
di me?

35 CAN.   Vi domando scusa, signore. La vendetta mi voleva
far vostra, e l'amore mi dona indietro ad Evaristo.

---

[80] **torto** wrong, wrongdoing.   [81] **a caso** by chance.   [82] **vi prendete spasso di
me?** are you making a fool of me?   [83] **acconsentire** to agree to, consent.

EVA. E se foste stato amico mio più sincero non vi sareste
trovato in caso tale.

BAR. Sì, è vero: confesso la mia passione, condanno la mia
debolezza[84]; ma detesto l'amicizia del signor conte.
5 (*saluta e parte.*)

CON. Eh niente, siamo amici. Si scherza.[85] Fra noi altri
colleghi ci conosciamo. Andiamo, facciamo queste nozze,
questo matrimonio.

GER. Entriamo in casa, e spero, che tutto si farà con
10 soddisfazione comune.

FINE

EXERCISES

1

A. *Answer the following questions with complete Italian sentences:*

1. Che cosa annoia il conte?
2. Di chi sono le scarpe che accomoda Crespino?
3. Perché dice il conte che Crespino è impertinente?
4. Cosa ha detto Scavezzo del conte?
5. Che vuole sapere Giannina?
6. Che cosa le risponde suo fratello?
7. Perché Giannina non vede l'ora di sposarsi?
8. Chi sono i due che vogliono sposare Giannina?
9. Perché non ha voglia di andare a caccia il barone?
10. Per quante persone fa apparecchiare il barone?

B. *Rewrite the following sentences completely in Italian:*

1. Questo pestare *gives me a headache.*
2. Moracchio le disse *to mind her own business.*
3. *I don't feel like* leggere.
4. *Have the table set* per due.
5. Il barone *wanted to try his luck.*

---

[84] **debolezza** weakness.   [85] **scherzare** to joke.

C. Tell **who** *made each of the following statements:*

1. Questo vostro pestare m'annoia. _____
2. Accomodo le sue scarpe vecchie. _____
3. Bada a te, e fila. _____
4. Non vedo l'ora di maritarmi. _____
5. Cosa vorresti dire? Finché stai sotto di me . . . _____
6. Quando sarà mia moglie non la tormenterà più. _____
7. Questa mattina non ho voglia di andare a caccia. _____
8. Moracchio, il cane ha mangiato? _____
9. Potrò tentare la mia sorte colla signora Candida. _____
10. Moracchio, prendete lo schioppo e andiamo. _____

2

A. *Complete the verbs in each of the following sentences:*

1. Non s'incomod—, signor Evaristo.
2. Mi dispiace che si — rotto.
3. Mi piacerebbe che non lo sap— la signora Gertrude.
4. Credete che io vogli— darlo a Candida.
5. Vorrei che voi me lo d— segretamente.
6. Non crede che io ci vad— oggi.
7. Non — andato a caccia.
8. Questa volta ella non ci è riuscit—.
9. La signorina Candida ha ro— il ventaglio.
10. Prend— il ventaglio, Tognino.

B. *Rewrite the following sentences completely in Italian:*

1. Accomodo *your shoes.*
2. Ho comprato uno *of them.*
3. Voi deste *it to her.*
4. Vuole parlare *to her.*
5. Sono con *you,* signora.
6. Vado a prendere *it (m.).*
7. Dia *it* a chi vuole.
8. Ho dato *her* il ventaglio.
9. Non cerca *them.*
10. Non posso servire *Your Ladyships.*

C. *Pair each item from column I with the correct answer from column II:*

I	II
1. Moracchio è il fratello di	a. Candida
2. Il calzolaio si chiama	b. Evaristo
3. Si è rotto il ventaglio di	c. conte
4. Le compra un altro ventaglio	d. barone
5. Evaristo compra il ventaglio da	e. Giannina
6. Crespino accomoda le scarpe del	f. Tognino
7. Non vuol andare a caccia il	g. Crespino
8. La zia di Susanna si chiama	h. Timoteo
9. Il servo di Gertrude e di Candida è	i. Susanna
10. pesta forte	j. Gertrude

3

A. *Answer the following questions with complete Italian sentences:*

1. Per che ragione cambia tuono Giannina con Evaristo?
2. Che cosa raccomanda il signor Evaristo a Giannina?
3. Perché crede Candida che Evaristo la tradisca?
4. Che crede Evaristo quando Candida gli volta le spalle?
5. Che decide di fare Evaristo?
6. Che cosa vogliono sapere Crespino e Coronato?
7. A chi ha promesso la mano di sua sorella Moracchio?
8. A chi ha dato la parola Giannina?
9. Qual è il mestiere di Crespino?
10. Perché si vogliono dare Crespino e Coronato?

B. *Translate each of the following sentences into Italian:*

1. She gave it to her secretly.
2. She turned her back on him without answering.
3. She must have seen me.
4. He said it was none of her business.
5. If this were true, I would make you pay for it.

C. *Complete each sentence by choosing the correct name of the two in parentheses:*

1. Tutti gli uomini corrono dietro a (Susanna, Giannina).
2. (Il conte, Candida) ha pregato Evaristo d'interessarsi di Giannina.
3. Giannina ama (Crespino, Coronato).
4. Evaristo sa che (Candida, Gertrude) l'ama.
5. (Timoteo, Evaristo) chiese un favore a Giannina.
6. Evaristo diede il ventaglio a Giannina per (Candida, Susanna).
7. Giannina è stata promessa da sua fratello a (Coronato, Crespino).
8. (Il barone, Coronato) è un oste onorato.
9. (Moracchio, Coronato) dice che Crespino vende il cuoio vecchio per il nuovo.
10. (Crespino, Il conte) dice che Coronato vende l'acqua per vino.

4

A. *Supply the proper prepositions for each sentence:*

1. Teme _____ dividerli.
2. Ho paura _____ dirlo.
3. Ella crede _____ voler ridere.
4. Vado _____ terminar _____ accomodare le scarpe.
5. Non si può andar _____ il suo desiderio.
6. Non può disporre _____ lei.
7. Come state _____ vino?
8. Ne ho _____ ottimo.
9. Volete farmi l'onore _____ venire _____ assaggiarlo.
10. Mi raccomando _____ Lei.

B. *Give the 3rd person singular of the present, future, past absolute, and pluperfect indicative of the following verbs:*

rompere	potere	fare	riuscire	permettere
valere	disporre	essere	venire	andare

C. *Answer the following questions with complete Italian sentences:*

1. Chi cerca di dividere Coronato e Crespino?
2. Che cosa vuol sapere il conte?

3. Chi è la cagione della contesa?
4. Che vuole dire Crespino in faccia di tutto il mondo?
5. Chi ha promesso a Coronato che Giannina sarà sua?
6. Però chi ama Giannina?
7. Secondo il conte, si può andare contro il desiderio di una donna?
8. Come sta di vino Coronato?
9. Quest'anno com'è riuscito il vino del conte?
10. Che cosa vuole il conte da Coronato per la sua protezione?

5

A. *Answer the following questions with complete Italian sentences:*

1. Perché non guadagna molto Susanna nel villaggio?
2. Dove va Candida per sapere se Evaristo è stato infedele?
3. Di chi parlano la signora Candida e Susanna?
4. Perché si volevano dare Crespino e Coronato, secondo Susanna?
5. Che cosa crede la signora Candida?
6. Secondo Susanna, a chi ha regalato il ventaglio Evaristo?
7. Chi arriva mentre parlano le due donne?
8. Che cosa raccomanda Candida a Susanna?
9. Fra chi è stata la contesa?
10. Che favore chiede Candida alla zia?

B. *Correct the following statements:*

1. Susanna non ha venduto che tre ventagli.
2. Le persone che possono spendere comprano nel villaggio.
3. Candida vuol vedere se Giannina sa dirle qualche cosa.
4. C'è stata una contesa fra Susanna ed Evaristo.
5. La signora Gertrude e sua nipote si volevano dare.
6. Il signor Evaristo ha qualche affetto per Giannina.
7. Evaristo ha regalato il ventaglio a Giannina.
8. La signora Gertrude non ha saputo niente della contesa fra l'oste ed il calzolaio.
9. Candida vuole che Giannina venga più spesso in casa.
10. Giannina veniva più dalla signora Gertrude che dalla nipote.

C. *Make up original sentences in Italian using each of the following expressions:*

1. poco da guadagnare
2. cose da ridere
3. a proposito di
4. volersi dare

5. in quanto a
6. per amor del cielo
7. per gelosia
8. per causa mia

6

A. *Translate the following sentences into Italian:*

1. He never confides in me.
2. I'd be happy if I didn't need his help.
3. I leave it to you.
4. He has something to tell her.
5. I'll be right with you.
6. The count puts difficulties in the way.
7. The baron is in love with Candida.
8. She decides on the spur of the moment.
9. She will not know if you don't tell her about it.
10. There they are; speak to her about it.

B. *Complete the following:*

1. È una donna a _____ piace la letteratura.
2. Mi diverto con lui più _____ con lei.
3. Non avrà il coraggio _____ dire _____ no.
4. Ditele _____ sono.
5. Io andrò _____ speziale.
6. È il più bel pazzo _____ questo mondo.
7. Volete darmi vostra nipote _____ matrimonio?
8. Non si decidono le cose così _____ momento.
9. Credete _____ glielo dirò?
10. Non è capace di proporre altro _____ un soggetto onorato.

C. *Rewrite the following sentences completely in Italian:*

1. Il barone è uno dei miei *dearest colleagues*.
2. Ho *something to tell you* segretamente.
3. *Here I am* da Lei. *What* mi comanda?
4. Mi volete dare vostra nipote *in marriage*?
5. Abbia la bontà di credere che *I shall tell her about it*.
6. Parlatele; io andrò *to the druggist's*.

7. Io ve la domando *on his behalf.*
8. Bisogna che si senta *what Candida says.*

7

A. *Answer the following questions with complete Italian sentences:*

1. Come vuole dare il ventaglio Giannina a Candida?
2. Che cosa ha promesso il conte a Coronato?
3. Che cosa dice Giannina di Coronato?
4. Se il conte manderà via Crespino, cosa farà Giannina?
5. Vuole il conte obbligarla a sposare Coronato?
6. Perché consente Candida a sposare il barone?
7. Quando Giannina sente la risposta di Candida, che cosa fa?
8. Che notizia va a dare il conte al barone?
9. Quando lo condurrà dalla signora Candida?
10. Siccome l'ora è un poco avanzata, che cosa suggerisce di fare il conte?

B. *Translate the following sentences into Italian:*

1. I can give it (*m.*) to him.
2. I mustn't forget him.
3. I'll have him sent away.
4. Really, I don't need your protection.
5. I'll find him one.
6. This time I have succeeded.
7. I'll avenge myself.
8. I didn't think she'd say yes.
9. Everything goes wonderfully.
10. We shall come to your house.

C. *Choose the correct form of the two in parentheses:*

1. È meglio che (vada, vado) ora a portar il ventaglio.
2. Cercherò di darglielo senza che la zia (se ne accorge, se ne accorga).
3. Non bisogna che io (mi scordi, mi scordo) di Coronato.
4. Fate conto che egli (è morto, sia morto).
5. Non credevo certo ch'ella (dica, dicesse) di sì.
6. È inutile che le (do, dia) il ventaglio.
7. Cosa fareste se egli (sarebbe morto, fosse morto)?
8. Volete che io (vi marito, vi mariti) a un bravo giovane?

8

A. *Give the first person plural of the present and future indicative, and the present and imperfect subjunctive of the following verbs:*

ardire	mangiare	arrabbiarsi	adoperare	ammazzarsi
fare	impedire	porre	fermarsi	serrare

B. *Translate the following sentences into Italian:*

   1. She was dumbfounded.
   2. He remained there without speaking.
   3. She didn't shut the door in his face.
   4. The pistols are loaded.
   5. I shall eat alone.
   6. She noticed it.
   7. You are always angry, Giannina.
   8. Here are two of them.
   9. They are killing each other.
   10. Why did you shut the door in my face?

C. *Answer the following questions with complete Italian sentences:*

   1. Candida ha ricevuto Giannina in casa sua?
   2. Giannina sa perché Candida le ha fatto quest'affronto?
   3. Quando si rivolge a Gertrude, che fa la zia?
   4. Che pensa il barone quando Gertrude chiude la porta?
   5. Che vuole il barone dal conte?
   6. Quando vede le pistole, che fa Giannina?
   7. Che cosa spiega Gertrude al conte e al barone?
   8. Che fa il barone con le pistole?
   9. Evaristo a chi raccomanda il cane e lo schioppo?
   10. Giannina perché voleva parlare con Evaristo?

9

A. *Complete the following sentences according to the text:*

   1. Mi hanno cacciata come _____ _____.
   2. Non fate che dire degli _____.
   3. Tognino gli _____ la porta in _____.
   4. L'hanno fatto anche a me questo _____.

5. Senza _____ veduto entra nell' _____.
6. Ecco delle scarpe da _____.
7. Non sono _____ cieco né _____.
8. Crespino, siete _____ e stramatto.
9. Non andate subito sulle _____.
10. Evaristo ha _____ il _____ a Giannina.

B. *Translate the following sentences into Italian:*

1. I didn't do anything to her.
2. There must be a reason.
3. It can't be; you're dreaming.
4. I am beside myself.
5. Don't be surprised.
6. There must be some mistake.
7. Don't get angry.
8. Where have you been until now?
9. What is the meaning of this?
10. Candida has jilted Evaristo.

C. *Mark each of the following statements either* T *(true) or* F *(false) according to the text:*

1. Giannina disse che l'hanno cacciata come una ladra.
2. Giannina ha dato il ventaglio a Gertrude.
3. Il posto di Evaristo è preso dal conte.
4. Secondo Evaristo, Giannina dice degli spropositi.
5. Tognino lascia entrare Evaristo nella casa di Gertrude.
6. Evaristo dà il ventaglio a Giannina.
7. Crespino non accomoda le scarpe vecchie.
8. Giannina dice ad Evaristo che è matto, stramatto.
9. Crespino ha sentito la conversazione fra Giannina ed Evaristo.
10. Giannina spiega tutto a Crespino e fanno pace.

10

A. *Answer the following questions with complete Italian sentences:*

1. Chi ha detto a Crespino che Giannina ha avuto il ventaglio da Evaristo?
2. Che cosa nega Giannina?

3. A chi ha dato il ventaglio Giannina?
4. Come ha perduto il ventaglio Crespino?
5. Che cosa sospetta il barone?
6. Sono rimasti a pranzare dalla signora Gertrude il conte e il barone?
7. Perché aveva ordinato per due il barone?
8. È venuto ancora all'osteria Evaristo?
9. Perché decide di non aspettare più il barone?
10. Dove ha scordato il ventaglio Coronato?

B. *Correct the following statements:*

1. Crespino dice a Coronato che Giannina ha avuto il ventaglio da Evaristo.
2. Giannina disse a Crespino che vuol essere moglie di Coronato.
3. Moracchio vuole che Giannina dia il ventaglio a Crespino.
4. Giannina diede il ventaglio a suo fratello.
5. Il conte domandò: — Cos'è questo baccano?
6. Il barone è certo che Candida l'ama.
7. Il barone si lagna perché la signora Gertrude non li ha invitati a pranzo.
8. Il conte ha ordinato il desinare per due.
9. Il barone invita Giannina a pranzare.
10. Giannina rideva da sciocca e Crespino si sentiva tanta rabbia.

C. *Use each of the following expressions in a complete sentence in Italian:*

1. in tasca
2. questo baccano
3. un ridere da sciocco
4. dire di sì
5. il desinare per due
6. mezzo miglio lontano
7. fino a un certo punto
8. sentire tanta rabbia

11

A. *Supply the auxiliary for each of the following verbs:*

1. Coronato non si _____ accorto che ella _____ stata qui.
2. Candida _____ saputo che io vi _____ dato il ventaglio.
3. Sua zia _____ uscita di casa ed essa _____ scesa nel giardino.
4. Io mi _____ gettato ai suoi piedi ed _____ pianto.

5. L'_____ pregata di ascoltare e l'_____ vinta.
6. _____ saputo che avevo il ventaglio e mi _____ saltati attorno.
7. _____ andato in cantina e l'_____ messo sopra una botte.
8. Egli _____ andato ed _____ ritornato.
9. Egli non _____ trovato niente; qualcheduno l'_____ portato via.
10. Coronato _____ fatto di tutto, ma non _____ potuto ritrovarlo.

B. *Translate the following sentences into Italian:*

1. These medicinal waters aren't worth anything.
2. He enters the drugstore.
3. She jumped to her feet.
4. Let's not make a scene.
5. Do you want me to come to your home?
6. Fortunately he doesn't suspect me.
7. If he were here, you would see him.
8. Limoncino is a scoundrel and a stupid fool.
9. Candida was jealous of her.
10. I wouldn't ask for it if there weren't a great necessity for it.

C. *Answer the following questions with complete Italian sentences:*

1. Chi è ammalata nel palazzino?
2. Secondo Susanna, chi è la causa del male di Candida?
3. Chi viene a cercare Evaristo?
4. Chi va a vedere se Evaristo fosse nell'osteria?
5. Sa Limoncino dov'è Evaristo?
6. Perché Evaristo è l'uomo più felice del mondo?
7. Di chi era gelosa Candida?
8. Quale condizione ha posto Candida prima di perdonare Evaristo?
9. Che dice Coronato quando Evaristo gli chiede il ventaglio?
10. Chi ha il ventaglio e dove l'ha trovato?

12

A. *Rewrite the following sentences completely in Italian:*

1. *Here she is;* son disperato.
2. Son l'uomo più triste *in the world.*

3. So dove *it probably is.*
4. *I'm surprised* che vi mettete con una villana.
5. *You are the cause* della mia rovina.
6. Giannina *goes very softly* verso la casa.
7. Non voglio che mi mettano *in some mix-up.*
8. *By the way,* come vanno gli affari con Giannina?
9. Quando la sorella è contenta, *how does the brother come in on it?*
10. Andiamo da Candida e *let's present it to her.*

B. *Mark each of the following statements either* **T** *(true) or* **F** *(false) according to the story:*

1. Candida ha indovinato che il ventaglio non si può avere.
2. Giannina si meraviglia che Evaristo si sia messo con una villana.
3. Crespino diede il ventaglio al barone.
4. Il conte voleva dare il ventaglio a Giannina.
5. Crespino non vuole sposare Giannina.
6. Quando Giannina vide il ventaglio in mano al conte andò a chiamare Evaristo.
7. Il barone non può darsi pace perché Evaristo non è venuto a pranzo.
8. Il barone vuole sapere dal conte quanto gli è costato il ventaglio.
9. La signora Gertrude riposava nella sua camera e Candida era fuori di casa.
10. Il barone andò dallo speziale per scrivere una lettera.

C. *Change the words in italics to the absolute superlative:*

EXAMPLE: forte — **fortissimo**

1. Sono *triste.*
2. Candida mia *diletta.*
3. Evaristo è *infelice.*
4. Giannina parla *piano.*
5. Il ventaglio è *bello.*
6. Il conte è una persona *illustre.*
7. Questo ventaglio è *cattivo.*
8. Mi viene in mente una cosa *buona.*
9. Il barone è *ricco.*
10. La sorella è *contenta.*

13

A. *Answer the following questions with complete Italian sentences:*

1. Perché Evaristo guarda il conte in quel modo?
2. Cosa gli domanda il conte quando Evaristo lo guarda così fisso?
3. Perché non ha più il ventaglio il conte?
4. Quanto darebbe Evaristo per riavere il ventaglio?
5. Che premio offre Evaristo al conte?
6. Chi viene dalla merciaia e vorrebbe parlare con Evaristo?
7. Diede il conte la tabacchiera al barone?
8. A chi diede buone speranze il conte?
9. Chi finalmente ha aiutato Giannina e Crespino a sposarsi?
10. Che ne dice Coronato di tutto questo?

B. *Give the proper form of the verbs in parentheses:*

1. Permetta che io (*potere*) dirle una parola.
2. Mi dispiace che voi (*venire*) un po' tardi.
3. Se potessi avere il ventaglio io (*dare*) cinquanta zecchini.
4. Bisogna che (*essere*) dipinto da Tiziano.
5. Volete che io (*dare*) questo in cambio?
6. Se (*essere*) i cinquanta zecchini, non li accetterei.
7. Per farti vedere che (*obbedire*), do la mano a Crespino.
8. Il signor conte vuole che Giannina (*maritarsi*).
9. A me non (*importarsene*) un fico.
10. Andrò a casa e poi (*venire*) subito da lei.

C. *Translate the following sentences into English:*

1. Gli è stato detto a Evaristo che il conte ha il ventaglio.
2. Il conte aveva dato il ventaglio al barone.
3. "Mi preme aver quel ventaglio," disse Evaristo.
4. Evaristo offre in cambio al conte una tabacchiera.
5. Il barone ha dato indietro il ventaglio al conte.
6. Comprerò un'altro ventaglio che farà la stessa figura.
7. Il conte non vuol forzare Giannina a sposare Coronato.
8. Per farti vedere che obbedisco, do la mano a Crespino.
9. Il conte era impegnato per Coronato.
10. Non m'importa un fico se non mi vuole.

14

A. *Rewrite the following sentences completely in Italian:*

1. Avete dato *to her* il ventaglio?
2. Io ve ne *have planned* uno migliore.
3. È l'ora *of our daily walk.*
4. Prenderemo *a little fresh air.*
5. Andiamo *to take a stroll.*
6. Volete far nascere *a duel.*
7. *It's up to you* a giustificarvi.
8. Il conte l'aveva trovato *by chance.*
9. La signora Gertrude *is making a fool of me.*
10. Il conte disse che *he was joking.*

B. *Give the imperative of the 2nd person plural* **voi** *and the 3rd person singular* (**Lei**) *of the following verbs:*

venire	dire	entrare	dare	fare
vedere	favorire	andare	restare	scusare

C. *Topics for class discussion:*

1. Fate un paragone fra le donne ai tempi di Goldoni e le donne di oggi.
2. Ai tempi di Goldoni, i nobili come trattavano i lavoratori?
3. In questa commedia, chi esce fuori con miglior carattere, Giannina o Candida?
4. Fra gli uomini, quale è il personaggio più interessante e perché?
5. Che ne pensate di una commedia scritta duecento anni fa?

Vocabulary

This vocabulary includes the ordinary translations of the articles, the personal object pronouns, and the common prepositions. It omits cardinal numerals above three and proper names without English equivalents, unless indications for pronunciation are needed. Tonic open *e* is indicated by the symbol ɛ; tonic open *o* by ɔ; these two symbols, a dot under a vowel, and the written accent signify stress. In words in which the stress is not indicated, it comes on the next-to-last vowel. Irregular verb forms are given with the infinitive; also the present indicative when the tonic vowel is open or the stress unusual. When irregular verb forms are somewhat distant from the infinitive in alphabetical order, they are usually listed separately. Probable utility, rather than rigid system, has been the desired criterion.

Abbreviations are used as follows: *adv.* adverb; *art.* article; *cond.* conditional; *def.* definite; *f.* feminine; *fut.* future; *imper.* imperative; *inter.* interrogative; *m.* masculine; *part.* participle; *p. a.* past absolute; *p. descr.* past descriptive; *p. p.* past participle; *pl.* plural; *pres.* present; *prn.* pronoun; *pr. n.* proper name; *rel.* relative; *subj.* subjunctive.

a, ad to, at
abbaiare (abbaio) to bark
abbandonare to abandon, break with
abbastanza quite, very
abbracciare (abbraccio) to embrace
abilità *f.* ability
abitante *m.* inhabitant
abitare (abito) to live, dwell, inhabit
abito *m.* clothing, suit; *pl.* clothes; — **da prɛte** priest's habit
abituare (abituo) to accustom
abitudine *f.* habit
accadere (*p. a.* **accadde**) to happen
accanto (a) beside, next (to)
accarezzare to caress
accɛndere (**accɛndo;** *p. p.* **acceso)** to enkindle, light; **acceso (di)** in love (with); **acceso d'amore** in love
accennare to indicate, point to

acceso, –a (di) in love (with)
accettare (accɛtto) to accept, take
accɔgliere (*p. a.* **accɔlsi)** to receive
accomodare (accɔmodo) to mend, tidy, arrange; **accomodarsi** suit oneself, go right ahead; sit down; rest assured
accomodato, –a settled
accompagnamento *m.* accompaniment
accompagnare to accompany, see off
acconsentire (acconsɛnto) to consent (to), agree (to)
accordare (accɔrdo) to grant, agree upon
accɔrdo *m.* agreement; **d'—,** in agreement; **ɛssere d'—,** to be agreed; **mɛttersi d'—,** to come to an agreement, agree
accɔrgersi (mi accɔrgo; *p. a.* **accɔrsi;** *p. p.* **accɔrto) di** to perceive, notice

accorto, –a aware, suspicious; —! take care!

accostarsi (mi accosto) to approach, draw near

acqua f. water, medicinal water

acquisto m. purchase

acquolina f. little (drops of) water; far venire l'— in bocca to make one's mouth water

acuto, –a clever

adagio slow, slowly; — —, slowly now

addio good-bye

addormentarsi to go to sleep, retire

addormentato, –a asleep

addosso upon, on (us); avere —, to be burdened (with)

adesso now

adoperare (adopero) to use

adorare to adore

adulto m. adult

aeroplano m. airplane

affamato, –a famished, starving

affannato, –a anxious

affare m. affair; pl. business

affatto quite, at all; niente —, not at all

affetto m. affection

affettuoso, –a affectionate

affinché in order that

affittare to rent

affronto m. effrontery, insult

agitato, –a excited

agnello m. lamb

agosto m. August

ah! ah! ah! ha! ha! ha!

ai = a + i

aiutare to help

aiuto m. aid, help

al = a + il

ala f. (pl. ale or ali) wing

albergo m. inn, hotel

albero m. tree

Alberto Albert

alcun(o), –a some, any; alcun altro anyone else

Alessandro Alexander

Alfredo Alfred

Alighieri proper name

all' = a + l'

alla = a + la

alle = a + le

allegria f. joy

allegro, –a merry

allo = a + lo

allontanare to remove; allontanarsi take oneself off, move away, draw aside

allora then

allungare to stretch

almeno at least

Alpi f. pl. Alps

alquanto a little, somewhat

alterarsi (mi altero) to get angry

alto, –a high, tall, important

alto! halt!

altri someone or anyone else

altrimenti otherwise

altro, –a some, other, anyone or anything else; pl. others, people; noi altri we, us (emphatic); voi altri you (emphatic); non —, nothing else; non . . . d'— che di nothing except

altrove elsewhere

alunno m. pupil, student

alzare to raise, lift; alzarsi rise, stand up, get up

amante m. or f. lover, person in love

amare to love, like

amatissimo, –a dearest

amato, –a beloved

America f. America

americano, –a American

amicizia f. friendship; stringere —, to make friends

amico *m.*, amica *f.* friend;
farsi —, to become friendly
ammalato, –a ill
ammazzare to kill
ammirare to admire
amore *m.* love, affection; fare
all'—, to make love
anche also, too, even; non
soltanto . . . ma —, not only . . . but also
ancor, ancora still, yet, again;
— di più even more
andare (vado, vai, va, andiamo,
andate, vanno; *imper.* va';
fut. andrò) to go; — a battere go and knock; — in automobile go for a drive; — a
cavallo ride horseback; —
bene be all right; — innanzi
go ahead; — in strada fall
on the street; andiamo let's
go; andiamo a let's; va per
—, starts to go; andarsene
go away *or* along
anima *f.* soul, spirit
animale *m.* animal, fool;
quell'— di that fool of a
anno *m.* year; ha . . . anni is
. . . years old; quanti anni ha
Lei? how old are you?
annoiare (annoio) to annoy
ansioso, –a anxious
antico, –a old, ancient, former
Antonietta Antoinette
Antonio Anthony
anzi even, in fact, rather, on
the contrary, instead
aperto, –a open
apparecchiare (apparecchio)
to set (a table)
apparire to appear
appartenere (appartengo) to
belong
appena scarcely, not even;
— tanto da non just enough

not to; *conj.* — or — che as
soon as
Appennini *m. pl.* Apennines
appetito *m.* appetite
applaudire (applaudisco, ap-
plaudo) to applaud, praise
appunto just, exactly, precisely
aprile *m.* April
aprire (*p. p.* aperto) to open
architetto *m.* architect
ardere (*p. a.* arsi) to burn
ardire (ardisco) to dare
aria *f.* air; con —, with an air,
assuming importance
Ariosto, (Lodovico) *proper
name*
armadio *m.* closet
armonia *f.* harmony
arrabbiato, –a mad, angry
arrivare to arrive; — a reach;
— a + *inf.* succeed in;
nuovo arrivato newcomer
arrivederci (*familiar*) good-
bye
arrivederla (*polite*) good-bye
arrivo *m.* arrival
arrossire (arrossisco) to blush
arrostire (arrostisco) to roast
arte *f.* art, craft
artista *m.* artist
artistico, –a artistic
ascoltare to listen, listen to
asino *m.* donkey; *adj.* stupid
aspettare (aspetto) to wait
(for), await, expect
assaggiare (assaggio) to taste
assai a great deal, very much,
enough; rather, very
assicurare to assure
assolutamente absolutely, definitely
attaccare to fasten, attack; —
lite pick a quarrel

attento, –a attentive; sta —!
pay attention!
attenzione f. attention
attimo m. moment, instant
atto m. act, gesture; — di
partire leave-taking; in — di
about to; nell'—, at the
moment; non fare nessun —,
not to do anything
attore m. actor
attorno around; correre —,
to run after
attraverso through
attrezzo m. utensil; pl. equip-
ment
attribuire (attribuisco) to attribute
automobile f. automobile
autore m. author
autunno m. autumn
avanti ahead
avanzarsi to advance, come
forward, approach
avanzato, –a advanced, later
(of time)
avere (ho, hai, ha, abbiamo,
avete, hanno; p. a. ebbi; fut.
avrò; cond. avrei) to have,
take; — da have to; — paura
be afraid; — la bontà (di) be
kind enough (to); — voglia di
want to; (che) cos'avete?
what's the matter? m. wealth,
possessions
avvelenare to poison
avvenire (like venire) to happen
avvertire (avverto) to warn
avvezzare to accustom; avvezzarsi become accustomed
avvicinare to bring near;
avvicinarsi approach, draw
near
avvisare to tell, inform, advise,
notify

azione f. action
azzurro, –a blue

babbo m. dad, daddy
baccano m. uproar, rumpus
baciare (bacio) to kiss
badare to pay attention, look
closely; bada! look out!
bada a te mind your own
affairs
bagnare to bathe, wet
bagno m. bath; Bagni di
Lucca name of a town near
Florence
balcone m. balcony
ballo m. ball, dance
balocco m. toy
balzare to leap (up), jump (up)
bambino m., bambina f. baby,
small child, boy, girl,
youngster; pl. children; da
—, as a child
banca f. bank
banchetto m. workbench
banco m. bench, workbench,
desk
bandire (bandisco) to banish,
exile
barba f. beard
barbiere m. barber
barile m. barrel, keg, cask
Bartolomeo Bartholomew
basso, –a low, short, bass;
di —, bass
bastare to be enough, suffice;
basta! enough!
battere to beat, knock, pound
beffa f. sport, joke; farsi beffe
di to make fun of
bel, bello, –a beautiful, fine,
lovely, remarkable
bellezza f. beauty, good looks
bellissimo, –a very beautiful,
very handsome
ben, bene adv. well, very,

indeed; bɛne! good! andạr
—, to be all right; si divɛrta
—, have a fine time; va —!
all right! volẹr — a to like,
love; *m.* good, benefit, favor
benché although
benedetto, –a blessed
Benedetto IX Benedict the
Ninth
Benevɛllo *surname*
benịssimo *adv.* very well, excellent
bere (bevo, bevi,˙ beve, be-
viamo, bevete, bẹvono; *p. a.*
bevvi; *fut.* berrɔ̀; *p. p.* bevuto) to drink
Bernardo Bernard
bẹstia *f.* beast, fool
bestialità *f.* stupidity, foolishness
bianco, –a white
bibliotɛca *f.* library
bicchiɛre *m.* glass
biondo, –a blond
birbante *m.* scoundrel
bisognare to be necessary;
must
bisogno *m.* need, necessity;
avẹr — di to need; non
sentire bisogni to have no
needs
bocca *f.* mouth; a — apɛrta
gaping; di — in —, from
mouth to mouth
bollɛnte boiling
Bolɔgna *f.* *a city in Emilia*
bontà *f.* kindness, goodness;
avẹr la — di to be kind
enough to; please
borsa *f.* purse
bɔsco *m.* wood, woods
botte *f.* barrel, keg
bottega *f.* shop, wineshop
bottiglia *f.* bottle
braccio *m.* (*pl.* braccia *f.*) arm
bramare to crave, yearn for

bravịssimo, –a most excellent,
very fine
bravo, –a excellent, fine, well,
worthy; good girl! bravo!
— Robɛrto! good for Robert!
fare il —, to put on a bold
front
brɛve brief
brɔdo *m.* broth, soup
brusco, –a abrupt, brusque
bruttịssimo, –a very ugly *or*
bad
brutto, –a ugly, unpleasant,
evil, bad, terrible
buca *f.* hole
bucato *m.* laundry
buɔn, buɔno, –a good, nice
Buonarrɔti *proper name*
buonịssimo, –a very good,
fine, excellent; a — prɛzzo
very cheap
burlare to mock; burlarsi (di)
make fun (of), laugh (at)
bussare to knock

caccia *f.* chase, hunting; andare a —, to go hunting
cacciare (caccio) to chase,
pursue, drive (away); cacciarsi rush, step out
cadere to fall; far —, let fall
caffè *m.* coffee, café
cagione *f.* cause, reason; per
— vɔstra on account of you
cagnolino *m.* little dog, puppy
calabrese Calabrian (*from
Calabria, in southern Italy*)
calare to lower, set
calcio *m.* kick
caldo, –a hot; *m.* warmth,
heat; fa —, it is warm
calma *f.* calm
calmare to calm
calzoni *m. pl.* trousers; calzoni corti knickerbockers,
"knickers"

cambiare (cambio)   to change
cambio m.   change, exchange
camera f.   room; — da letto
bedroom
cameriere m.   waiter
camicia f.   shirt
camminare   to walk, stroll
campagna f.   country;   in —,
in or to the country
canale m.   canal
candela f.   candle;   a   lume
di —,   by candlelight
cane m.   dog
canestro m.   basket
canna f.   cane, stick
cantante m.   singer
cantare   to sing
cantina f.   wine cellar
canto m.   singing; gusto di —,
flair for singing
canzone f.   song
capace   capable
capello m.   hair; pl. hair
capire   (capisco)   to understand; si capisce   of course
capitale f.   capital
capo m.   head, chief; in —, at
the   head   (of   a   table);
mettersi   in —,   to get into
one's head; venire in —, to
enter one's head
cappella f.   chapel
Cappelletti   Capulets
cappello m.   hat
cappone m.   capon
carattere m.   character, dispo-
sition
carbone m.   coal
cardinale   cardinal (red)
carico, –a   loaded
carissimo, –a   dearest, beloved
Carlo   Charles
Carluccio   (dim.   of   Carlo)
Charlie
carne f.   meat
carnevale m.   carnival

caro, –a   dear, precious, ex-
pensive; fare il —,   to become too affectionate
Carolina   Caroline
carriera f.   career
carrozza f.   carriage
carrozzetta f.   small carriage
carta f.   paper
cartello m.   sign
Caruso   proper name
casa f.   house, household,
home, family; a —,   home;
in —,   at home; per —,   to
the house; prete di —, family
priest
casaccia f.   shack
Cascine   name   of   a   park   in
Florence
casetta f.   little house, cottage
caso   m.   case,   situation,
chance, affair; a —, per —,
by chance; far — a   to pay
attention to
Castel Sant'Elia   name of a
village near Rome
castello m.   castle, village
cattivissimo, –a   very bad
cattivo, –a   bad, unkind, of
poor quality
causa f.   cause; per — di   on
account of; per — mia   on
my account
cavaliere m.   gentleman
cavallo m.   horse; andare a —,
to ride horseback
cavare   to pull, take out; derive
ce   see ci
celeste   light blue
cento   (a) hundred
centrale   central
centro m.   center
cerca f.   search
cercare   to search (for), look
(for), seek;   — di try to
cerchio m.   circle
certamente   certainly

certo, –a   certain, true; — che,
di —, certainly; in — modo
in a certain way; *adv.* certainly, of course, indeed
Cesare Caesar
cessare (cɛsso) (di) to stop
che who, which; that, so that;
than, except (*with neg.*); let
(*with subj.*); non ... —, only
ché for
chi who, he who, *etc.*; —?
who? whom?
chiacchierare (chiacchiero) to
chatter, gossip
chiamare to call, call on;
chiamarsi be called; come si
chiama Lɛi? what is your
name?
chiaro, –a   clear, bright, light
chiasso *m.*   noise; far il —, to
play
chiave *f.*   key
chiɛdere (chiɛdo; *p. a.* chiɛsi; *p.
p.* chiɛsto) to ask (for)
chiɛrica *f.* tonsure, shaven
patch
chiɛsa *f.*   church; andare in —,
to go to church
chiodo *m.*   nail
chitarra *f.*   guitar
chiudere (*p. p.* chiuso) to
close
chiuso, –a   closed, enclosed
ci (ce) *adv.*   there, here, on it;
c'ɛ there is; ci sono there
are; *prn.* us, to us
ciascuno, –a   everyone, each
one
cibo *m.*   food
Ciccio *proper name, variant
of* Francesco
ciɛco, –a   blind; *m.* blind man
ciɛlo *m.*   heaven
cimitero *m.*   cemetery
cinema *m.*   movie(s)
cinquanta   fifty; sui cin-

quant'anni   about fifty years
old
Cinzano   *surname*
ciɔ   that; — che   that which
cioɛ   that is
circa   about, concerning
circolo *m.*   circle, club
città *f.*   city; in —,   in (*or* to)
the city
classe *f.*   class, kind
coda *f.*   tail
codesto, –a   that
cogliere (cɔlgo; *p. a.* cɔlsi) to
pick
cognato *m.*   brother-in-law
cognome *m.*   family name,
surname
coi = con + i
col = con + il
Cɔla   *short for* Nicɔla
colazione *f.*   lunch, breakfast;
fare —,   to have lunch *or*
breakfast
collɛga *m.*   colleague
collɛgio *m.*   (boarding) school
cɔllera *f.*   anger; in —,   angry,
angrily
collina *f.*   hill
cɔllo *m.*   neck
colore *m.*   color, paint
colpa *f.*   blame, fault
colpire (colpisco) to strike, hit
colpo   *m.*   blow,   kick   (*of
gun*); — d'ɔcchio   glance
coltɛllo *m.*   knife
coltivare   to cultivate, improve
coltura *f.*   culture
colui   that one, that fellow;
— maledetto   curse him
comandare   to command; comandi   let me know your
commands
comando *m.*   command
combattere   to fight
come   as, like, how, why; so!
what? what do you mean?

cominciare (comincio) to commence, begin

commedia f. comedy, play

commettere (like mettere) to commit, make

Como name of a city and lake in northern Italy

comodamente comfortably, conveniently

comodo, –a comfortable; m. comfort, convenience

compagnia f. company, companionship

compagno m., compagna f. friend, companion, comrade, "pal"

comparire (p. p. comparso) to appear (unexpectedly)

compassione f. compassion, pity; far —, to make one feel sorry

compasso m. compass

compito m. assignment

completamente completely

completo, –a complete

componimento m. composition

comporre (compongo; p. a. composi; p. p. composto) to arrange; star composto sit properly

compositore m. composer

compra f. purchase

comprare to buy

comprendere (like prendere) to understand

comune common, mutual

con with

concedere (concedo; p. p. concesso) to concede, grant, allow

concerto m. concert

concludere (p. p. concluso) to conclude, end

condannare to condemn

condizione f. condition; pl. terms

condurre (conduco; p. a. condussi) to conduct, lead, bring, take

confessare (confesso) to confess, admit

confessione f. confession

confessore m. confessor

confidenza f. confidence, secret

confuso, –a confused, embarrassed

conoscenza f. acquaintance

conoscere (conosco; p. a. conobbi) to know, be acquainted with, recognize; realize

conosciuto, –a known, well-known

consacrare to devote

consentire (consento) to consent

conservare (conservo) to keep

considerare (considero) to consider, examine

consigliare (consiglio) (di) to counsel, advise

consiglio m. counsel, advice

consistere to consist

consolare to console; consolarsene be glad of it

consorte m. or f. consort

contadino m., contadina f. peasant (man or woman), farmer, "native"; da —, as or like a peasant

contare to count, value

conte m. count (title)

contentissimo, –a very happy

contento, –a contented, happy, satisfied; willing, glad, pleased

contesa f. contest, quarrel

contessa f. countess

continuamente continually

continuare (continuo) to continue

conto *m.* account, tale; bill
contrario, –a contrary
contro against
convento *m.* convent
conversare (converso) to converse
conversazione *f.* conversation
conversione *f.* conversion
convincere to convince
coperta *f.* cover, tablecloth
copiare (copio) to copy
coprire (copro; *p. p.* coperto) to cover
coraggio *m.* courage
corpo *m.* body; corpo morto "dead weight"
correre (*p. a.* corsi) to run; — attorno *or* dietro run after
corso *m.* course
corte *f.* courtyard
cortese courteous
corto, –a short; alle corte come to the point
cosa *f.* thing; matter; che —? what? cos'avete? what's the matter? — c'é? what is it? — da ridere something to laugh at; — da nulla a mere trifle; — fare what to do; per prima —, in the first place; qualche —, something; qualche — di grande something extra fine; cose di religione religious matters
coscienza *f.* conscience
così so, thus, therefore, like that, as follows; — . . . come as much as
costare (costo) to cost
costei she, that woman
costui he, him, that one
costume *m.* custom
cravatta *f.* necktie
credere to believe, think
crescere to increase
cresta *f.* crest

criticare (critico) to criticize
croce *f.* cross; mettere le mani in —, to cross one's arms
crocifisso *m.* crucifix
cucina *f.* kitchen, cooking
cucinare to cook
cugino *m.* cousin
cui which; il (la) —, whose
cultura *f.* culture, accomplishment
cuoio *m.* leather
cuore *m.* heart; di buon —, kindhearted
cura *f.* care, consideration
curioso, –a curious, odd

da from, by, as *or* like; — molti anni for many years; — sé to himself *or* herself; — un amico at *or* to the house of a friend; — Tina at *or* to Tina's house; dal barbiere at *or* to the barbershop
daccapo again, all over again
dai = da + i
dal = da + il
dalla = da + la
danaro *see* denaro
danneggiato, –a damaged
Da Porto *name of an author* (1485–1529)
dare (do, dai, da, diamo, date, danno; *pres. subj.* dia; *p. a.* diedi) to give, grant; — in moglie give in marriage; — sospetto cause suspicion; darsi hit one another; potrebbe darsi di sì it could be
davanti in front, ahead
davvero really
D'Azeglio *surname*
debbo *see* dovere
debito *m.* debt; fare debiti to accumulate debts
debole weak, feeble

debolezza *f.* weakness, debility
decidere (*p. a.* decisi; *p. p.* deciso) to decide; — di decide to
dedicare (dedico) to devote
degli = di + gli
degnarsi (di) to deign, condescend (to)
degno, –a worthy, respectable
deh! oh!
dei = di + i
del = di + il
delitto *m.* crime
delizioso, –a delightful
dell' = di + l'
della = di + la
delle = di + le
dello = di + lo
denaro *m. s. and pl.* money
dente *m.* tooth
dentro inside, within; qui —, in here
desiderare (desidero) to desire, want
desiderio *m.* desire, wish
desinare (desino) to dine; *m.* dinner, meal
destare to awaken; destarsi wake up
destinare to destine, plan for, mean
destino *m.* destiny
destro, –a right
detestare (detesto) to detest, hate
dettare to dictate
detto *see* dire
detto, –a the said, the aforesaid, above mentioned; the same (*applied to characters remaining on stage*)
deve, devo *see* dovere
di of; più —, more than
diamante *m.* diamond
diavolo *m.* devil; cosa — hai?

what the devil is the matter with you?
dice, dicendo *see* dire
dicembre *m.* December
dicono *see* dire
diede *see* dare
dietro behind; — a behind; di —, (from) behind, rear
difetto *m.* defect, lack
difficile difficult, hard
difficoltà *f.* difficulty
dilettissimo, –a dearest, most cherished
diletto *m.* delight
dimenticare (dimentico) *or* dimenticarsi to forget
dimmelo = di' (*imper.* of dire) + mi + lo
dimmi = di' + mi
dimostrare to show
dinanzi a in front of
Dio *m.* God, heaven
dipingere (*p. p.* dipinto) to paint; — a olio paint in oils
dire (dico, dici, dice, diciamo, dite, dicono; *pres. part.* dicendo; *p. p.* detto; *p. a.* dissi; *p. descr.* dicevo; *p. subj.* dicessi) to say, tell; speak, talk; — all'orecchio whisper in one's ear; — di no say no, refuse; — di sì say yes; voler — mean; dirsi be called
diretto, –a direct, straight, directly
direttore *m.* president (*of a bank*); conductor (*of an orchestra*)
direzione *f.* direction, guidance
disabitato, –a uninhabited
discorso *m.* discourse, topic
disegnare to draw
disegno *m.* design, drawing, picture

disfida *f.* duel
disgustare to displease
disparte: in —, aside
disperato, –a desperate, in despair
disperazione *f.* desperation
dispetto *m.* spite, scorn, indignation; **a — di** in spite of
dispiacere to displease; **mi dispiace** I am sorry; **gli dispiaceva** he was sorry; *m.* displeasure
disporre (*p. p.* **disposto**) **(di)** to dispose (of), speak for, influence, destine, plan; **disporsi** arrange, be disposed
disposto, –a disposed, ready
disprezzo *m.* disparagement, scorn
disse, dissi *see* **dire**
distratto, –a distracted, absent-minded
disturbare to disturb, bother
dite *see* **dire**
dito *m.* (*pl.* **dita** *f.*) finger, finger's length
divenire (*like* **venire**) to become
diventare (**divento**) to become
diversamente differently, otherwise
divertire (**diverto**) to amuse; **divertirsi** enjoy oneself, while away the time; **si diverta bene** have a fine time
dividere (*p. a.* **divisi;** *p. p.* **diviso**) to divide, split, separate, allot
divino, –a divine
dolce sweet, tender; *m.* candy
dolcemente sweetly, tenderly
dolcissimo, –a very sweet, sweetest
dolore *m.* pain, grief, sorrow
doloroso, –a painful

domanda *f.* question
domandare to ask (for); — **scusa** beg pardon
domani tomorrow; **dall'oggi al —,** overnight
domattina tomorrow morning
domenica *f.* Sunday
domestico, –a domestic
Don *title given as a mark of respect*
donare to donate, give, present
Donatello *proper name*
donna *f.* woman, wife, lady
dopo after, afterwards; — **di** after
doppio double
dormire (**dormo**) to sleep
dote *f.* dowry
dove where
dovere (**devo** *or* **debbo, devi, deve, dobbiamo, dovete, devono;** *fut.* **dovrò**) to be obliged to, have to, owe; ought, must; **dovevo** was to, should; *m.* duty
dovunque wherever
dubbio *m.* doubt; **mettere in —,** to cast doubt on
dubitare (**dubito**) to doubt, fear; **non —,** be assured
due two; **sono le —,** it is two o'clock; **tutti e —,** both
dunque then, therefore
durante during
durare to last, endure, persevere
duro, –a hard

e, ed and
è *see* **essere**
ebbe *see* **avere**
ebbene well, well then
ecc. etc.
eccezione *f.* exception

ecco here is *or* here are, see
eccolo here it is, behold;
— tornare here he comes
back
eccomi here I am
eccone here are some
ed *see* e
Edoardo Edward
educato, –a educated, well
bred
educazione *f.* education, upbringing
effetto *m.* effect
egli he
eh, ehi eh, oh, well; —! hello! (*calling to someone inside or at a distance*)
elefante *m.* elephant
elegante elegant
elemosina *f.* charity; *pl.* alms
ella she, you
empire (empio) to fill
Enrico Henry
entrare to enter, go in; exit
(*in the theater*); — con have
to do with; — fra step between; cosa c'entro io? what
have I to do with it? negli
stivali c'entravo tre volte the
boots were three times too
big for me
entrata *f.* entrance
epoca *f.* epoch, period
eppure and yet
era, erano *see* essere
erba *f.* grass
Erminia *proper name*
errore *m.* error, mistake
esame *m.* examination
esaminare (esamino) to examine, look at
esce *see* uscire
esclamare to exclaim
esempio *m.* example; dare
un —, to set an example
esercizio *m.* exercise

esporsi (mi espongo) to expose oneself
espressivo, –a expressive
essa she
essere (sono, sei, è, siamo, siete,
sono; *p. descr.* ero; *p. a.* fui,
fosti, fu, *etc.; pres. subj.* sia;
p. p. stato) to be; — per be
about to
essi *m.*, esse *f.* they, them
estate *f.* summer
estero, –a foreign; all'—,
abroad
età *f.* age
Etna *m.* volcano in Sicily
Europa *f.* Europe
evitare (evito) (di) to avoid,
escape

fa ago
fa, facciamo, faccio, facendo,
facevo, *etc.* see fare
faccenda *f.* business; *pl.* affairs; — di casa housekeep-
ing
faccia *m.* face; in — di in
front of, before
facile easy
facilità *f.* facility, ease
facilmente easily
falso, –a false, counterfeit
famiglia *f.* family; in —, at
home
fammi = fai *or* fa' (*imper. of*
fare) + mi
famosissimo, –a very *or* most
famous
famoso, –a famous
fanciulla *f.* girl
fanciullo *m.* boy
fanno *see* fare
fare (faccio, fai, fa, facciamo,
fate, fanno; *pres. part.* facendo; *p. a.* feci; *p. p.* fatto)
to do, make, cause, commit;
with inf. have, let; — a-

spettare make (one) wait; — **attenzione** pay attention; — **caldo** *or* **freddo** be hot *or* cold; — **da** act as; — **l'elemosina** give alms; — **il merito di** give value to, establish the worth of; — **il nome** mention one's name; — **il principe** play the prince; — **vedere** let see, show; **fa** ago; **faccia! do! farsi** become, happen, take place; — **beffe** make fun; — **dare** order; — **vedere** appear

fatta *f.* sort

fatto *m.* fact, deed, affair, action; truth; *pl.* affairs, business

favore *m.* favor; **per —**, please

favorire (favorisco) to favor, show favor; — **di** grant the favor of, please; **favorisca** please do; enter

febbraio *m.* February

febbre *f.* fever

fedele faithful

felice happy

felicissimo, –a very happy

felicità *f.* felicity, happiness

femmina *f.* female, girl

ferire (ferisco) to wound

ferita *f.* wound

fermare to stop; **fermarsi** stop

fermo, –a firm, still

ferro *m.* tool

festa *f.* festival, holiday, party

fiammifero *m.* match

fiato *m.* breath

fico *m.* fig, fig tree

fidarsi to feel confidence, trust; — **di** trust in

fidato, –a trusted, trustworthy

fiducia *f.* faith

fiera *f.* fair

fiero, –a fierce

figlia *f.* daughter

figlio *m.* son

figliuola *f.* daughter

figliuolo *m.* boy, son, child

figura *f.* figure

figurarsi to imagine

filare to spin

fin *see* **fino**

finalmente finally, after all, at any rate

finché until, as long as

fine *m. or f.* end; **alla —**, finally

finestra *f.* window, window frame

finestrino *m.* car window

fingere to pretend

finire (finisco) to finish, end, complete; — **di** finish

fin(o) until; — **a** up to, until; — **ora** up to now; — **qui** up to this point

finta *f.* pretense

finto, –a pretended, false

fiore *m.* flower

fiorino *m.* florin (*old coin*)

Firenze *f.* Florence

firmare to sign

fisica *f.* physics

fiume *m.* river

foglio *m.* sheet (*of paper*)

fondo *m.* bottom; **a —**, thoroughly

forma *f.* form, last (*of a shoe*)

formaggio *m.* cheese

formare to form

fornaio *m.* baker

forno *m.* oven

forse perhaps

forte strong; sharp; heavy, loud, hard

fortuna *f.* fortune; **per (buona) —**, fortunately

fortunato, –a fortunate, lucky

forza *f.* force, strength, energy; **con —**, emphatically;

— **di volontà** will power; **per —**, necessarily

forzare (forzo) to force, oblige

fosti *see* **essere**

fra between, among; — **di between; — me** to myself; — **poco** in a short time

francese French; *m.* Frenchman

frate *m.* friar

fratello *m.* brother; **il mio signor —**, my fine brother

freddissimo, -a very cold

freddo, -a cold; *m.* cold; **fa —**, it is cold

fresco, -a fresh; *m.* fresh air

fretta *f.* haste, hurry

fronte *f.* front, forehead

frugare to look through, search

frutto *m.* fruit, profit

fu *see* **essere**

fuggire to flee, run away

fumo *m.* smoke

fuoco *m.* fire

fuorché except

fuori out, without, beyond; **di —**, beside; — **di casa** away from home; — **di sé** beside oneself; **mettere —**, to bring out, take out

furia *f.* fury, haste

futuro, -a future; *m.* future

galantuomo *m.* gentleman; honorable man; **da —**, as *or* like a gentleman; **paese di soli galantuomini** place exclusively of honorable men

galleria *f.* gallery

gamba *f.* leg; **fare il passo più lungo della —**, to take strides longer than one's legs, bite off more than one can chew

garzone *m.* boy; helper, waiter

gatto *m.* cat

gelato *m.* ice *or* sherbet

gelosia *f.* jealousy

geloso, -a jealous

generale general

generalmente generally

generazione *f.* generation

generoso, -a generous

genio *m.* genius

genitore *m.* parent

gennaio *m.* January

Genova *f.* Genoa

gente *f.* people

gentile amiable, kind, ladylike

germe *m.* germ, seed

gettare (getto) to throw, cast

già now, already, at one time, indeed

giacca *f.* jacket, coat

giacché now that, since

Giacomo James

giallo, -a yellow

giardino *m.* garden

ginocchio *m.* knee; **mettersi in —**, to get down on one's knees, kneel

giocare to play

gioco *m.* game; trick; **fare un —**, to play a game, do a trick

Giogoli *proper name*

gioia *f.* jewel

giornale *m.* newspaper; **andare sui giornali** to get into the papers

giornata *f.* day; day's work

giorno *m.* day; **buon —**, good day, good morning; **di —**, by day, during the day; **il — d'oggi** this very day; **da molti giorni** for many days; **otto giorni** a week

Giosué Joshua

Giotto *proper name*
giovane young; *m.* young man; *f.* young woman; *pl.* young people
giovanissimo, –a very young
Giovanna Joan *or* Jane
Giovanni John
Giovannino Johnny
giovedì *m.* Thursday
giro *m.* turn, tour, circuit; **prendere in —,** to make fun of, confuse
gita *f.* trip
giù down, downstairs; **su per —,** approximately
giudicare (giudico) to judge
giudice *m.* judge
giudizio *m.* judgment, sense
giugno *m.* June
Giulietta Juliet
giungere (*p. a.* **giunsi**) to arrive, come; **— a** come to, succeed in
giurare to swear
Giuseppe Joseph
giustificare (giustifico) to justify
giustizia *f.* justice, law
giusto, –a just, fair
gli *prn.* to him, to it (*indirect object*); *def. art. m. pl.* the
glielo, *etc.* it to him, *etc.*
gloria *f.* glory, fame
godere (godo) to enjoy
gomito *m.* elbow; **olio di gomiti** "elbow grease"
grammatica *f.* grammar
gran, grande great, large, tall, grown up; **qualche cosa di —,** something extra fine
granata *f.* broom
grandioso, –a grandiose, pretentious
grandissimo, –a very great
grave grave, serious
grazia *f.* favor, attention,

honor, grace; *pl.* thanks, thank you; **tante —,** thank you so much
graziosissimo, –a very charming
grazioso, –a attractive, pretty, dainty
greco *m.* Greek
gridare to shout, cry, scold
grido *m.* cry
grigio, –a gray
grosso, –a large, big, stout
guadagnare to earn
guadagno *m.* profit, gain
guancia *f.* cheek
guardare to look, look at; **Dio ne guardi!** God forbid! *m.* glance
guardia *f.* policeman
guastare to spoil
guerra *f.* war
guida *f.* guidance
guidare to guide, lead, drive (*a car*)
gusto *m.* pleasure, delight, taste, flair; **— di canto** flair for singing

ho, hai, ha, hanno *see* avere

i *m. pl.* the
Iddio *m.* God
idea *f.* idea
ieri yesterday
ignorato, –a unknown
il *m. s.* the
illustrissimo, –a most illustrious
imbroglio *m.* imbroglio, mix-up
imitare to imitate
immaginare (immagino), immaginarsi to imagine, think
immediatamente immediately, at once
immenso, –a immense

imparare to learn

impedire (impedisco) to impede, prevent

impegnare to pledge, engage; impegnarsi assume responsibility

impegno m. appointment

impertinente impertinent, impudent

impiegare (impiego) to employ, use

impiegato m. employee, clerk

impiego m. position

importante important

importare (importa) to be important, matter

impossibile impossible

impressione f. impression

imprudentemente imprudently rashly

in in, into

inchiostro m. ink

incivile uncivil, rude

inclinazione f. inclination

incominciare to begin

incomodare (incomodo) to bother; incomodarsi take the trouble to

incomodo m. inconvenience, disturbance

incontrare to meet

incontro m. encounter, meeting, occasion

incoraggiamento m. encouragement

indicare (indico) to point out, indicate

indietro behind, back, backward

indiretto, -a indirect

indirizzo m. address

indovinare to guess

infanzia f. infancy, childhood

infatti in fact

infedele unfaithful, faithless

infelice unhappy

inglese English

innamorato, -a (di) in love (with)

innanzi before; andar —, to go ahead; d'—, from in front of or from before; più — di tutti foremost of all

insegnare to show, teach

insieme together, also

insomma in short, really

insulto m. insult

intanto meanwhile

intelligente intelligent

intelligenza f. intelligence

intendere (intendo, p. p. inteso) to intend, mean; hear, understand; intendiamoci let us understand matters; ben inteso of course; intendersi (di) understand, know something about; intendersene be an expert

interessare (interesso) to interest; interessarsi per interest oneself in

interesse m. interest; s. and pl. business, finances

intero, -a entire, complete, whole

interrompere (p. a. interruppi) to interrupt

intimo, -a intimate

intorbare to muddy

intorno (a) around

inutile useless

inutilmente uselessly

invano in vain

invece (di) instead (of), on the other hand

inventare (invento) to invent

invenzione f. invention, creation

inverno m. winter; d'—, in winter

invitare to invite

involto m. package

io I
ira *f.* anger
irato, –a angry
irɔnico, –a ironical
irritato, –a irritated, angry
ischerzo *see* scherzo
ịsola *f.* island
istruzione *f.* instruction, education, training
Itạlia *f.* Italy
italiano, –a Italian

Jụccio *proper name (nickname for* Canio)

la *prn.* her, it (*direct object*); *def. art. f. s.* the
là there
labbro *m.* (*pl.* labbra *f.*) lip
ladra *f.* thief
ladro *m.* thief
lagnarsi to complain
lago *m.* lake
lạgrima *f.* tear, drop
lamento *m.* lamentation
lasciare (lạscio) to leave, allow, let; — stare let alone; stare per —, be about to leave; lasci fare a me leave it to me
latino *m.* Latin
lato *m.* side, direction
latte *m.* milk
lavagna *f.* blackboard
lavare to wash; lavarsi wash (oneself)
lavorare to work, labor
lavoro *m.* work
le *prn.* (to) her; them; *def. art. f. pl.* the
legge *f.* law
leggere (lɛggo) to read
leggiɛro, –a light (*in weight*)
legno *m.* wood
lɛi her, you, she
lentamente slowly

lenzuɔlo *m.* sheet
lɛttera *f.* letter; *pl. also* literature
letteratura *f.* literature
lɛtto *m.* bed; cạmera da —, bedroom
lettore *m.* reader
lettura *f.* reading
levare (lɛvo) to lift, carry, take away, bring out, remove, raise, deliver, rescue; levarsi take off
levata *f.* rising
lezione *f.* lesson, example
li them (*direct object*)
lì there, on the spot
lịbero, –a free
libertà *f.* liberty; lasciare in —, to leave free
libreria *f.* bookcase
libro *m.* book
lieto, –a happy, joyous
limone *m.* lemon
lịngua *f.* tongue, language
lira *f.* lira (*unit of Italian money*)
lista *f.* list
lite *f.* dispute, quarrel
lịvido, –a livid; *m.* bruise
lo *prn.* him, it; *def. art.* the
Lodovico *proper name*
Lodrone *proper name*
lontano, –a distant, away, far; da —, from a distance, from afar
lor, loro they, them, to them; you; il, la —, their(s); — signore your ladyships
Lorɛnzo Lawrence
Lucca *a city in Tuscany*
luce *f.* light
Lucia Lucy
lụcido, –a polished
lụglio *m.* July; di —, in July
lui he, him
Luisa Louise

lume *m.* light; a — di candela
by candlelight
luna *f.* moon
lunedì *m.* Monday
lungo, -a long; *prep.* along
luogo *m.* place, "hangout"
lupo *m.* wolf

ma ma
macchia *f.* spot
Madonna *f.* Madonna
madre *f.* mother
maestra *f.* teacher, governess
maestro *m.* master, teacher
maggio *m.* May
maggiore greater, larger, old-
er; greatest, principal
mai ever, never; cosa —?
whatever? what in the
world? non ... —, never
mal, male *m.* evil, harm;
illness, disease; aversene
a —, to take (*something*)
wrong; farsi —, to hurt oneself; non c'è —, fairly well;
prendere a —, to take of-
fense; *adv.* ill, badly, poorly
malato, -a ill
maledetto, -a cursed
malo, -a bad
mamma *f.* mama, mother
mancare (di) to fail, lack, be
lacking, be at fault, be
missing
manco *adv.* less; — male not
so bad, fortunately
mandare to send; — giù put
down
mangiare (mangio) to eat;
mangiarsi eat up, devour
manica *f.* sleeve; maniche di
camicia shirt sleeves
maniera *f.* manner, way
mano *f.* hand; venire alle
mani to come into one's
hands, come to blows

Mantova *f.* Mantua (*a city in
Lombardy*)
Manzoni *proper name*
marchese *m.* marquis
mare *m.* sea
Maria Mary
maritare to marry, marry off,
provide a husband for;
maritarsi get married, marry
marito *m.* husband; da —, of
marriageable age, grown up
marmo *m.* marble
martedì *m.* Tuesday
Martino Martin
marzo *m.* March
maschera *f.* mask
maschio *m.* male, boy
Massimo Maxim
matita *f.* crayon, pencil
matrigna *f.* stepmother
matrimonio *m.* matrimony,
marriage
mattina *f.* morning; la —, in
the morning
matto, -a mad; di là di —,
more than mad; fare da —,
to act like a madman
mattone *m.* brick
me me, to me
medesimo, -a same
medico *m.* doctor; fare il —,
to be a doctor
Mediterraneo, -a Mediterra-
nean
meglio better, best; alla —,
one's best; — di better than;
il — che as best (one can)
Melania Melanie
melodia *f.* melody
memoria *f.* memory
menare to take, lead
meno less, except for
mensa *f.* table, dinner table
mente *f.* mind; in —, in
mind; pensare nella —, to
think to oneself

mentre while
meraviglia *f.* marvel, wonder;
a —, marvelously
meravigliare (meraviglio) to
astonish, dumbfound; meravi-
gliarsi wonder, be amazed
meraviglioso, –a marvelous
merciaia *f.* storekeeper, shop-
keeper
mercoledì *m.* Wednesday
meridionale southern
meritare (merito) to merit,
deserve
mese *m.* month
messer *m.* sir, master
mestiere *m.* work, profession,
art
metà *f.* middle
Metilde Matilda
metodo *m.* method
mettere (*p. a.* misi; *p. p.* messo)
to put, place, set; — condizioni make terms; — fuori take
out, bring out; — insieme get
together; — in mano put
into one's hands; mettersi
set oneself, start out; — a
begin to; — in capo get into
one's head; mettervisi put
one's mind to it
mezzanotte *f.* midnight
mezzo, –a half (a); *m.* half;
in — a among; per — (di)
by means of, through; *pl.*
means, money; mezz'ora *f.* a
half hour
mi me, to me
Michelangelo Michael Angelo
Michele Michael
miglio *m.* (*pl.* miglia *f.*) mile;
fare miglia e miglia to cover
miles and miles
migliore better, best; *m.* best
thing
milanese Milanese; *m.* dis-
trict of Milan

Milano *f.* Milan
milione *m.* million
mille (a) thousand, innumer-
able
minaccia *f.* threat
minacciare (minaccio) to
threaten
minestra *f.* soup, food
minuto *m.* minute
mio, –a (il, la —) my, mine
mirare to aim
mise, misero *see* mettere
misero, –a wretched, miserable
mistero *m.* mystery
mobile movable, fickle; *m. pl.*
furniture
modello *m.* model
moderno, –a modern
modesto, –a modest, inex-
pensive
modo *m.* way, manner, method, case; di tal —, in such
a way; fare a — mio to act
in my way; in ogni —, in any
case
moglie *f.* wife, woman
moltissimo, –a (very) much, a
great deal of; *adv.* a great deal
molto, –a much, a good deal;
pl. many; *adv.* very, a great
deal; — di più much more;
durare —, to last long
momento *m.* moment
Moncalieri *a town near Turin*
mondo *m.* world; tutto il —,
everybody, everyone
montagna *f.* mountain
monte *m.* (*a particular*)
mountain
Monte d'Oro *place name*
Montecchi Montagues
Moracchio *proper name*
morale moral
morire (muoio; *p. p.* morto) to
die

mormorare (mormoro) to murmur, criticize
morte f. death
morto, -a dead
mosca f. fly
mostrare to show, point out; mostrarsi appear
motivo m. motive, reason, intention
motore m. motor
mulo m. mule
muovere (muovo; p. p. mosso) to move; muoversi move, wriggle
muro m. wall
museo m. museum
musica f. music
mutare to change; — pensiero change one's mind
mutazione f. change

Napoli f. Naples
nascere (p. a. nacqui; p. p. nato) to be born; far —, give rise; primo nato first born
nascita f. birth; giorno della —, birthday
nascondere (nascondo; p. p. nascosto) to hide
nascosto, -a hidden; di —, stealthily
naso m. nose
nativo, -a native
nato, -a born
natura f. nature
naturale natural
naturalmente naturally
ne some, any, of it, of them
né: — . . . —, neither . . . nor
neanche not even; — uno not a single one
necessario, -a necessary
necessità f. necessity
negare (with di) to deny
negletto, -a neglected, uncared for, shabby

negozio m. shop, store, business
nel = in + il
nell' = in + l'
nella = in + la
nemico m. enemy
nemmeno not even; — uno not a single one
Nepi a town north of Rome
neppur(e) not even, nor
nero, -a black
nessun(o), -a no, any; prn. no one, anyone
netto, -a clear, clean
neve f. snow
nevicare to snow
niente nothing, anything; — affatto not at all; — del mio not my concern; — di —, nothing at all; — —, don't mention it; non . . . —, nothing, not in the least; nient'altro nothing else
nipote m. nephew; f. niece; m. or f. grandchild
no no
nobile noble
nobilissimo, -a very noble
nobiltà f. nobility
noi we, us
noioso, -a annoying
nome m. (given) name; aver — di to have the name (of); — di bambino childhood name; far il —, to mention the name
nominare (nomino) to name, identify
non not; — . . . che only
nonna f. grandmother
nonno m. grandfather
nono, -a ninth
nord m. north
nostro, -a our; il —, la nostra our, ours
nota f. note

notizia *f.* news, report, (piece of) news; *pl.* news

notte *f.* night; **di —**, at night, by night

novella *f.* story, tale, short story

novembre *m.* November

novità *f.* novelty, new affair; strange behavior

nozze *f. pl.* wedding; **fare queste —**, to celebrate this wedding

nudo, -a nude, bare; **del (sul) —**, from the nude

nulla nothing, anything

numero *m.* number

nuovo, -a new; **che c'è di —?** what's new? **di —**, again

o or; *used in text as* **o,** *the letter of the alphabet;* **— . . . —**, either . . . or

o oh!

obbligare (obbligo) to oblige, force, make, bind

obbligatissimo, -a very much obliged

obbligato, -a obliged, under obligation

occasione *f.* occasion, opportunity

occhiata *f.* look, glance; **dare un'—**, to cast a glance

occhio *m.* eye

occorrere to be necessary, be needed; **le occorre** she needs

occupare (occupo) to occupy; **occuparsi (di)** be busy (with), take care (of), devote oneself (to)

occupazione *f.* occupation

odore *m.* fragrance, aroma

offendersi to take offense, be offended

offrire (offro) to offer

oggetto *m.* object

oggi today; **dall'— al domani** overnight; **giorno d'—**, this very day; **per —**, all day today; **— stesso** this very day

ogni every; **— tanto** every so often, every once in a while

ognun(o), -a each one, everyone, anyone

oh! oh! (*sometimes untranslatable*)

olio *m.* oil; **— di gomiti** "elbow grease"; **dipingere a —**, to paint in oils

oltre beyond, besides, more than

onde whence, at which; **— (non)** so as (not) to

onesto, -a honorable, honest

onorato, -a honored, honorable, respected

onore *m.* honor; **fare —**, to gain prestige

opera *f.* work, achievement

operaio *m.* workman

operare (opero) to work

ora *f.* hour, time; **fino ad un' — di notte** until eight or nine o'clock in the evening (*according to old system*); *adv.* now; **or —**, just now, right away; **per —**, now, at the moment; **sin** *or* **fin —**, until now, up to now

ordinare (ordino) to order

ordine *m.* order

orecchio *m.* ear; **dire all'—**, to whisper in one's ear

orgoglio *m.* pride

origine *f.* origin

oro *m.* gold

orrore *m.* horror

orto *m.* orchard

Orvieto *a city in Umbria*

osare (ɔso) to dare
oscuro, –a obscure, dark, humble; m. (the) dark
ɔssa m. (pl. ɔssa f.) bone
osservare (ossɛrvo) to observe, look around, notice, see
osservazione f. observation, remark
ɔste m. host, innkeeper
osteria f. inn
ottavo, –a eighth
ottenere (ottɛngo) to obtain
ɔttimo, –a excellent, best
ɔtto eight; — giorni a week
Ɔtto Otto
ottobre m. October

pace f. peace
padre m. father; pl. parents
padrona f. proprietress, mistress, landlady
padron(e) m. master, patron, proprietor; — di casa landlord, owner
paese m. country, landscape, district, village, town
paesɛllo m. little place, hamlet
pagare to pay
paglia f. straw
pạia see parere
pạio m. (pl. pạia f.) pair couple
palazzino m. small palace, mansion or villa
palazzo m. palace
palesare to make known, reveal
palla f. ball; — di neve snowball
pạllido, –a pale
pane m. bread
panno m. cloth; pl. clothes
pantaloni m. pl. trousers
papa m. pope
parɛcchio, –a some; pl. sev-

eral; da — tɛmpo it is some time since
parɛnte m. relation, kinsman; pl. relations, parents
parere (pạio; p. a. parvi; pres. subj. pạia) to appear, seem; m. opinion
parete f. wall
parlare to speak, talk; m. speech
parɔla f. word, promise
parte f. part; d'altra —, on the other hand; da una —, on the one hand, in one way; dall'altra —, in the other direction; dall'una —, on the one side; gran —, a large number; in gran —, chiefly; per — sua on his behalf
partɛnza f. departure
partire to leave, go away, exit (on stage); atto di —, leavetaking; per —, about to go; partịrsene go away
partito m. decision, course
parve see parere
passare to pass, go away, spend (time); m. passing, passage
passeggiare (passɛggio) to go for a walk, walk up and down, pass
passeggiata f. walk, thoroughfare; fare una —, to take a walk; ora di —, hour's walk
passɛggio m. walk, stroll
passione f. passion, feeling, love
passo m. step; fare un —, to take a step
pasto m. meal
patata f. potato
paura f. fear; avẹr (tanta) —, to be (so) afraid
pavimento m. floor
paziɛnza f. patience

pazzia *f.* madness
pazzo, –a mad, crazy; *m.* lunatic
peccato! too bad! it is a pity!
peggio worse, worst
pelle *f.* skin
pena *f.* trouble
penna *f.* pen
pennello *m.* paintbrush
pensare (penso) to think, intend; — a think of; — nella mente think to oneself; pensarci su think about it
pensiero *m.* thought
pentirsi to regret
per for, in order to
perbacco by heaven, indeed
perché because, why; *m.* reason, the reason why; il —, why
perciò for that reason, therefore
percuotere (*p. a.* percossi) to strike
perdere (perdo; *p. a.* perdei *or* persi; *p. p.* perduto *or* perso) to lose, miss
perdonare to pardon, forgive
perdono *m.* pardon, forgiveness
perfetto, –a perfect
perfido, –a perfidious, treacherous
pericolo *m.* danger
permesso *m.* permission; con —, please, excuse me
permettere (*p. p.* permesso) to permit, allow
però however, rather, instead
persino even
persona *f.* person, stature; *pl.* people
personaggio *m.* personage, character (*in a play*)
pesante heavy
pessimo, –a worst, very bad

pestare to pound; *m.* pounding
pettinarsi to comb (*the hair*)
petto *m.* bosom, chest
pezzo *m.* piece, lump; big shot (*slang*)
piacere to please; *impers.* like; vi piace you like; *m.* pleasure, recreation, favor; averne —, be happy over it; — di conoscerla! I am happy to meet you! fare il —, be kind enough, do the favor; per —, please
piacevole pleasing
piangere (*p. a.* piansi; *p. p.* pianto) to weep, cry; bewail
pian, piano soft, low; softly, in a low voice; — —, very softly
piano *m.* piano; floor, story (*of a house*), shelf; ultimo —, top floor
pianoforte *m.* piano
pianse, piansero *see* piangere
pianto *m.* crying, weeping
piazza *f.* (*public*) square
piccino, –a small
piccione *m.* pigeon
piccolino *m.* little creature
piccolo, –a little, small; young
piede *m.* foot; a piedi on foot
Piemonte *m.* Piedmont (*in northwestern Italy*)
piemontese *m.* Piedmontese, native of Piedmont
pieno, –a full
pietà *f.* pity; far una —, to make one feel sorry
pietoso, –a compassionate, sorry
pietra *f.* stone
Pietrasanta *proper name*
Pietro Peter
pievano *m.* parish priest
pigione *f.* rent

pigliare (piglio) to take
pioggia f. rain
pistola f. pistol, gun
pittore m. painter, artist
pittura f. painting, picture
più more, most, very; di —,
any longer, more; non . . .
—, not any longer, not any
more; non ne posso —, I can
do no more; nulla di —,
nothing more; quanto —, as
much as; sempre —, more
and more
piuttosto rather
placidamente placidly
po' see poco
pochi, -e few, a few
poco (po), -a little; pl. (a) few;
adv. very little, not much, not
long, not well; a — a —,
little by little; — dopo a little later; fra —, soon, in a
short time; un —, a little, a
moment (= please)
poema m. poem
poesia f. poetry
poeta m. poet
poi then, later, after all,
afterwards
poiché since
polso m. pulse
poltrona f. easy chair, arm-
chair
polvere f. powder, dust
pomeriggio m. afternoon
popolare popular
popolarità f. popularity
popolo m. people
porco m. hog
porre (pongo; p. p. posto) to put
porta f. door
portare (porto) to carry, take,
bring; wear; bear, feel;
portarsi carry with one, take
along with one
portinaio m. doorman

porto m. port, harbor
posizione f. position
possedere (possiedo or pos-
seggo) to possess, own
possibile possible
posso see potere
posto m. place; a —, in place,
in (its) place
potente potent, powerful
potere (posso, puoi, può,
possiamo, potete, possono;
pres. subj. possa; fut. potrò;
cond. potrei) to be able; can,
may; m. power, claim
povero, -a poor; — me! woe
is me!
pranzare to dine
pranzo m. dinner; sala da —,
dining room
pratica f. practice
pratico, -a practical
prato m. meadow, lawn
preferire (preferisco) to prefer
pregare (prego) to ask, beg,
implore, persuade; — di ask
for; farsi —, need to be
asked
premere (premo) to press;
impers. be important (to)
premio m. prize
premura f. anxiety, solicitude,
interest; importance
prendere (prendo; p. a. presi; p.
p. preso) to take, undertake,
get; — a male take offense,
take wrong, misunderstand;
— in sospetto suspect; prendersi take, get
preparare to prepare; fate —,
get ready; prepararsi make
ready, get ready
preparato, -a prepared, ready
prese, presi, preso see prendere
presentare (presento) to present, introduce

presente m. present
presenza f. presence
presso beside, near, with
presto fast, quick, soon, early;
— —, very fast, very quickly
prete m. priest; — **di casa** family priest; **vestito da** —, dressed as a priest
pretendere (**pretendo**) to claim, want; mean, pretend
pretensione f. pretension, claim
prezioso, –a precious
prezzo m. price; **a buonissimo** —, very cheap
prima formerly, before, first; — **di** before; **compagnia di** —, former companions
primavera f. spring
primo, –a first, initial; **quanto prima** very soon; **alla prima** from the first
principale principal, chief
principe m. prince; **far il** —, to play the prince
principiante m. beginner
principio m. beginning
probabilmente probably
problema m. problem
professore m., **professora** or **professoressa** f. professor, teacher
progredire (**progredisco**) to progress
progresso m. progress
proibire (**proibisco**) to forbid
promesso p. p. of **promettere**; *I Promessi Sposi* The Betrothed
promettere (p. p. **promesso**) to promise, assure
pronto, –a ready, prompt
pronunziare (**pronunzio**) to pronounce
proporre (**propongo**) to propose

proposito m. purpose; **a** —, by the way; **a** — **di** speaking of, in regard to
proposizione f. proposition, proposal
proprio, –a own, proper, genuine, real, right, correct, suitable; *adv.* really, precisely, just
Prospero given name
protezione f. protection, support
prova f. proof, test
provare (**provo**) to feel, experience, test, try
proverbio m. proverb
pubblico, –a public; m. public, audience
pugno m. fist, punch
puh! oh!
pulire (**pulisco**) to polish; **pulirsi** clean (oneself)
pulito, –a polished, well-kept
punta f. point, tip; **cappello a tre punte** three-cornered hat
punto m. point, detail; corner; **in** —, exactly
può, **puoi** *see* **potere**
pur, **pure** really, only, indeed; still, however; too, also; please

qua here
quaderno m. notebook
quadro m. picture
qual, **quale** what, which; **il**, **la** —, who, which
qualche some, any; — **cosa** something; — **volta** sometimes
qualcheduno someone
qualcuno someone, anyone
qualsiasi any . . . whatever
quando when, if, since; — . . . —, sometimes . . . at others;

di — in —,   from time to time

quanto, –a how much, whatever; *pl.* how many; *adv.* how much; — a as for; in — a questo as for this, as far as this goes; — più as much as; — prima very soon

quarantotto forty-eight

quarto, –a fourth; *m.* quarter

quasi almost, rather

quattrino *m.* farthing; *pl.* money

quei *pl. of* quel

quel, quello, –a that; those; — che what, that which; di — che than; ehi quella giovane! hello, young woman!

questo, –a this; *pl.* these; in quanto a —, as for this, as far as this goes; questi the latter, he

qui here

quieto, –a quiet, at ease

rabbia *f.* rage, anger

raccogliere (raccolgo; *p. a.* raccolsi) to pick up, collect, draw

raccomandare to recommend; raccomandarsi (a) appeal, entrust oneself (to), confide oneself (to), put oneself in the hands (of)

raccontare to tell, relate

raccontino *m.* anecdote

racconto *m.* story, tale

radio *f.* radio

Raffaello Raphael

raffreddore *m.* cold; prendere un —, to catch a cold

ragazza *f.* girl

ragazzo *m.* boy; *pl. also* children

ragione *f.* reason, cause, account; aver —, to be right

rammentare to recall, remind (of)

ramo *m.* branch

rapido, –a rapid

rappresentante *m.* representative

rappresentazione *f.* performance

raro, –a rare; rare volte seldom

rassegnarsi to resign oneself

re *m.* king

regalare to give, present, bestow upon, make a present of

regalo *m.* present, gift; in —, as a present

regione *f.* region

regola *f.* rule

regolare (regolo) to regulate, arrange

relazione *f.* relation

religione *f.* religion

rendere (rendo; *p. p.* reso) to give back, render, return, make

restare (resto) to remain, stay; be, be left; — a sedere remain seated; resti servita please come in, please accept

restituzione *f.* restitution

resto *m.* rest, remainder; del —, in other respects, otherwise, indeed, after all, of course

retorica *f.* rhetoric, style

rettore *m.* president (*of a university*)

riavere to have back, get back

ricavare to get, draw

ricchissimo, –a very rich *or* wealthy

ricco, –a rich, wealthy

ricevere to receive

ricevuta *f.* receipt

richiamare to recall, recollect

richiudere (*p. a.* richiusi) to close again

riconoscere (*like* conoscere) to recognize

ricordare *or* ricordarsi (ricordo) to remember, recollect

ricordo *m.* recollection; *pl.* memoirs

ridere (*p. a.* risi; *p. p.* riso) to laugh; cosa da —, something to laugh at; far —, cause laughter

ridicolo *m.* ridicule; mettere *or* porre in —, to expose to ridicule, make ridiculous

riempire (riempio) to fill

riesce *see* riuscire

rifiutare to refuse

rilucere to shine

rimanere (*p. a.* rimasi; *p. p.* rimasto) to remain

rimediare (rimedio) to remedy

rimedio *m.* remedy

rimettere (*p. p.* rimesso) to replace, return; rimettersi (a) abide (by)

ringraziare (ringrazio) to thank

ripetere to repeat

riporre (*p. a.* riposi) to put back

riportare (riporto) to take back

riposare, riposarsi (riposo) to rest

ripose *see* riporre

riprendere to resume; — i sensi regain consciousness

risata *f.* laughter

riscaldare to warm; riscaldarsi get excited

rise *see* ridere

riso *m.* rice; laughter

risoluto, –a resolved, determined

risoluzione *f.* resolution

risolvere to resolve; risolversi make up one's mind

risparmiare (risparmio) to spare

rispetto *m.* respect, regard; portare —, to have respect, respect

rispondere (*p. a.* risposi) to respond, reply; — di no answer no

risposta *f.* response, reply, answer

ritornare to return, come back, go back

ritorno *m.* return

ritratto *m.* portrait

ritrovare (ritrovo) to find again, recover; call upon

riunione *f.* meeting

riunire (riunisco) to unite, assemble

riuscire (riesco, riesci, riesce, riusciamo, riuscite, riescono) to turn out, succeed; — a succeed in, turn out

rivale *m. or f.* rival

rivedere to see again

riverenza *f.* curtsy, bow; fare —, to bow

riverire to pay one's respects to, greet

roba *f.* stuff, thing(s), possessions

Roberto Robert

robusto, –a robust, husky, healthy

Rocca di Papa *a place near Rome*

Roma *f.* Rome

romano, –a Roman

romanzo *m.* novel

Romeo Romeo

rompere (*p. p.* rotto) to break; — la testa confuse, make (someone's) head ache

rosso, –a red

rovina *f.* ruin

rovinare to ruin

rubare to rob, steal
rumore m. noise

sa, sai see sapere
sabato m. Saturday
Sacchetti writer of short
stories (ca. 1335-1410)
sacco m. sack, bag
sacrificio m. sacrifice
sacro, -a sacred
saggio, -a wise
sala f. room; — da pranzo
dining room
salato, -a salted
sale m. salt
salire (salgo) to get up from,
rise, climb, mount; — su go
up, climb
salotto m. drawing room, par-
lor, living room
saltare to jump, scale (a wall)
salutare to salute, greet, bow
to
salute f. health
saluto m. greeting; pl. regards
salvare to save
salvietta f. napkin
San Pietro Saint Peter
santo, -a sainted, holy; m.
saint
sapere (so, sai, sa, sappiamo,
sapete, sanno; pres. subj.
sappia; p. a. seppi; fut.
saprò; cond. saprei) to know,
find out, learn, know about,
know how to; can; far —,
make known, inform
Sardegna f. Sardinia
sarò see essere
sasso m. stone; di —, dum-
founded
sbagliare (sbaglio) to blunder,
mistake; sbagliarsi be mistaken
sbaglio m. mistake

Scala, Bartolomeo della proper name
scalino m. step, stair
scalpello m. chisel
scappare to run
scarpa f. shoe
scatola f. box
scegliere (p. p. scelto) to
choose, elect
scena f. scene
scendere (p. p. sceso) to go
down, come down
scherzare to joke
scherzo m. jest, joke; in
ischerzo in jest
schioppo m. gun
scienza f. science
sciocchezza f. foolishness
sciocco m. fool
scolare m. pupil
scolastico, -a scholastic,
school
scomparire to disappear
scompartimento m. compartment
scopo m. purpose
scoprire (scopro) to discover,
reveal, uncover
scordare, scordarsi (scordo) (di)
to forget
scorso, -a (p. p. of scorrere)
past, last (of time)
scritto, -a (p. p. of scrivere)
written
scrittore m. writer
scrivere (p. a. scrissi; p. p.
scritto) to write
scudo m. crown (former unit
of currency)
scultore m. sculptor
scultura f. sculpture
scuola f. school
scuro, -a dark
scusa f. excuse; domandar —,
to beg pardon
scusare to excuse, pardon

sdegno *m.* anger; **con —**, angrily

se if, whether, suppose

se *or* **sé** (to) himself, herself, oneself, themselves; **fra —**, to himself

seccare to annoy, vex

secolo *m.* century

secondo, –a second; *prep.* according to

sedere (**siedo** *or* **seggo**) to sit; **sedersi** seat oneself, sit

sedia *f.* seat, chair

sedici sixteen

seduto, –a seated

segno *m.* sign, token; **per — di** as a sign of

segretamente secretly, privately

segreto, –a secret; *m.* secret; **in —**, secretly

seguire (**seguo**) to follow, continue, go on

seguitare (**seguito**) to continue

sei six

sembrare to seem

semplice simple, naïve

sempre always; **— più** more and more

senso *m.* sense, meaning; **riprendere i sensi** to regain consciousness

sentiero *m.* path

sentimento *m.* feeling, opinion

sentire (**sento**) to feel, hear, listen, smell; **farsi —**, make oneself heard; **sentirsi** feel

senza without; **— che** *conj.* without

separare to separate

separato, –a separate

seppe *see* **sapere**

seppellire (**seppellisco**) to bury

sera *f.* evening, night; **di —**,

at night; **la —**, in the evening; **le nove di —**, nine in the evening

serata *f.* evening

serbare (**serbo**) to keep, preserve, cherish

seriamente seriously

serio, –a serious, seriously; **sul —**, seriously

serrare (**serro**) to close

serva *f.* servant, maid

servire (**servo**) to serve, help, be of use; carry out an order; be enough, be suitable; **— da** serve as; **che serve?** what is the use? **ora non serve** now is not a good time; **servirsi** (**di**) make use (of)

servito (*p. p. of* **servire**): **resti —**, please come in; please accept

servitore *m.* servant

servo *m.* servant

seta *f.* silk

sete *f.* thirst; **aver —**, to be thirsty

sette seven

settembre *m.* September; **di —**, in September

settimana *f.* week

sgridare to scold

sguardo *m.* look

si (to) himself, herself, themselves; anyone

sì yes, certainly; **dire di —**, to say yes; **eh che —?** is it true? **rispondere di —**, to answer yes

sia *see* **essere**

siccome inasmuch as, since

Sicilia *f.* Sicily

sicuramente surely, definitely

sicuro, –a secure, sure

siede *see* **sedere**

Siena Sienna (*a city in Tuscany*)

signor, signore *m.* gentleman, sir, Mr., Lord; *sometimes untranslatable*

signora *f.* lady, madam, wife; la —, Mrs.

signorina *f.* young lady, miss

silenzio *m.* silence

simpatico, –a agreeable, charming, congenial

sincero, –a sincere

sinistro, –a left

sin ora up to now, until now

sistema *m.* system

sistemare (sistemo) to arrange, put in order

Siviglia *f.* Seville

so *see* sapere

società *f.* society

soddisfare to satisfy

soddisfazione *f.* satisfaction

soffocare (soffoco) to stifle, suffocate

soffrire (soffro) to suffer, stand, endure

soggetto *m.* subject, individual

soggiorno *m.* sojourn, stay

soggiungere (*p. a.* soggiunsi) to add, conclude

sognare to dream

solamente only

soldato *m.* soldier

soldo *m.* cent

sole *m.* sun; chiaro come il —, clear as day(light)

solere (soglio) to be accustomed (to)

solito usual; di (per) —, usually; del —, than usual

sol(o), –a alone, single, only, sole

soltanto only; non — . . . ma anche not only . . . but also

sonno *m.* sleep; aver —, to be sleepy

sono are (*see* essere)

sopra on, upon; above, over; before; — di over; di —, above, upper; upstream

soprattutto above all, especially

sordo, –a deaf

sorella *f.* sister

sorpresa *f.* surprise; fare una —, to give a surprise

sorpreso, –a surprised

sorridere (*like* ridere) to smile

sorriso *f.* smile

sorte *f.* luck

sospettare (sospetto) to suspect

sospetto, –a suspicious; *m.* suspicion; dare —, to cause suspicion; prendere in —, suspect

sospiro *m.* sigh

sotto (di) under, below; di —, below, lower; downstream

sottovoce in an undertone

spada *f.* sword

spalla *f.* shoulder, back; voltare le spalle to turn one's back

sparare to shoot

spargere to shed

spasso *m.* amusement, fun; prendere— (di) to make fun (of)

spaventato, –a frightened

spazio *m.* space

specchio *m.* mirror

specialmente especially

spendere (spendo) to spend

spengere (spengo; *p. p.* spento) to put out

speranza *f.* hope

sperare (spero) to hope

spesa *f.* expense; con poca —, at small expense

spesso often

speziale *m.* druggist

spezieria *f.* drugstore
spiegare, spiegarsi (spiego) to explain
spiegazione *f.* explanation
spinta *f.* push
spirito *m.* spirit, mind
spirituale spiritual
sporco, –a soiled
sposare (sposo) to marry
sposo, –a betrothed; *m.* fiancé, husband; *f.* fiancée, wife; *I Promessi Sposi The Betrothed*
sproposito *m.* nonsense
stagione *f.* season
stalla *f.* stable
stamattina this morning
stanco, –a tired
stanza *f.* room; — da bagno bathroom
stare (*p. a.* stetti; *p. p.* stato) to stay, stand, wait; live, be (*in health*); — ad ascoltare stand listening; lasciar —, let alone; — per be about to; starsene stand
stasera this evening, tonight
stato *p. p. of* essere *and* stare
stato *m.* state, condition
statua *f.* statue
stazione *f.* station
stesso, –a same, self; uno —, one and the same
stette *see* stare
stirare to iron, press
stivale *m.* boot
stomaco *m.* stomach
storia *f.* history, story
strada *f.* street, way, road, highway; per la —, on the street
stramatto, –a completely mad
strano, –a strange, peculiar
straordinario, –a extraordinary
stringere (*p. p.* stretto) to tighten, clasp

studente *m.* student
studiare (studio) to study
studio *m.* study, instruction; studio
stupido, –a stupid, foolish
su on, about, up, upstairs; — per giù approximately, about
subito immediately, at once; — che as soon as
succedere (succedo; *p. a.* successi; *p. p.* successo) to happen, follow
sul = su + il
sulla = su + la
sulle = su + le
suo, –a his, her, their; del —, on his own; i suoi his people; il Suo, la Sua your
suonare (suono) to play (*an instrument*)
suonatore *m.* performer, player
suono *m.* sound, tone
superbo, –a haughty
superiore upper
supplicare (supplico) to beg, entreat
supplire to supply
supporre (suppongo) to suppose, guess
supposto (*p. p. of* supporre); — che supposing that
svegliare, svegliarsi (sveglio) to awaken, wake up
svelto, –a quick, nimble
sventura *f.* misfortune
sventurato, –a unfortunate

tabacchiera *f.* snuff box
tagliare (taglio) to cut, cut off, carve; farsi — i capelli get a haircut; *m.* carving
tal(e) such (a); il —, such and such
talora sometimes

talvolta sometimes
tanto, -a so much, so; *pl.* so
many; *adv.* so much; — che
until; — ... da enough ...
to; — meglio all the better;
ogni —, every so often; —
per (non) so as (not) to; —
più per especially for; —...
quanto as ... as, not only ...
but also
tardi *adv.* late
tardo, -a late
tasca *f.* pocket
tavola *f.* table; a —, at the
table
tavolino *m.* small table
tavolo *m.* table, desk
tazza *f.* cup
te you, to you
teatro *m.* theater
tedesco *m.* German
telefonare (telefono) to tele-
phone
temere to fear
tempo *m.* time; weather;
while, moment; a —, in
time; poco —, a short time
teneramente tenderly
tenere (tengo; *pres. subj.* tenga;
fut. terrò; *cond.* terrei) to
hold, take, keep, own, man-
age; tenete! stop!
tenore *m.* tenor
tentare (tento) to try, attempt
Teresina (*dim. of* Teresa) Tes-
sie
terminare (termino) to finish,
terminate; — di + *inf.* finish
(*doing something*)
terra *f.* ground, earth; country,
land; floor; per —, on the
ground *or* floor
terrai, terrete, terrò, *see* tenere
terrazza *f.* terrace, balcony
terrazzino *m.* small terrace,
balcony

terribile terrible
terzo, -a third
tesoro *m.* treasure
testa *f.* head
testimonio *m.* testimony, witness
Tevere *m.* Tiber
ti you, to you
timido, -a timid
tingere (*p. p.* tinto) to dye
tirare to pull, wring; throw;
— fuori pull out, unwrap,
draw
titolo *m.* title
Tiziano *m.* Titian
toccare to touch; *impers.* be
up to (someone)
togliere (*p. p.* tolto) to take
away, remove
tollerare (tollero) to tolerate,
bear
Tolomei *proper name*
tomba *f.* tomb
Torino *f.* Turin
tormentare to torment, tease
tornare to turn, return, go
back, come back; — a (*to do
something*) again; tornato a
Roma back in Rome; ben
tornato welcome back
torrone *m.* nougat
torta *f.* cake
torto *m.* wrong, wrongdoing;
aver —, to be (in the) wrong
Tosca *proper name*
Toscana *f.* Tuscany
tra among, between, in
tradire (tradisco) to betray
tradizione *f.* tradition
traduzione *f.* translation
tranquillo, -a tranquil, calm,
placid
trascurato, -a careless, negli-
gent
trasportato, -a carried away,
beside oneself

trattare to treat, deal (with), be intimate with; discuss, arrange
trattenere (*like* **tenere**) to hold back, restrain
tre three
tremante trembling
tremare (tremo) to tremble
treno *m.* train
triste sad
tristezza *f.* sadness
tristissimo, -a very sad
trombone *m.* trombone; trombone player
troppo, -a too much; *pl.* too many; *adv.* too (much), only too
trovare (trovo) to find; **trovarsi** be (found)
tu you
tuo, -a (il —, la tua) your(s)
tuono *m.* tone
turbare to disturb
turbato, -a disturbed, upset
tutto, -a all, every, whole; *pl.* all, everyone; **tutti e due** both; **tutti e tre** all three; *adv.* all, everything, entirely; — **quel che** everything that

uccidere (*p. a.* **uccisi**) to kill
udire (odo) to hear
uguale equal
ultimo, -a last; — **piano** top floor
Umbria *a region in the central part of Italy*
umido, -a damp, wet; *m.* dampness, wet
umiliato, -a humiliated
umilissimo, -a most humble
unico, -a unique, only, sole, single
uniforme *f.* uniform, outfit
universale universal

università *f.* university
uomo (*pl.* **uomini**) *m.* man; **da —,** as a man
uovo *m.* egg
urtare to push, nudge
usare to use, employ; **usarsi** take place
uscio *m.* exit, door
uscire (**esco, esci, esce, usciamo, uscite, escono**) to go *or* come out; — **di** leave
utile useful

va, vai, vado, vanno *see* **andare; va bene** all right
vacanza *f.* vacation; *pl.* holidays, vacation
vago, -a eager
valere (**valgo**; *pres. subj.* **valga**; *fut.* **varrò**; *cond.* **varrei**) to be worth
valigia *f.* valise
valore *m.* value
vanità *f.* vanity
vanno *see* **andare**
vario, -a various
vasto, -a vast, large
ve you, to you
vecchio, -a old, elderly; *m.* old man
vedere (*p. a.* **vidi;** *fut.* **vedrò;** *cond.* **vedrei;** *p. p.* **veduto** *or* **visto**) to see, look about, watch; — **di** see about; **far —,** show; **non vedo l'ora di** I just can't wait to
vedova *f.* widow
veleno *m.* poison
vendere to sell
vendetta *f.* vengeance, revenge; *pl.* acts of vengeance, grudges; **prendere piccole vendette** to repay little grudges
vendicare (vendico) to avenge;

vendicarsi di take revenge
on
venerdì m. Friday
Venezia f. Venice
venire (vengo, vieni, viene,
veniamo, venite, vengono; p.
a. venni; pres. subj. venga;
fut. verrò; p. p. venuto) to
come, go; — alle mani come
to blows; far —, send for;
— in chiaro di get clear
about; — in mente occur (to
one); m. coming; venirsene
come away, reach
ventaglio m. fan
venuta f. coming, arrival
veramente truly, really
verde green; al —, in the red,
"broke"
Verdi proper name
vergogna f. shame, shyness
vergognarsi to feel ashamed
verità f. truth; in —, truly,
really
vero, –a true, real; m. truth
Verona f. a city in Venetia
verrò see venire
verso toward, to, about,
around, nearly; — di toward
verso m. verse
vestiario m. clothing, ward-
robe, costume
vestire (vesto) to dress;
vestirsi dress (oneself), be
dressed
vestito m. suit (of clothes)
Vesuvio m. Vesuvius
vetrina f. showcase, counter
vetro m. glass, windowpane
vi adv. there, here, to it; prn.
you, to you
via f. way, road; adv. away;
— —! come, come! e — —,
and so on
viaggiare (viaggio) to travel
viaggio m. trip, voyage

vicino, –a near, next, adjoin-
ing, neighboring; adv. near
vide see vedere
viene see venire
villa f. villa, country house or
estate, summer cottage; small
town
villaggio m. village
villano, –a boorish, rude; f.
country girl, lower-class
woman; m. pl. country folk
villeggiatura f. country holiday, vacation; in —, on (a)
vacation
vincere (p. p. vinto) to con-
quer, overcome, win
vino m. wine
vinto see vincere
violenza f. violence
violino m. violin
vipera f. viper
visita f. visit, call; examination; fare una — a to pay a
visit to
visitare (visito) to visit; inspect
viso m. face; expression
visse see vivere
vissuto see vivere
vista f. sight, view
visto p. p. of vedere
vita f. life, living; fare una —,
to live a life
Vitale proper name
vivace vivacious, lively
vivere (p. a. vissi; p. p. vissuto) to live
vivo, –a alive
voce f. voice; ad alta —,
aloud
voglia f. desire, wish, intention; aver — (di) to want (to)
voglio, vogliono see volere
voi you; — altri you (emphatic)
volare to fly away
volentieri willingly, gladly,
readily

volere (vɔglio, vuɔi, vuɔle,
vogliamo, volete, vɔgliono; *p.
a.* vɔlli; *fut.* vorrɔ̀; *cond.*
vorrɛi) to wish, want; expect, intend; seem; — bɛne
a like, love; — dire mean;
volerci be needed *or* necessary; ci vuɔle it requires
vɔlgersi (mi vɔlgo) to turn
volontà *f.* wish, desire
volpe *f.* fox
vɔlta *f.* time, turn; una —,
once; una — per uno in
turn; molte vɔlte often; rare
vɔlte seldom; qualche vɔlta
sometimes
voltare (vɔlto) to turn; voltarsi
turn around

volto *m.* face
volume *m.* volume
vɔlvere (vɔlvo) to return; — +
inf. do (*something*) again
vorrɔ̀ *see* volere
vossignoria your lordship
vɔstro, –a (il —, la vɔstra)
your(s)
vulcano *m.* volcano
vuɔi, vuɔle *see* volere
vuɔto, –a empty, unloaded
vuɔto *m.* void

zecchino *m.* sequin (*old coin*)
zia *f.* aunt
zio *m.* uncle
zitto! hush! quiet!